全球化视域下的中国道路研究

詹真荣等　著

ZHEJIANG GONGSHANG UNIVERSITY PRESS

图书在版编目(CIP)数据

全球化视域下的中国道路研究 / 詹真荣等著. —杭州：浙江工商大学出版社，2016.2

ISBN 978-7-5178-1425-2

Ⅰ. ①全… Ⅱ. ①詹… Ⅲ. ①中国特色社会主义—社会主义建设模式—研究生—教学参考资料 Ⅳ. ①D616

中国版本图书馆 CIP 数据核字(2015)第 296086 号

全球化视域下的中国道路研究

詹真荣等 著

责任编辑 沈明珠 白小平
封面设计 林朦朦
责任印制 包建辉
责任校对 穆静雯 严月玲
出版发行 浙江工商大学出版社
(杭州市教工路 198 号 邮政编码 310012)
(E-mail：zjgsupress@163.com)
(网址：http://www.zjgsupress.com)
电话：0571－88904980,88831806(传真)
排　　版 杭州朝曦图文设计有限公司
印　　刷 杭州恒力通印务有限公司
开　　本 710mm×1000mm 1/16
印　　张 15.25
字　　数 240 千
版 印 次 2016 年 2 月第 1 版 2016 年 2 月第 1 次印刷
书　　号 ISBN 978-7-5178-1425-2
定　　价 39.00 元

浙江工商大学出版社营销部邮购电话 0571-88904970

本书是浙江工商大学教学科研创新团队成果

1. 浙江工商大学 2009 年度校级教学团队：当代中国马克思主义教学与研究（浙商大教〔2010〕21 号）阶段成果；

2. 浙江工商大学第二批校级科研创新团队：中国道路与浙江实践（浙商大科〔2011〕333 号）阶段成果。

目　录

第四章　中国特色社会主义文化道路

第五章　中国特色社会主义社会建设道路

第六章　中国特色社会主义生态文明建设道路

第七章　中国道路与时代主题转换

第八章　全球化视域下的中国道路与中国共产党

绪　论　“中国模式”还是“中国道路”

——近年来关于中国道路问题研究综述

我国自改革开放以来，社会主义建设取得了巨大的成就，成功应对了国际金融风暴，继续实现经济平稳快速发展。在这种背景[①]下，全世界都更加关注并热议中国的发展道路问题。有学者认为，中国的成就是“中国模式”带来的效应；也有学者认为这不归因于所谓的“中国模式”，而是我国坚持“中国道路”的结果。本论旨在对近年来国内外学者就中国发展道路问题的观点进行梳理，以求对正确认识我国的社会发展成就提供一种宏观的视角。

1992 年初，在邓小平发表南方谈话，中共十四大正式提出“建立社会主义市场经济体制”后，就有国外学者关注起了中国的改革和经济发展道路。“北京共识”“中国道路”“中国的经济发展道路”“中国经验”和“中国模式”之类的字眼开始出现在中外学术文献中。

2004 年 5 月，美国学者乔舒亚·库珀·雷默发表题为《中国已经发现自己的经济共识》的论文。雷默在比照“华盛顿共识”的基础上，对中国经济改革成就及其经验做了全面分析，指出中国通过艰苦努力，大胆尝试，摸索出一种适合本国国情的发展模式。他把这一模式称之为“北京共识”(Beijing Consensus)或“中国模式”，他认为建立在“北京共识”基础上的中国经验具有“普世价值”。[②] 雷默的文章引起了强烈的反响，中国的

① 1997 年东南亚金融危机的时候，我们用推进改革的方式度过了危机。2008 年，市场经济最发达的美国出现了金融危机，这次我们没有用深化改革的方式应对危机，而是用凯恩斯主义的办法刺激经济。短期看来起了效果，以致出现了所谓的“中国模式论”。参见高尚全、胡舒立对话：《中国模式的反思与新改革的路径》，凤凰网，http://finance.ifeng.com/news/special/caizhidao78/。

② 俞可平、黄平、谢曙光、高健：《中国模式与“北京共识”超越“华盛顿共识”》，社会科学文献出版社 2006 年版，第 413—415 页。

经济奇迹及其背后的发展过程一时成为世界瞩目的焦点，由此拉开了世界对“中国模式”高度关注的序幕。[①] 正如吴敬琏指出的，以21世纪初的“北京共识”为开端、逐步发展成型的“中国模式论”提出了一个对于总结过去，还是规划未来都是极具重要性的问题，对决定中国的前途和未来具有重要的意义，值得认真地加以研究和讨论。[②]

那么，究竟有没有“中国模式”？“中国道路”又该怎么走？限于篇幅，本章拟对中外学者的探讨进行简要概述。

第一节 究竟有没有“中国模式”

一、主张“中国模式”论

何谓“中国模式”？俄共主席久加诺夫认为，中国成功的公式是：社会主义＋中国民族传统＋国家调控的市场＋现代化技术和管理。[③]

英国的马丁·雅克认为，中国的成功表明，中国的国家模式注定要在全球范围内尤其是在发展中国家发挥强大的影响力，由此也将改变未来经济分歧的相关条款。可以想象，次贷危机中“盎格鲁—撒克逊模式”的崩溃，将使“中国模式”适用于更多的国家。[④]

BBC网站刊文指出，新的“中国模式”是一个集极强竞争力和庞大市场于一体，且拥有执行力强大、无处不在的政府模式。尽管中国仍是个贫穷的发展中国家，但中国政府是世界上最称职的政府，中国过去30年来经济腾飞，年增长率高达10%左右，这一切是在中国政府的策划下取得

---

① 有论者认为，“中国模式”在当下流行源自国内学者，他们用“中国模式”概念取代“北京共识”有三个原因：一是“共识”一词已经泛滥成灾且政治意味很浓；二是“北京共识”概念易使人产生与“华盛顿共识”对抗的错觉，有兜售意识形态之嫌；三是“模式”一词是指前人积累的经验的抽象和升华。因此，用“中国模式”概念更为恰当，更强调这个模式是对中国自身发展经验的总结。参见郭盛：《中国模式研究综述》，http://news.xinhuanet.com/theory/2011-01/25/c_121021077.htm。

② 何迪、鲁利玲：《反思“中国模式”》，社会科学文献出版社2012年版，第1页。

③ 詹得雄：《“中国模式”彰显世界意义》，http://news.xinhuanet.com/world/2005-01/01/content_2404507.htm。

④ ［英］马丁·雅克：《当中国统治世界》，中信出版社2010年版，第151页。

的。自英国工业革命在18世纪末开始,这是世界见证过的最令人惊奇的经济变革。①

瑞银全球新兴市场研究部主管乔纳森·安德森指出,所谓“中国模式”的成功就是“华盛顿共识”的成功,同时也与“亚洲模式”非常接近,但也有其特别之处。②

诺贝尔经济学奖获得者斯蒂格利茨充分肯定“中国模式”,认为中国经济的巨大成功,对世界经济产生了积极影响。③

张维为认为“中国模式”是中国重大的经济改革和较小规模的政治改革的有机结合,以一种循序渐进、摸索和积累的方式吸取中外一切优秀成果和经验,从易到难地进行改革和发展的模式。他认为,这个模式至少包含了八个特点:实事求是,民生为大,稳定优先,渐进改革,顺序差异,混合经济,对外开放,有一个比较中性、开明、强势的政府。④

阿根廷安赫尔·比利亚里在《“中国模式”作为西方模式的替代选择赢得拥护者》中指出,西方正因债务危机、无力创造就业和低经济增长率而悲观失望,与此同时,保持10%左右的经济增长率所赋予的地位增强了中国的自信心。中国政府到海外投资,借钱给其他国家。在这种情况下,有人开始提议将“中国模式”作为西方模式的替代选择也只是时间问题。⑤

西班牙驻华使馆前商务参赞、西中企业家委员会前主席恩里克·凡胡尔著文称,当前的金融危机带来的后果之一可能就是被称为“北京共识”的“中国模式”的兴起,发展中国家将这一模式看作“华盛顿共识”模式

---

① 《BBC网站:欢迎了解新的中国模式》,参考消息网,http://column.cankaoxiaoxi.com/g/2012/1105/114502.shtml。

② 何迪、鲁利玲:《反思“中国模式”》,社会科学文献出版社2012年版,第128—133页。

③ Joseph E. Stiglitz. China: Towards a new model of development[J]. China Economic Journal, 2008, 1(1):33—52.

④ 张维为:《一个奇迹的剖析——中国模式及其意义》,http://news.xinhuanet.com/politics/2011-03/26/c_121233603.htm。

⑤ 《“中国模式”在国外赢得拥护者》,参考消息网,http://column.cankaoxiaoxi.com/g/2012/0104/10042.shtml。

的替代选择。[①]

萧功秦指出，所谓的"中国模式"，就是中国特色的"强国家—弱社会"结构，"中国模式"需要改良，而改良的关键是发展公民社会，让国家和强社会结合，而不是强国家和弱社会结合。[②]

贺雪峰认为，"中国发展模式"的核心是城乡二元结构。他在多篇论文中论述了城乡二元结构合理性，二元结构长期为工业化提供廉价劳动力、廉价土地和其他资源，而且农民可以退回到以一亩三分地为生的状态，避免动荡和城市贫民窟；他认为中国城乡二元结构是让"中国制造"长期处在优势位置的制度安排，应长期坚持。[③]

郑永年指出，"中国模式"不仅属于中国历史，也属于世界历史。从总体上说，"中国模式"对于西方发达国家和其他发展中国家具有不同的意义。对于发展中国家来说，它是一种替代模式的选择问题，对西方国家尤其是美国，则更多的是一种价值问题。中国模式的崛起不仅对中国未来的发展具有意义，对世界的发展尤其是对发展中国家的发展也具有参考意义。[④]

吴敬琏对所谓的"中国模式"内涵做了这样的概括：中国能够创造如此优异成绩的根本原因，在于中国独特的经济和政治体制——它有一个强势政府和具有强大控制力的国有经济，因此能够正确地制定和成功地执行体现国家利益的战略；"集中力量办大事"，从而创造了北京奥运、高铁建设等种种"奇迹"，并且能够在全球金融危机的狂潮中屹立不倒，继续保持超过9%的GDP年增长率。[⑤] 为发达国家所争羡，足以充当世界各国的楷模。同时，吴敬琏也提醒人们，中国为赢得这些成就而付出的成本

---

① 《北京共识：中国模式的普遍性与独特性》，参考消息网，http://column.cankaoxiaoxi.com/g/2011/1025/4401.shtml。

② 萧功秦：《中国模式的形成和前景》，载《社会观察》2010年第12期，第97—98页。

③ 贺雪峰：《城乡二元结构具有合理性》，中国乡村发现网，http://www.zqxcfx.com/Article/26714.html。

④ 郑永年：《中国模式——经验与困局》，浙江人民出版社2010年版，第1—4页。

⑤ 2011年中国GDP是47万亿（水分至少20%），而金融系统总负债105万亿（没有水分），是GDP的223%。参见牛刀：《临界点》，凤凰网博客，http://blog.ifeng.com/article/20365268.html。

也大得惊人。政府启动巨额投资和海量贷款“保增长”所造成的消极后果正在显现。短期收益和长期损失之间如何权衡，恐怕也非一眼就能看穿。①

二、对“中国模式”论的批判

目前，学界对“中国模式”论持反对观点的基本上可分为两类：一是从根本上否定“中国模式”的存在，二是对“中国模式”表示怀疑。

(一)否定“中国模式”的存在

美国中国问题专家沈大伟说，“中国模式”是个大杂烩，包含东亚的新权威主义、拉美的集团主义、欧洲的民主社会主义、儒家思想和列宁主义。这种模式创造的奇迹不是没有代价的，比如环境严重污染，水资源被毒化，民族矛盾激化等问题。付出才有收获，关键要看两者是否成正比例。②

哈佛大学傅高义认为没有“中国模式”。他强调：“邓小平说中国特色社会主义，表明中国应该走自己的路。我认为每一个国家都应该走自己的路，我不觉得中国是一个模式，因为每一个国家都有不同的情况。中国发展这么快也是派了好多人到外国去学习，引进技术，引进很多新的管理办法，这对中国的成功是很重要的。其他国家也应该按照自己的情况做。”③

德国杜伊斯堡-埃森大学托马斯·海贝勒教授指出，中国正处于从计划经济向市场经济的转型期，所谓的“中国模式”并不存在；中国的这一转型期将伴随着急剧的社会变革和政治改革，这一过程是渐进的、增量的，在这种条件下，我们谈论“中国模式”还为时过早。④

德国学者桑德施奈德也认为没有“中国模式”。他强调，中国 30 年成

---

① 何迪、鲁利玲：《反思“中国模式”》，社会科学文献出版社 2012 年版，第 1—2 页。

② 袁子林：《忠言逆耳》，凤凰网博客，http://blog.ifeng.com/article/14228529.html。

③ 傅高义：《邓小平开辟的道路》，凤凰网，http://finance.ifeng.com/news/special/caizhidao81/。

④ 俞可平、黄平、谢曙光、高健：《中国模式与“北京共识”超越“华盛顿共识”》，社会科学文献出版社 2006 年版，第 113 页。

就的秘诀归结到一个词就是“实用主义”，仅仅实用主义肯定不够，应该还有实干精神。①

美国麻省理工学院黄亚生教授指出，中国在成功方面和东亚各国采用的办法是一样的，并不具备所谓的“中国模式”。第一，是社会投资。第二，经济改革。这是市场化的效果，并且和别的国家没有太大的区别。第三，从政治来讲，是进行了渐进式的改革，地方政府自己约束自己的权力，避免对市场经济过度干涉。②

李君如认为，从科学研究的角度讲，他并不赞成“中国模式”这个提法，而是主张“中国特色”。邓小平曾经希望到2020年，中国各方面体制能够定型。但中国改革开放到今天，我们的体制还没有完全定型，还在继续探索。讲“模式”有定型之嫌。这不符合事实，也很危险。③

中国社会科学院李慎明副院长和中宣部理论局何成、宋维强发表文章指出：“‘北京共识’是西方政界和学术界的话语体系中的提法，本质上并不存在。‘中国模式’的提法，一是给人有完成式和不再发展的凝固之感；二是有加强、推广和扩张之嫌；三是我国经济已高速发展30余年，但仍有1.2亿贫困人口，其发展方式亟待改变，也很难说已经形成一种固定的发展模式，并且这一发展方式是从我国国情出发而采取的举措，其他发展中国家可以借鉴，但很难‘复制’。因此，我们认为提‘中国道路’为宜。”④

余永定指出，令中国在过去30年取得巨大成功的发展模式是一种以社会主义计划经济为初始条件的东亚发展模式的变体。但这种发展模式现在已经耗光了大部分潜力。因此中国已到了紧要关头，如果不进行痛苦的结构调整，中国的经济增长势头就有可能戛然而止。⑤

岳健勇则指出，中国当前严重的经济社会危机表明，全球化刺激中国经济增长的正面效应，迄今已释放殆尽，无技术工业化的经济发展模式已

---

① 袁子林：《忠言逆耳》，凤凰网博客，http://blog.ifeng.com/article/14228529.html。

② 黄亚生：《“中国模式”到底有多独特？》，中信出版社2011年版，第10页。

③ 刘卫民：《中国模式研究》，人民日报出版社2012年版，第12页。

④ 李慎明、何成、宋维强：《“中国道路”的六个内涵》，载《中国教育报》2010年12月23日第5版。

⑤ 谢平、管涛、黄益平等：《反思中国模式》，中国经济出版社2011年版，第3页。

基本走到了尽头。[①]

雷颐认为，中国的发展只表明中国在社会转型中具有自己的特色。每个国家的转型道路乃至“定型”之后的形成，都不会完全相同，都会有自己的特色。但大体而言，一些重要制度的基本框架是有普遍性的。当代中国的发展，也是向世界普遍性因素靠近的。[②]

丁志刚、刘瑞兰认为，人类社会的发展本来就不存在任何绝对的固定不变的模式。“中国模式说”其实是将中国经验误解为“中国模式”了。但是，经验不等于模式；“中国模式说”既不符合中国发展的现实，又不符合中国迅速变化的时代特征；“苏联模式”及其对其他社会主义国家的影响已经证明了所谓的模式是有害的；“中国模式说”会引发负面的国际效应；“中国模式说”会掩盖中国社会发展中存在的问题。[③]

百岁老人周有光先生指出，现在有人认为美国的民主模式不行了，“中国模式”起来了，未来“中国模式”将代替“美国模式”，但是世界上并没有哪个国家学习我们。所以，这种所谓的“中国模式”不是真的。他进一步强调，从经济学上讲，不存在“中国奇迹”；没有奇迹，只有常规。[④]

童之伟尖锐地指出，所谓“中国模式”的要害主要是维持现状，甚至在某些方面要回归改革开放前，同时否定继续改革的必要。“中国模式”的提法反映了中国一部分国民安于既得利益，故步自封，不愿改革，尤其不愿进行政治体制改革的心态；离开“中国特色社会主义道路”谈“中国模式”，必然会掉进“左”倾极端主义的陷阱。[⑤]

秦晓指出，“中国模式论”对普适价值的态度从用特殊性来消解普遍性（“特殊论”），转变为用“中国价值”取代“启蒙价值”（“取代论”）。他认

---

① 岳健勇：《中国模式的神话——市场列宁主义与全球资本主义的联姻》，载《领导者》2011 年总第 40 期，第 11—26 页。

② 何迪、鲁利玲：《反思“中国模式”》，社会科学文献出版社 2012 年版，第 166 页。

③ 丁志刚、刘瑞兰：《“中国模式说”值得商榷》，载《学术界》2010 年总第 143 期，第 22 页。

④ 马国川：《世纪老人周有光：中国模式不是真的，太乐观不行》，新浪网，http://finance.sina.com.cn/review/20100804/10228419851.shtml。

⑤ 童之伟：《空谈中国模式会掉进“左”倾极端主义陷阱》，凤凰网，http://news.ifeng.com/exclusive/lecture/special/tongzhiwei/#pageTop。

为,“中西之争”的本质是“古今之辩”。他强调,“特殊论”是伪命题,“取代论”是危险的命题,而秉承普适价值,开创中国道路才是我们这个时代的真命题。①

许小年也强调:“中国模式”其实是不存在的。如果说有“中国模式”的话,就有两个,历史上我们都见过,所以不是什么新的“中国模式”。从改革开放到 1994、1995 年,大概是分税制开始,第一个是亚当·斯密模式,经济领域讲叫邓小平模式。第二个模式是 1994、1995 年后的东亚模式,或者凯恩斯模式,大政府模式。②

(二)质疑“中国模式”论

2011 年 9 月,美国政治哲学家弗朗西斯·福山在题为《中国模式:高增长与双刃的威权主义》一文中指出,中国克服了三年前始于美国的国际金融危机,年增长率保持在 9%以上。与此相反,美国、日本和欧洲相继陷入了经济停滞和政治混乱的泥沼当中。在这种背景下,中国国内有人提出了所谓“中国模式”最终将战胜发达国家民主资本主义的观点。文章认为,所谓的“中国模式”有政治和经济两层意义。政治方面是指威权主义国家。另一个层面是经济,与其他东亚国家一样,中国过去 30 年一直追寻的是出口导向型的经济增长模式,通过人为压低人民币汇率,带动了出口产业的发展。特别是在金融危机之后,中国政府再次依靠国有企业,这些企业受益于巨额的刺激经济措施。“中国模式”一大优点就是能够迅速地决定大规模的经济政策并果断地加以实施。但他认为,并不能因为这一切就简单地认定“中国模式”的优越性。政治制度不能只看短期的业绩,而要从长期来看是否真的能够经受住考验。从长远来看,中国将面临一些难以克服的课题。如果全世界出现严重的结构性不平衡,那么中国以出口为主导的模式就会行不通。这种不平衡也是美国爆发金融危机的一个原因。资助了中国经济增长的美国消费者,估计不会再次扮演同样的角色。中国正在努力扩大内需以取代出口,但看不出会有多大的进展。另外,不管是怎样的国家,像中国这样动用巨资,最终总免不了要出现浪

① 谢平、管涛、黄益平等:《反思中国模式(序言)》,中国经济出版社 2011 年版,第 23—24 页。

② 许小年:《中国模式其实是不存在的》,凤凰网,http://news.ifeng.com/opinion/sixiangpinglun/detail_2012_12/07/19937476_0.shtml。

费，为刺激经济而投入的资金被大量的办事机构和工厂所挥霍。如今，三峡水库、高速铁路等许多大肆宣传的基础设施项目都暴露出了问题。这就是一味追求速度的结果。①

《纽约时报》记者詹姆斯·费罗斯质疑“中国模式”出不了本土“苹果”公司，他指出，尽管中国的发展模式带来了30年的经济腾飞，但在这种模式下，很难出现中国的“苹果”公司。他强调，中国要创造一个“中国的苹果”，只有实现社会和制度创新，强调知识产权保护，保证大学的独立性。②

印度尼赫鲁大学索南达·森教授从关于“华盛顿共识”的适用问题出发，认为人们已不再相信它，它也不再是一个和这里的人们有关联的共识，它的基础看似是临时的实验，从而对现在中国发展模式或“北京共识”对于和这个国家相关的人民，比如工人、自由职业者和农民，有没有权威性问题表示质疑。③

资中筠认为，“中国模式”成为热门话题主要起因在于美欧国家陷入经济危机，中国竟似安然度过，于是中国被认为有独特的“模式”。她认为“中国模式”不可持续，“中国模式”之说似乎是个伪命题。因为，每一个国家的发展道路都有其特色，几乎没有两个国家是相同的，英国与美国不同，德国与日本也不同。同时，人类社会的发展又有其共同规律。现代经济发展若一定要分出模式，则有计划经济和市场经济两大“模式”。前者已为实践证明失败，后者则相对成功。中国正处于从前者向后者的转型过程中，这个过程尚未结束，有其历史传统和转型中的阶段性特色。④

林尚立指出，中国的发展到底是道路，是模式还是经验，是好是坏，我们不能一言以概之、一锤定音，必须详细、客观、综合地分析和探讨它，从某一方面来看，我们应该看到今天中国的发展以及对中国发展道路的思

---

① [美]弗朗西斯·福山：《中国模式的优越性有待时间检验》，http://column.cankaoxiaoxi.com/g/2011/0928/2958.shtml。

② 《美媒：中国模式出不了本土苹果公司》，参考消息网，http://column.cankaoxiaoxi.com/g/2012/0528/42299.shtml。

③ 俞可平、黄平、谢曙光、高健：《中国模式与“北京共识”超越“华盛顿共识”》，社会科学文献出版社2006年版，第44页。

④ 何迪、鲁利玲：《反思“中国模式”》，社会科学文献出版社2012年版，第217页。

考是对中国历史发展的解构。[①]

赵启正强调："中国人自己没有首先使用'中国模式'这个词，因为'模式'在英文中有多重含义，它有模范、示范的意义，中国人慎用这个词就是为了避免把'模式'变成'要别人学习'的那种意义。如果一定要给'中国模式'下个定义的话，那么可以说是中国成立 60 年来，特别是改革开放 30 年来建设中国特色社会主义的理念、战略、政策实践的过程和结果的总称，也包括出现的问题。也许称为'中国案例'更合适，它还在进行中，处于现在进行时。"[②]

吴晓灵则指出，我们所面临的问题到底是总结"中国模式"让世人学习，还是进一步探寻中国民富国强和谐发展的道路，这是当前中国社会处于转折点时必须回答的问题。[③]

邱耕田认为，中国发展的当务之急是注重科学发展，并强调：中国的发展是一种高代价的发展，如果这种发展的高代价性被"中国模式"所包括，则在很大程度上说明了"中国模式"的不成熟和不完善，而这种有待成熟和完善的模式应当是不具有示范和推广价值的；如果不被包括则又说明了所谓"中国模式"的片面性和不符合实际性。[④]

贾康说："近一时期各方热议的'中国模式'问题，观点见仁见智，带来不少启发。但我对于这样一个'关键词'或'基本概念'，却总感觉难以成立、难以认同。"[⑤]

有人说，2008 年举办奥运会时，民族主义、爱国情绪达到了最高点，到处讲"盛世"和"崛起"还有"中国模式"。那一年又发生世界金融危机，中国人更加自我感觉良好，甚至认为中国可以改造世界货币金融体系。但现在到了必须回归理性的时候了，和 2008 年前后比较，越来越多的人已经明白，所谓的"中国模式"是难以为继的。支撑这种发展模式的社会

---

① 俞可平、黄平、谢曙光、高健：《中国模式与"北京共识"超越"华盛顿共识"》，社会科学文献出版社 2006 年版，第 193—195 页。

② 赵启正等：《对话中国模式》，新世界出版社 2010 年版，第 11 页。

③ 谢平、管涛、黄益平等：《反思中国模式》，中国经济出版社 2011 年版，序言第 6 页。

④ 刘卫民：《中国模式研究》，人民日报出版社 2012 年版，第 12 页。

⑤ 谢平、管涛、黄益平等：《反思中国模式》，中国经济出版社 2011 年版，第 16 页。

成本、经济成本过大，而这些成本所得到的收益，无论对统治者还是被统治者来说，都在趋于零甚至走向负数。中国现在最重大的问题是已经不可能再按照现在的模式运行下去了。此时此刻，“中国模式”还有一定的能量和惯性，还没有走到尽头。至于还能持续多久，三年五载大体没什么问题。[①] 也有人认为，所谓的“中国模式”还有大概 9 年的寿期。[②]

丁学良认为，“中国模式”由三个相互交织的子系统支撑：支点之一是“核心的列宁主义”的权力构架，即一党领导的威权体制；支点之二是“一切思维和工作都必须以维护稳定为出发点和归宿”的社会控制体制；支点之三是“政府管治的市场经济”。丁学良承认，“中国模式”存在着四大成本支出：一是对中华民族深层的、长远的生态系统的过度剥夺；二是对中国相对弱势的群体、相对弱势的地区、相对弱势的部门和相对弱势领域的长期不公平的剥夺；三是政府在公共领域中日益扩展的非规范行为；四是对公共政策领域里面的正常研究，特别是理性的辩论探索，长期地，有时候甚至是粗暴地干涉。前两个成本是物质性的，后两个成本是体制性的。在日益变化的国内背景和国外背景下，“中国模式”变得内外交困。[③]

张五常完全撇开为发展所支付的人权成本、环境成本[④]和各种资源成本，根据我国市场的轮子和政府的轮子共同推动着中国经济的迅速发展的绩效事实，他认为中国经济制度是世界上最好的经济制度。“中国模式”论者也认为，国家主义的制度安排具有合法性和正当性。荣剑指出，我们不能否认，中国经济的高速增长确实是在现有制度安排下实现的。但也要看到，国家主义体制是一种缺乏民众参与的、毫无约束的发展模式。国家低价大规模征用农地，各种疯狂的拆迁，放纵资源的掠夺性开发，环境保护的低投入和软约束，以及脆弱的财产保护体制和尚不具有独

---

① 朱嘉明：《中国改革的道路——朱嘉明先生访谈录》，共识网，http://www.21ccom.net/articles/zgyj/ggcx/article_2012110370279.html。

② 李剑芒：《中国模式还能走多远》，凤凰网博客，http://blog.ifeng.com/article/3628914.html。

③ 何迪、鲁利玲：《反思“中国模式”》，社会科学文献出版社 2012 年版，第 150—153 页。

④ 世行报告估计，污染带来的损失达到中国国内生产总值的 5.8%，空气污染一项每年就造成 70 万人死亡。参见裴敏欣：《十面“霾”伏为中国敲警钟》，参考消息网，http://column.cankaoxiaoxi.com/g/2013/0130/158968.shtml。

立地位的司法体系，都是为这种发展付出的巨大代价。[①]

（三）阶段成果不是目标模式

著名经济学家厉以宁指出，近几年中国经济出现“投资怪圈”是由于内生机制不完备，需要靠外生力量推动中国经济发展，就是要靠宏观经济调控。宏观经济调控虽然有用，但它毕竟为辅，市场机制是为主的，有些问题绝不是宏观调控能解决的。他认为，我们绝不能把已经取得的成果看成是我们的目标模式。胡祖六认为，过去五年，我们陶醉于子虚乌有的“中国模式”，好像只有“中国模式”才管用。但从今天所处的位置看一看全球环境，过去五年在中国思想界、学术界影响政府政策的观点，已经站不住脚了。[②]

第二节 只有“中国道路”

中国共产党坚持马克思主义普遍真理同中国具体实际相结合的原则，总结长期探索所积累的经验，特别是十一届三中全会以来的实践，深刻地认识到建设中国社会主义的规律，并在十二大提出“走自己的路，建设有中国特色的社会主义”的科学论断。党的十三大、十四大和十五大对这一论断形成了一系列科学观点，制定了一系列具体政策、措施。十八大报告指出：“中国特色社会主义道路，就是在中国共产党领导下，立足基本国情，以经济建设为中心，坚持四项基本原则，坚持改革开放，解放和发展社会生产力，巩固和完善社会主义制度，建设社会主义市场经济、社会主义民主政治、社会主义先进文化、社会主义和谐社会、社会主义生态文明，促进人的全面发展，逐步实现全体人民共同富裕，建设富强民主文明和谐的社会主义现代化国家。”

目前，学界关于“中国道路”问题的讨论前提比较一致，大多认为中国有自己的发展道路，即中国特色社会主义道路。正如秦晓所说的：“首先，中国发展方式的可持续性和普遍性尚需实践和历史的进一步验证；其次，

① 荣剑：《国家主义还能走多远》，共识网，http://www.21ccom.net/articles/sxwh/shsc/article_2012021653775_2.html。

② 《众专家谈民富：政府需转变角色，应废除国企特权》，网易财经网，http://money.163.com/12/1214/14/8IMKURV100254SQE.html?from=money。

从本质上讲中国仍处于向现代社会的转型过程中，每个国家的现代化转型之路都会有自己的特征和元素，这是由它的文化历史传统及外部环境约束决定的，但这并不意味着它的选择可以背离现代社会的普遍性。在这个意义上，我觉得还是称‘中国道路’或‘中国经验’更为准确。”[①]

一、国外视域下的“中国道路”论

俄罗斯科学院院士季塔连科指出，邓小平提出的建设中国特色社会主义理论避免了社会主义被撤出历史舞台的危险，提出了“用社会主义来代替自由派的‘历史末日’的模式”，它既保持了继承性，又总结了全球化条件下进行政治改革和开放的新经验。[②]

美国波士顿大学教授曹天予指出，建设有中国特色的社会主义，主要是指市场经济向西方开放，以与传统的以计划经济和与西方对抗为标志的社会主义相区别。这样，在理论上如何理解，在实践中如何评价中国的现代化道路，就成为值得研究的问题 。[③]

法国《欧洲时报》刊载的《改革是“中国道路”的精髓》一文指出，回顾中国 30 多年来各阶段的成长历史就会知道，没有不改革的中国道路，也没有无旗帜无路线的改革。中国道路的精髓就是改革。中国的改革从未停止过，也因此形成了“中国道路”。[④]

埃及前驻华大使马哈茂德·阿拉姆指出，中国道路最重要的经验就是“小规模试验，成功后再向全国推广”的试点制。国外的先进经验在中国的应用往往从特区开始，成功之后再向其他地区推广，如此摸索出一个本土化、适合中国国情的方式。中国道路的第二点经验是“集中决策但不集中实施”。负责“非集中实施”的地方领导通过具体指标来衡量绩效，包括吸引资金、创造就业、开发区域内人力资源的能力。这种做法能有效调

---

① 何迪、鲁利玲：《反思“中国模式”》，社会科学文献出版社 2012 年版，第 203 页。

② 季塔连科：《中国现代化经验的国际意义》，《远东问题》2004 年 10 月第 5 期，第 298—306 页。

③ 曹天予：《现代化、全球化与“中国道路”》，社会科学出版社 2003 年版，第 390 页。

④ 《欧洲时报：改革是“中国道路”的精髓》，环球网，http://oversea. huanqiu. com/political/2012－11/3269339. html。

动地方利用各类资源促进本地发展的积极性。中国道路的第三点经验是不断推动社会的开放与进步。这包括重视教育和加强与外界的交流，吸收全球化的理念，并且在开放的同时保持自有的特质。这是中国成功的模式。[①]

二、国内视域下的“中国道路”论

何为“中国道路”呢？朱炳元、史春燕认为，所谓中国特色社会主义道路或中国道路，就是在全球化的时代背景下，中国亿万人民在中国共产党领导下，立足中国的基本国情，以经济建设为中心，坚持四项基本原则，坚持改革开放，独立自主，艰苦奋斗，建设富强民主文明和谐的社会主义国家的伟大而又成功的实践。它包括了在这一过程中走过的道路、形成的理论和总结出的基本经验。中国道路的产生，证明了世界文明的多样性，证明了人类社会发展道路的多元化。[②]

唐洲雁指出，其所理解的中国道路，是近代以来中华民族不懈追求的“复兴之路”，是新中国成立以来艰辛探索的现代化强国之路，同时也是改革开放以来逐渐开辟的“中国特色社会主义道路”。[③]

陈扬勇理解的中国道路实际上就是中国特色社会主义道路。他认为，在坚持这条道路的同时，在不同的历史阶段，又根据新的实践要求增添了新的内容。因此，中国特色社会主义道路是一条不断发展之路。[④]

李其庆指出，中国道路有其历史必然性、特殊性和普遍性。其中她的特殊性和普遍性是社会历史和文化特点以及国情所决定的，从这个意义上说“中国模式”是不可复制的。因此，李其庆不赞同“北京共识”的提法。但是并不排除中国道路的一些基本原则和构成要素具有普遍性的

---

① 埃及前驻华大使阿垃姆：《中国走出独特发展道路》，参考消息网，http://column.cankaoxiaoxi.com/g/2012/1016/105218.shtml。

② 朱炳元、史春燕：《中国道路的理论价值、基本内涵和实践特色》，《当代世界与社会主义》2011 第 6 期，第 177 页。

③④ 李琦、胡昌勇：《国内科学者纵论“中国道路”》，《党的文献》2010 年第 4 期，第 96—103 页。

可能。①

张宁指出，中国道路是中国人从自己的国情、所处的时代条件出发选择的一条道路。这条道路有一些别国可以借鉴的东西，如这条道路的核心是绝不照搬别人和前人的经验，而是从自己的实际出发，走一条符合实际的发展道路。但这条道路本身以及它的一些具体做法，是不可以在其他国家原样复制的。②

署名郑青原的《人民日报》评论文章肯定了中国道路，认为中国在改革开放过程中探索出了一条生机勃勃的现代化之路，中国道路丰富了世界现代化的路径选择，也激发了中外学界关于制度的丰富想象。

三、中国道路的价值

周弘认为，中国在没有接受西方发展模式的条件下，通过对西方经验独立自主的借鉴和消化，找到了一条适合中国的发展道路，从而丰富了人类的社会实践，挑战了西方经验唯一正确的神话。中国将市场和社会主义管理有机结合的国家结构也会通过继续自我完善而影响到市场主导的世界力量格局。一些非洲国家乐见中国道路的成功，因为它证明了发展并不是发达国家独享的特权，只要道路正确，发展就是可以预期的。这些看法在国内外有一定的借鉴比较价值。②

孔祥云、刘敬东指出，效法“苏联模式”没有出路，警惕陷阱——“民主社会主义道路不适合中国国情”，人间正道——“走中国特色社会主义道路是唯一正确的选择”。③

严书瀚提出：“中国发展道路举世关注，科学发展、和谐发展、和平发展是中国发展道路的根本特点。中国发展道路产生世界影响的重要原因在于：形成并提出与这条道路相配套的中国特色社会主义理论体系，这是 13 亿人的主心骨。对中国发展道路的世界影响，既不要刻意回避，又

---

①② 李琦、胡昌勇：《国内科学者纵论“中国道路”》，《党的文献》2010 年第 4 期，第 96—103 页。

② 周弘：《全球化背景下“中国道路”的世界意义》，《中国社会科学》2009 年第 5 期，第 37—45 页。

③ 孔祥云、刘敬东：《中国特色社会主义新编》，清华大学出版社 2009 年版，第 11—25 页。

不要讲过头话，关键是对此要做出如实的、谨慎的而又充分的估计。”①

第三节　告别“中国模式”，探索中国道路

胡锦涛在党的十八大报告中指出：“道路关乎党的命脉，关乎国家前途、民族命运、人民幸福。在中国这样一个经济文化十分落后的国家探索民族复兴道路，是极为艰巨的任务。90多年来，我们党紧紧依靠人民，把马克思主义基本原理同中国实际和时代特征结合起来，独立自主走自己的路，历经千辛万苦，付出各种代价，取得革命建设改革伟大胜利，开创和发展了中国特色社会主义，从根本上改变了中国人民和中华民族的前途命运。”②2012年11月17日，习近平在《紧紧围绕坚持和发展中国特色社会主义 学习宣传贯彻党的十八大精神》讲话中强调：“中国特色社会主义道路，是实现我国社会主义现代化的必由之路，是创造人民美好生活的必由之路。中国特色社会主义道路，既坚持以经济建设为中心，又全面推进经济建设、政治建设、文化建设、社会建设、生态文明建设以及其他各方面建设；既坚持四项基本原则，又坚持改革开放；既不断解放和发展社会生产力，又逐步实现全体人民共同富裕、促进人的全面发展。”③2013年5月，习近平在接受拉美三国媒体采访时指出：“实现中国梦，必须坚持中国特色社会主义道路。我们已经在这条道路上走了30多年，历史证明，这是一条符合中国国情、富民强国的正确道路，我们将坚定不移地沿着这条道路走下去。”④

中国道路的成功开创，为亿万中国人民展示了未来的光明前景。

综上所述，我们认为，只有中国道路，绝没有什么“中国模式”。

---

① 严书瀚：《中国发展道路的世界影响》，《克拉玛依学刊》2011年第1期，第4页。

② 中共中央文献研究室：《十八大以来重要文献选编》（上），中央文献出版社2014年版，第8页。

③ 《习近平谈治国理政》，外文出版社2014年版，第9页。

④ 同上，第56页。

第一章　中国道路探索历程的回顾

"中国道路"特指当代中国的社会主义建设与改革道路，是新中国成立后中国共产党主导的探索实现社会主义现代化的中国式社会主义道路。仍在持续中的中国道路在探索中成功与曲折并存，成就与失误同在。中国是经济文化落后的东方大国，探索社会主义现代化道路的任务极为艰巨。"道路关乎党的命脉，关乎国家前途、民族命运、人民幸福。"[①]回顾新中国成立后的探索历程，有助于总结历史经验，对于中国未来的道路探索以及推进世界社会主义的实践都大有裨益。

第一节　新中国成立后中共对中国道路的探索历程

一、学仿苏联经验的中国道路：1949—1956

1949 年 10 月新中国成立后，国家建设道路的选择问题随即摆在尚无执政经验的中国共产党面前。"一穷二白"的国内境况、错综复杂的国际形势以及政治领导人的认识限度促使新中国走上一条学习、模仿社会主义阵营"老大哥"——苏联的社会主义建设与改造经验的道路。从 1949 年到 1956 年间，无论在经济发展战略、组织领导体制、社会主义改造方式，还是在特定领域的各项政策等方面，中国共产党都以苏联为标准，努力吸收苏联建设及改造的经验。

苏联曾在 20 世纪二三十年代打破帝国主义包围，采取优先快速发展重工业的战略，短期内建成了完整独立的工业体系，成为欧洲第一强国。苏联工业化建设的高速度和巨大成就为世界所瞩目，这为正在走上社会

① 中共中央文献研究室：《十八大以来重要文献选编》(上)，中央文献出版社 2014 年版，第 8 页。

主义之路的新中国提供了可资学习与借鉴的示范经验。新中国成立后,中国共产党借鉴苏联建设经验,也确定了优先发展重工业的战略。毛泽东曾就此提出,现阶段的建设"重点是用一切方法挤出钱来建设重工业和国防工业"。1951 年 12 月,毛泽东在修改中央文件时还做过如下说明:"从 1953 年起,我们就要进入大规模经济建设了,准备以 20 年时间完成中国的工业化。完成工业化当然不只是重工业和国防工业,一切必要的轻工业都应建设起来。为了完成国家工业化,必须发展农业,并逐步完成农业社会化。但是首先重要并能带动轻工业和农业向前发展的是建设重工业和国防工业。"[①]1952 年 5 月,在编制新中国第一个五年计划时,中央人民政府政务院政务委员李富春代表中央财政经济委员会提出:经济建设的重点放在重工业,为我国工业化打下基础;农业、轻工业和交通等事业应当围绕重工业这个中心来发展。[②] 1953 年 6 月,毛泽东在听取编制"一五"计划情况汇报时肯定了这一指导思想,他说,为保证国家独立,要"把建设重点放在重工业上,以增强国防力量,向社会主义前进"。[③]

在工业化建设过程中,为提高积累率,集中配置国内有限资源,新中国学习苏联快速工业化经验,实行了与苏联类似的高度集中计划经济体制。该体制由中央采取措施,从上到下建立集中统一的计划经济机构,通过制定年度计划加强对全国经济的集中管理和调节,进而确保经济计划顺利实施。在第一个五年计划制订和实施期间,新中国也得到了苏联政府的直接援助。以 156 个工业项目为中心,中方不仅在资金方面,还在资源勘探、厂址选择、技术设计、机器设备、建筑安装及人员培训、试车投产等方面受到过苏联具体的指导和帮助。第一个五年计划期间,苏联派至中国的技术专家有 3000 多人;为学习苏联的技术和管理经验,中国派往

---

① 毛泽东对《中共中央关于实行精兵简政、增产节约、反对贪污、反对浪费和反对官僚主义的决定》的批语和修改,1951 年 12 月 1 日、2 日。转引自中共中央党史研究室:《中国共产党历史:第二卷(1949—1978)》(上册),中共党史出版社 2011 年版,第 199 页。

② 房维中、金冲及:《李富春传》,中央文献出版社 2001 年版,第 421 页。

③ 中共中央文献研究室:《毛泽东传(1949—1976)》(上),中央文献出版社 2003 年版,第 273 页。

苏联求学的留学生有7000多人，实习生5000人。[①]

在组织领导体制方面，新中国吸收了苏联的许多经验。1950年2月，毛泽东率团访问苏联回国后，在中央书记处会议上曾传达过斯大林对中共工作的三点意见。斯大林的意见中就建议新中国要“建立人民代表大会制度和制定宪法”[②]。1952年10月，刘少奇率团访问苏联，期间受毛泽东的委托，就中国何时召开全国人民代表大会的问题向斯大林征求意见。斯大林在与刘少奇会谈时，建议中国可以考虑尽早进行选举和制定宪法，不给西方敌对势力在此问题上反对新中国的借口。[③] 中共中央当时接受了斯大林的建议。由毛泽东主持制定的新中国第一部宪法也参考了苏联立宪的经验。1953年12月，毛泽东率宪法起草小组的成员在杭州开始着手进行新中国宪法的起草工作，为了便于中共中央政治局就宪法问题进行充分讨论，毛泽东曾要求政治局委员及在北京的中央委员抽时间阅看一些主要参考文件，其中就包括1936年的苏联宪法及斯大林报告、1918年的苏俄宪法[④]。

在党的干部管理制度方面，中国共产党参照苏共做法进行了重大改革。1953年11月，中央发出《关于加强干部管理工作的决定》，提出要逐步建立分部分级管理干部制度。分部管理，就是采用苏联共产党的办法，实行执政党与政府对口设部；分级管理，是仿照苏联共产党建立干部职务名单表的做法，将所有干部都按职级开列干部职务名称表，凡担负全国各方面重要职务的干部均由中央负责管理，其他干部则分别由各级地方党委分工管理。

在国营企业领导制度方面，中国共产党借鉴苏联通行的“一长制”做法并进行了探索。新中国成立后，中共中央先在各方面条件比较好的东

---

① 中共中央党史研究室：《中国共产党历史：第二卷（1949—1978）》（上册），中共党史出版社2011年版，第219页。

② 薄一波：《若干重大决策与事件的回顾》（上卷），中共中央党校出版社1991年版，第41页。

③ 刘少奇：《关于与斯大林会谈情况给毛泽东和中央的电报》（1952年10月26日、30日）。转引自中共中央文献研究室、中央档案馆编：《建国以来刘少奇文稿》（第4册），中央文献出版社2005年版，第536页。

④ 毛泽东：《宪法起草工作计划》（1954年1月15日）。转引自《毛泽东文集》（第6卷），人民出版社1999年版，第320—321页。

北地区实行了厂长负责制。1953 年，大规模经济建设开始启动后，中共中央要求在国营企业中“建立和健全各种责任制度，特别是厂长负责制和生产调度的责任制”。1954 年以后，全国各地区陆续推广实行了厂长负责制。1956 年 9 月，中国共产党八大正式确定了国营企业实行党委领导下的厂长负责制。

新中国在社会主义改造中也借鉴了苏联经验。1952 年 10 月，刘少奇在率中国共产党代表团参加苏联共产党第十九次全国代表大会期间，受毛泽东的委托给苏共领导人斯大林写信，就中共中央关于“中国怎样从现在逐步过渡到社会主义去的问题”征求意见。斯大林回应表示，这一想法是对的，“当我们掌握政权以后，过渡到社会主义去应该采取逐步的办法。你们对中国资产阶级所采取的态度是正确的”①。1953 年 2 月，毛泽东在全国政协一届四次会议上号召掀起学习苏联的高潮，他强调，理解党的向社会主义过渡的思想要结合学习《联共（布）党史简明教程》第九至第十二章，内容是苏联如何实现国家工业化和农业集体化。在优先发展重工业、快速进行工业化建设的同时，新中国农业合作化、集体化运动也采取了类似苏联的做法，实行迅猛推进的策略。1955 年秋冬，全国农村掀起了农业合作化高潮，1956 年 1 月，加入合作社的农户比重由上年末占总农户的 63.3%猛增到 80.3%；到 1956 年底，加入农业生产合作社的社员总户数已达全国农户总数的 96.3%，其中初级社户数占 8.5%，高级社户数占 87.8%。② 原定到 20 世纪 60 年代才能基本完成农村合作社由半社会主义到全社会主义转变的规划，结果在 1956 年一年就大大提前完成了。

此外，新中国在教育体制、军队建设等方面也积极学习苏联体制。在教育方面，1951 年底，国家教育部开始拟定全国工学院的调整方案。1952 年，根据“以培养工业建设人才和师资为重点，发展专门学院和专科学校，整顿和加强综合性大学”的方针，各高校分期分批进行了院系调整和专业设置工作。取消了民国时期美国式的文科学院和美、英大学对学

---

① 中共中央文献研究室、中央档案馆编：《建国以来刘少奇文稿》第 4 册，中央文献出版社 2005 年版，第 533—534 页。

② 中共中央党史研究室：《中国共产党历史：第二卷（1949—1978）》（上册），中共党史出版社 2011 年版，第 343—344 页。

生的通才式教育。各个专业制定全国统一的教学计划、教材和教科书，同时也学习借鉴苏联学校的教学方法；还翻译苏联的教材和教学计划作为参考资料来编订中国的教材和教学计划。据统计，1954 年到 1957 年间，中国出版的全部书籍中，俄文翻译出版的图书占到 38%—45%，其他语种翻译出版的仅占 3%—6%；到 1956 年，俄文译为中文的教科书约有 1400 种，其中包括一些小学和中学用的教科书；中学以上的外语教育由教授英语改为俄语。[①] 在人民军队建设方面，从 1950 年 7 月开始，新中国改建、新建了适应现代战争需要的各类正规军事院校，这些大专院校在创办初期都注意学习苏联军队的办学治校经验，贯彻政治教育与作战相结合的原则，为新中国的国防建设培养了大批军政干部和各类专业技术方面的人才。

二、在探索中曲折前行的中国道路：1957—1977

新中国成立后的近七年间，中国通过学仿苏联经验在“一穷二白”的基础上取得了工业化建设和社会主义改造的重大成就。而一些不恰当的照抄照搬苏联模式的做法也暴露出了严重问题。1956 年，斯大林的继任者赫鲁晓夫在苏共二十大上的秘密报告又“揭了斯大林的盖子”，暴露出苏联社会主义建设中的严重弊端，举世震惊。这些都促使毛泽东和中共中央开始反思中国的社会主义建设道路：是继续效仿苏联经验、学习苏联模式，还是以苏为鉴，独立自主地走一条适合中国国情的道路？

关于“以苏为鉴”的问题，毛泽东在 1955 年底就已经提出；1956 年 2 月，苏共二十大批判、否定斯大林的消息传来，中共中央召开政治局扩大会议进行专门讨论。根据薄一波的回忆，在开会汇报过程中，同斯大林和苏联经验相关联的事也多了起来，“以苏联为鉴戒”的思想更加明确。[②] 4 月，毛泽东在中共中央政治局讨论《关于无产阶级专政的历史经验》一文时说：对苏共二十大，重要的问题在于我们从中得到什么教益，最重要的是要“把马列主义的基本原理同中国革命和建设的具体实际相结合”，在

① ［美］R. 麦克法夸尔、费正清编：《剑桥中华人民共和国史》（上卷 革命的中国的兴起：1949—1965 年），谢亮生等译，中国社会科学出版社 1990 年版，第 183 页。

② 薄一波：《若干重大决策与事件的回顾》（上卷），中共中央党校出版社 1991 年版，第 472 页。

社会主义革命和建设时期要“进行第二次结合，找出在中国怎样建设社会主义的道路”。[①] 刘少奇也提到：“社会主义部分的一些问题，我们有新的经验，要强调总结我们自己的经验，用我们自己的经验解决我们自己的问题，不能照抄人家的。凡是能独立思考的人就不会跌跤子，凡是照抄的，就会犯错误。苏联的许多经验还值得研究。”[②]同年11月，邓小平在接见国际青年代表团时也说到，“马克思列宁主义的普遍真理与本国的具体实际相结合，这句话本身就是普遍真理”，“必须研究本国的特点。离开本国的特点去硬搬外国的东西，这条普遍真理就不能实现”。[③] 1956年底，《人民日报》发表《再论无产阶级的历史经验》，文章提出：“苏联的一切经验，包括基本的经验，都是同一定的民族特点结合在一起的，都是别的国家所不应该原样照抄的。”这样，“走自己的道路”、将马克思主义与中国具体实际相结合的思想很快成为执政党和全国的共识。

第八次全国代表大会召开前后，中国共产党已在很大程度上破除了对苏联模式的迷信，已开始主张将马克思主义基本原理与中国的具体实际再次进行结合，即提出准备进行“第二次结合”的思想，力求探索出一条适合本国国情的独立自主的新型建设道路。此时的探索多在理论设计层面，毛泽东发表了《论十大关系》《关于正确处理人民内部矛盾的问题》两篇重要文献，在有关国家经济发展战略、工业化道路、经济管理体制改革、民主政治建设、科学文化建设等方面都提出了新见解、新方针和新构想；要明鉴苏联经验教训，“引以为戒”；实行“百花齐放，百家争鸣”的方针，同各民主党派“长期共存、互相监督”，为找到一条符合国情的社会主义建设道路进行初步理论探索。

然而，社会主义建设实践很快便脱离了理论上的构想。中国共产党八大召开仅半年后，新中国即经历了第一个曲折时期。1957年6月，以正确处理人民内部矛盾为主题的整风运动，很快转变为一场反击右派的全国性大规模群众政治运动。由于中国共产党主要领导人对国内阶级斗争形势和右派分子的估计过于严重，以致反右派斗争又被严重扩大化。

---

① 吴冷西：《忆毛主席》，新华出版社1995年版，第9页。

② 刘崇文、陈绍畴：《刘少奇年谱1898—1969》（下），中央文献出版社1996年版，第371页。

③ 《邓小平文选》第1卷，人民出版社1994年版，第258—259页。

党的八届三中全会召开时，全国有 6 万多人被划为右派分子；到 1958 年反右运动结束时，全国共划右派分子 55 万人。[①] 其中除极少数外，绝大多数右派分子皆属于错划。社会主义建设总路线制定后，急于求成的“左”倾思想又迅速发展。1958 年 5 月，片面追求工农业生产和建设高速度的“大跃进”运动在全国展开，随后农业粮食产量上的高指标、浮夸风日益泛滥，工业上的全民大炼钢铁、超英赶美运动也全面铺开，急于“跑步进入共产主义”。在这种情况下，农业部 1958 年公布的夏收粮食产量达到了 1010 亿斤，比上年增产 413 亿斤，增长了 69%；同年底宣布的全年钢产量为 1108 万吨，其中不合格的就有 300 万吨，根本无法使用。“大跃进”运动在全国掀起后，农村地区又广泛开展了片面强调“一大二公”的人民公社化运动。在短短几个月内，全国农村就基本实现了人民公社化，严重超越了中国当时的社会生产力水平。

1958 年 10 月，党的主要领导人在各地调研中发现了“大跃进”和人民公社化运动中存在的严重错误。从 1958 年 11 月到 1959 年 7 月初，党中央开始着手纠正“左”的错误，制定了一系列较为可行的政策，一些极“左”问题得到纠正。但是，1959 年庐山会议后，又错误地开展了对彭德怀的批判和反右倾斗争，严重损害了党内民主和国家的民主政治生活，随即打断了本已取得一定成效的纠正“左”倾错误的进程。本已觉察到并开始纠正的错误又重新发展并得以长时间延续。1960 年，“大跃进”运动进一步发展到大搞全民性的技术革命运动，各地农村中“共产风”再起，普遍推行公共食堂；城市中则大办人民公社，“左”倾错误再度泛滥，社会经济秩序陷入严重混乱。加上连续几年发生的灾情以及苏联领导人背信弃义撕毁合同、撤回专家，新中国的国民经济出现严重困难。有鉴于此，1961 年，中共中央制定并推行了对国民经济“调整、巩固、充实、提高”的方针，调整国民经济各方面的比例关系，同时对科学、教育、文化、政治关系等方面进行大幅度调整。到 1962 年下半年，国民经济开始恢复并逐步趋向好转，但党内“左”倾指导思想仍未能从根本上得到纠正。党的主要领导人又重提阶级和阶级斗争问题，致使反右派斗争后阶级斗争扩大化的错误观点更加系统化、理论化，正在恢复中的党内正常民主政治生活再度受到

---

① 中共中央文献研究室编：《毛泽东传 1949—1976》(上)，中央文献出版社 2003 年版，第 711 页。

严重损害。1966年5月,"左"的错误发展到极端,导致了长达十年的"文化大革命"的发生。毛泽东发动"文化大革命",主观上有探索一条不同于传统苏联模式社会主义道路的设想,通过"天下大乱"达到"天下大治",达到维护党的纯洁、巩固无产阶级专政、防止资本主义复辟、建设他心目中理想国家的目的。但却严重脱离了中国国情,完全偏离了社会主义建设和发展的正常道路。

到1976年,尽管以毛泽东为核心的中国共产党在"文化大革命"结束前一直在追求并探索着一条相异于苏联道路的独特建设道路,但却没有找到一条切实可行的适合中国国情的中国道路。

三、在改革中开拓发展的中国道路:1978至今

"文化大革命"给党、国家和各族人民带来了沉重灾难,使国民经济处于崩溃边缘,留下了极为惨痛的教训。十年内乱证明,极左思潮主导的"文革"式道路在中国行不通,这也为中共探索建设社会主义的正确道路提供了历史教训。1976年10月粉碎"四人帮"后,党中央开始拨乱反正、实现历史转折的探索。1978年底召开的中央工作会议和十一届三中全会开拓了解放思想,实事求是,发扬党内民主,重新探索社会主义的新局面;开始从根本上纠正指导思想上的"左"倾错误,结束了在徘徊中前进的局面,把全党工作的着重点转移到社会主义现代化建设上来,做出实行改革开放的历史性决策,实现了工作重心的转移。中共十一届三中全会公报中提出,"实现四个现代化要求大幅度地提高生产力,也就必然要求多方面地改变同生产力发展不适应的生产关系和上层建筑",应"认真解决党政企不分、以党代政、以政代企的现象",并将改革称为"一场广泛、深刻的革命"。这是中国共产党重新探索适合国情的社会主义建设和改革道路的开端。

随后,从十一届三中全会后到1982年中共十二大,中国共产党开始了对社会主义建设的新探索。

1979年4月的中央工作会议确定了对国民经济实行"调整、改革、整顿、提高"的方针。经济体制改革很快在农村和城市相继铺开。在农村,自毛泽东时代起试验了25年之久的人民公社被解散,家庭联产承包责任制的实行极大地提高了农民劳动的积极性和创造性;城市改革也从简政放权、扩大企业自主权开始探索。1980年5月,深圳、珠海、汕头、厦门开

始试办经济特区。1984 年开放了 14 个沿海城市，进一步扩大了对外开放的规模。

同时，党中央也开始反思政治体制上的弊端并准备进行改革。1980 年 8 月，邓小平在《党和国家领导制度的改革》一文中提到，“权力过分集中，妨碍社会主义民主制度和党的民主集中制的实行，妨碍社会主义建设的发展”，要“着手解决党政不分、以党代政的问题”；党和国家领导制度、干部制度存在的主要弊端是“官僚主义现象，权力过分集中的现象，家长制现象，干部领导职务终身制现象和形形色色的特权现象”，并提出要“健全干部的选举、招考、任免、考核、弹劾、轮换制度，对各级各类领导干部（包括选举产生、委任和聘用的）职务的任期，以及离休、退休，要按照不同情况，作出适当的、明确的规定。任何领导干部的任职都不能是无限期的”。[①] 这篇文章对中国政治体制的弊端进行了深刻分析，准备改革原来领导制度中的职务终身制、委任制、权力过分集中等问题，实行任期制、退休制。这篇文章成为中国政治体制改革的纲领性文献。

1982 年 9 月，中共十二大召开，“建设有中国特色社会主义”的思想观点，由邓小平在大会开幕词中明确提出，即要把马克思主义普遍真理同中国具体实际相结合，“走自己的道路，建设有中国特色的社会主义”。十二大还明确了党在新时期的总任务，是实现四个现代化，建设高度文明、高度民主的社会主义国家。这使中国真正再次迈出了社会主义建设的步伐，正如邓小平所言，“从十一届三中全会到十二大，我们打开了一条一心一意搞建设的新路”[②]。

从 1987 年中国共产党十三大到 1997 年的十五大，在探索中开始初步形成中国特色社会主义道路。

中国共产党十三大阐述了社会主义初级阶段理论，做出了中国正处于社会主义初级阶段的论断，确立了“一个中心，两个基本点”的基本路线；确立了以经济建设为中心，坚持四项基本原则、坚持改革开放的基本路线；还将推进政治体制改革列为重要事项，将实行“党政分开”作为改革突破口。1992 年初，邓小平发表著名的南方谈话，深入总结改革开放后的基本经验，认为“社会主义的本质，是解放生产力，发展生产力，消灭剥

---

① 《邓小平文选》第 2 卷，人民出版社 1994 年版，第 321、327、331—332 页。

② 《邓小平文选》第 3 卷，人民出版社 1993 年版，第 11 页。

削，消除两极分化，最终达到共同富裕”，进一步丰富了走有中国特色社会主义道路的理论；对正处于争论中的计划与市场的关系问题，邓小平认为“计划多一点还是市场多一点，不是社会主义与资本主义的本质区别。计划经济不等于社会主义，资本主义也有计划；市场经济不等于资本主义，社会主义也有市场。计划和市场都是经济手段”[①]。这预示着中国将选择一条利用国内外市场发展经济的新型社会主义建设道路。

1992 年 10 月，中共十四大在总结重新探索社会主义建设和改革实践经验基础上，概括并阐述了“建设有中国特色社会主义理论”的主要内容，系统回答了在中国这一经济文化落后国家如何建设社会主义、如何巩固和发展社会主义等一系列问题，提出了经济体制改革的目标是建立社会主义市场经济体制。次年，《中共中央关于建立社会主义市场经济体制若干问题的决定》由十四届三中全会通过，提出国企改革的目标是建立现代企业制度。此后，中共中央先后提出了可持续发展战略（1994 年 3 月）、科教兴国战略（1995 年 5 月）、西部大开发战略（1999 年 6 月）等一系列社会及经济发展战略方针。

1997 年 9 月，中国共产党十五大将邓小平理论作为指导思想写入党章，提出并论述了社会主义初级阶段的基本纲领；为保证人民依法享有广泛权利和自由，首次提出要实行民主选举、民主决策、民主管理和民主监督，尊重和保障人权；还将依法治国作为党领导人民治理国家的基本方略。

从中共十五大，到 2007 年中共十七大，中国特色社会主义道路开始走向成熟。

依法治国基本方略在 1999 年 3 月被写入宪法，法治中国的探索成为中国道路的新亮点。2002 年中共十六大将“三个代表”重要思想作为党的指导思想；提出“党内民主是党的生命”，建设社会主义政治文明；提出了全面建设小康社会的奋斗目标和行动纲领。2003 年 7 月科学发展观的提出，又系统回答了新世纪新阶段中国要实现什么样的发展、怎样发展的问题，成为经济社会发展的指导方针和战略思想。这也深化了对共产党执政规律、社会主义建设规律、人类社会发展规律三大规律的认识。随后，《中共中央关于完善社会主义市场经济体制若干问题的决定》在十六

① 《邓小平文选》第 3 卷，人民出版社 1993 年版，第 373 页。

届三中全会上审议通过，进一步完善了社会主义市场经济的发展道路。2004 年 4 月，胡锦涛在博鳌亚洲论坛年会开幕式演讲中提出，中国将坚持和平发展的道路，高举和平、发展、合作的旗帜。向世界言明中国新道路将会秉持和平发展的理念。同年 9 月，十六届四中全会提出了构建社会主义和谐社会的战略任务，说明中共在道路探索中更加注重社会建设。

2007 年 10 月召开的中共十七大，将改革开放近 30 年的理论创新和实践探索总结、整合为“一条道路”“一个理论体系”及高举“一面旗帜”。2012 年 11 月召开的中共十八大，提出“坚定不移沿着中国特色社会主义道路前进”，这就明确规定了我们党在全面建成小康社会决定性阶段要坚持走什么路。实践探索中的中国特色社会主义道路正式成为中国共产党领导实现社会主义现代化的路径选择，并愈益定型化。

综上所述，新中国成立后中国共产党对中国道路探索中的三个阶段是一脉相承、相互联系的。前两个阶段的道路探索对后一阶段新路的形成具有奠基性意义。在第一阶段的探索中，尽管存在照抄照搬苏联社会主义模式的问题，但历史性地完成了整合各方力量建立新国家的任务，并在“一穷二白”的情况下初步建立起完整的工业体系，确立了社会主义的基本政治制度。在第二阶段，建设中虽然经历严重曲折，教训深刻，损失重大，但也取得了重要理论成果和重大建设成就，为重新探索一条新路提供了经验教训。到第三阶段，中国共产党解放思想、实事求是，积极顺应全球化、现代化时代潮流，在改革开放中重新起步，探索到了中国特色社会主义道路，而其成功的根基和源头是此前的历史时期所积累的经验教训。可以说，没有前两个阶段的宝贵经验和沉痛教训，就谈不上后一阶段社会主义建设新路的开创和发展。在改革开放之初，邓小平就明确指出，实行改革开放是“怎样搞社会主义的问题”，而从制度方面说，“没有社会主义这个前提，改革开放就会走向资本主义”[①]。科学认识中国共产党关于社会主义建设道路探索史中不同阶段间的关系，是推动中国特色社会主义道路未来进一步成熟和定型的思想前提。

---

① 中共中央文献研究室编：《邓小平年谱 1975—1997》（下），中央文献出版社 2004 年版，第 1317 页。

第二节 中国道路探索的基本经验

新中国建立以来，中国共产党在中国道路的探索中成功与曲折并存，成就与失误同在。实践发展永无止境，中国道路的探索仍在持续。深入总结基本历史经验，对于中国未来的道路探索以及世界社会主义的实践都大有裨益。审视中国共产党领导探索社会主义现代化道路的长期历程，基本经验可以概括为以下五个方面。

一、独立探索适合本国特点的社会主义建设和改革道路

他山之石可以攻玉。作为世界现代化进程中的落后国家，中国的现代化建设需要也更具备借鉴其他先进国家的工业化、现代化经验的条件。1982 年 9 月，邓小平在中国共产党第十二次全国代表大会的开幕词中就曾指出："我们的现代化建设，必须从中国的实际出发。无论是革命还是建设，都要注意学习和借鉴外国经验。"①1992 年 2 月，邓小平在南方谈话中也总结说："社会主义要赢得与资本主义相比较的优势，就必须大胆吸收和借鉴人类社会创造的一切文明成果，吸收和借鉴当今世界各国包括资本主义发达国家的一切反映现代社会化生产规律的先进经营方式、管理方法。"②

新中国成立之初，苏联作为强大的社会主义工业化国家对中国产生了直接的示范作用。积极学仿社会主义苏联的建设经验是必需的，但在此过程中却出现了照抄照搬苏联经验的现象，尤其是在中国共产党自身没有经验的经济建设领域，很大程度上出现了教条主义。毛泽东在后来做总结时就谈道："因为我们不懂，完全没有经验，横竖自己不晓得，只好搬。"③"几乎一切都抄苏联，自己的创造性很少……缺乏创造性，缺乏独立自主的能力。"④以至于在新中国成立头八年的经济建设和社会主义改

① 《邓小平文选》第 3 卷，人民出版社 1993 年版，第 2 页。

② 同上，第 373 页。

③ 中共中央文献研究室编：《毛泽东传 1949—1976》(上)，中央文献出版社 2003 年版，第 791 页。

④ 中共中央文献研究室：《毛泽东文集》第 8 卷，人民出版社 1999 年版，第 305 页。

造过程中积累了大量问题。而从 1957 年到 1976 年，毛泽东对社会主义建设道路的探索，则又在很大程度上走向了另外一个极端，偏离了世界各国工业化、现代化的普遍经验，导致出现了更加严重的结构性问题。直到 1978 年中国共产党十一届三中全会以后，才开始真正解放思想，独立思考，正确借鉴外国经验，积极融入世界发展潮流，不再盲目照搬别国模式，从本国的实际出发来制定政策，逐步探索到了一条切合中国特点的社会主义改革和建设道路。有鉴于此，邓小平后来反思说："照抄照搬别国经验、别国模式，从来不能得到成功。这方面我们有过不少教训。"①"各国必须根据自己的条件建设社会主义。固定的模式是没有的，也不可能有。墨守成规的观点只能导致落后，甚至失败。"②

新中国社会主义建设和改革史上正反两方面的经验教训，使中国共产党受到深刻教益。邓小平 1988 年在会见外宾时就总结道："我们过去照搬苏联搞社会主义的模式，带来很多问题。我们很早就发现了，但没有解决好。我们现在要解决好这个问题，我们要建设的是具有中国自己特色的社会主义"，"要紧紧抓住合乎自己的实际情况这一条。所有别人的东西都可以参考，但也只是参考"，"世界上的问题不可能都用一个模式解决。中国有中国自己的模式"。③ 改革开放以来逐步形成的中国特色社会主义道路，就是中国共产党正确借鉴国外先进经验，不断推进马克思主义中国化，坚持科学社会主义基本原则，又根据国情和时代特征赋予其鲜明中国特色的社会主义现代化建设道路。

二、"善于利用时机解决发展问题"，勇于推动转折创新

新中国成立后，新生的人民政权在当时的国际环境中较为正确地判断了国际形势，在世界政治舞台的夹缝中艰难起步，在美苏冷战格局中把握机遇，外交政策"一边倒"向苏联，为中国工业化奠定了初步基础。20 世纪 50 年代末 60 年代初，新中国社会主义建设道路探索中出现严重问题，中国道路出现第一次曲折，这与当时党的主要领导人对国际局势的判断有密切关系。第二次世界大战后，尤其是美苏两个超级大国都成为核

---

① 《邓小平文选》第 3 卷，人民出版社 1993 年版，第 2 页。

② 同上，第 292 页。

③ 同上，第 261 页。

武器拥有国后，国际局势开始缓和，和平与发展已逐步取代战争与革命，成为时代之主题。而六七十年代的中国却仍在备战，准备打大仗，甚至是世界性战争，偏离了世界政治发展的主要潮流，错过了发展良机，致使国内建设道路的探索出现严重曲折。正如邓小平在 1988 年所说："我们从 1957 年以后，耽误了 20 年，而这 20 年又是世界蓬勃发展的时期，这是非常可惜的。"[①]

改革开放后，中国共产党对国际形势做出了准确判断，邓小平认为，"现在国际形势看来会有个比较长时间的和平环境，即不爆发第三次世界大战的环境"，要"紧紧抓住经济建设这个中心，不要丧失时机"[②]。这是根据第二次世界大战后 30 多年来国际政治格局的变化得出的正确论断，改变了毛泽东时代对待外部环境的态度和世界性战争不可避免的看法，使中国开始走上一条通过利用国外资源和世界市场来发展自己的道路。中国积极顺应和平与发展的时代主题，主动改善大国关系，充分利用有利的国际环境加速发展，壮大自身。

中国现代化建设和改革的实践说明，在探索发展道路的过程中，必须善于把握时机，抢抓机遇。机遇到来时，如果不善把握，就会坐失良机，导致历史性的遗憾；如果善于把握时机，社会主义改革和建设事业就可能出现重大飞跃和发展。1983 年 7 月，邓小平曾强调指出："要扩大对外开放，现在开放得不够。要抓住西欧国家经济困难的时机，同他们搞技术合作，使我们的技术改造能够快一些搞上去。"[③]他还曾说道："我们不抓住机会使经济上一个台阶，别人会跳得比我们快得多，我们就落在后面了。"[④]他还总结道："我们的发展，总是要在某一个阶段，抓住时机，加速搞几年，发现问题及时加以治理，尔后继续前进。"[⑤]在把握机遇的同时，也要在适当时机努力促成质的飞跃，勇于推动转折，这也就是邓小平所强调的"抓住时机上台阶"的思想。他指出，过几年要"有一个飞跃，跳一个台阶，跳了以后，发现问题及时调整一下，再前进"[⑥]。

---

① 《邓小平文选》第 3 卷，人民出版社 1993 年版，第 266 页。
② 同上，第 270 页。
③ 同上，第 32 页。
④ 同上，第 369 页。
⑤ 同上，第 377 页。
⑥ 同上，第 368 页。

三、坚持和改善共产党的领导，搞好党的建设

近现代史上，沙俄十月社会主义革命的胜利，中华人民共和国和欧亚一系列人民民主国家政权的建立，社会主义革命、建设和改革事业取得的巨大成就都是基于坚持社会主义政党的正确领导。毛泽东曾指出：“没有中国共产党的努力，没有中国共产党人做中国人民的中流砥柱，中国的独立和解放是不可能的，中国的工业化和农业近代化也是不可能的。”[①]邓小平也曾指出：“自有国际共产主义运动以来，就证明了没有无产阶级的政党就不可能有国际共产主义运动。自从十月革命以来，更证明了没有共产党的领导就不可能有社会主义革命，不可能有无产阶级专政，不可能有社会主义建设。”[②]1989年邓小平又讲道：“中国人有自信心，自卑没有出路。过去自卑了一个多世纪，在中国共产党领导下站起来了。”[③]

从新中国成立到社会主义改造基本完成，尽管存在一定的失误，但中国共产党仍然依靠自身，克服困难，取得了社会主义建设和改造的重大成就，初步发挥了领导核心作用。在长达20多年的“左”倾错误年代，党内民主遭到严重破坏，致使领导地位受到严重削弱，也是社会主义建设遭受严重挫折的重要原因之一。改革开放后，邓小平总结教训，进一步强调了中国共产党在社会主义现代化建设中的领导核心作用，阐明党的领导的重要性。1980年1月，邓小平强调指出：“从根本上说，没有党的领导，就没有现代中国的一切”，“没有党的领导，就没有一条正确的政治路线；没有党的领导，就没有安定团结的政治局面；没有党的领导，艰苦创业的精神就提倡不起来；没有党的领导，真正又红又专、特别是有专业知识和专业能力的队伍也建立不起来”。[④] 邓小平还指出：“中国由共产党领导，中国的社会主义现代化建设事业由共产党领导，这个原则是不能动摇的；动摇了中国就要倒退到分裂和混乱，就不可能实现现代化。”[⑤]

同时，社会主义建设和改革实践也说明，为了更好地坚持党的领导，

① 《毛泽东选集》第3卷，人民出版社1991年版，第1098页。

② 《邓小平文选》第2卷，人民出版社1994年版，第169页。

③ 《邓小平文选》第3卷，人民出版社1993年版，第326页。

④ 同②，第266页。

⑤ 同②，第267—268页。

就必须努力改善党的领导。要与时俱进地改善党的组织状况、领导工作及领导制度，邓小平也反复强调要好好研究改善党的领导这个问题，认为“不解决这个问题”，就“坚持不了党的领导，提高不了党的威信”。①

共产主义政党要正确领导改革开放和社会主义现代化建设事业，首要之点在于必须坚持不懈地搞好党的建设，从理论、政治、组织、思想和作风等方面建设好领导核心。中国社会主义建设中的曲折说明，必须要结合本国国情与时俱进地发展马克思主义理论，必须要健全并持续推进党内民主。健全并运行良好的党内民主制度是建立执政党自我纠错机制的关键。改革开放的长期实践说明，加强党风廉政建设是在新形势下坚持和改进党的领导的重要环节，现阶段尤其要解决好腐败问题。邓小平曾指出，“要整好我们的党，实现我们的战略目标，不惩治腐败，特别是党内的高层的腐败现象，确实有失败的危险”，要“一手抓改革开放，一手抓惩治腐败”；②要把反腐败当作长期的战略任务来抓，“要反对腐败，搞廉洁政治。不是搞一天两天、一月两月，整个改革开放过程中都要反对腐败”。③ 反腐败的实践也说明，进行廉政建设，要靠制度，尤其是法制，要建立起一整套制度反腐的长效机制。

四、在成功实践的基础上注重理论总结

实践出真知，实践是检验真理的唯一标准。在一定意义上可以说，中国道路本质上是一条“摸着石头过河”的实践探索的道路。在道路的探索中，国内实践与国外实践相互参照，正确的实践与错误的实践相互交织。就国外的社会主义实践经验来看，苏联社会主义建设中的成功经验曾成为新中国学仿的对象，而苏联实践中暴露出的严重问题也成为新中国开始探索建设自己独特道路的镜子。1957 年以后中国 20 多年“左”的错误路线的实践教训异常深刻，也作为反面教材成为启迪中共正确探索中国道路的一种财富。1978 年中国改革开放的开启正是基于新中国成立后正反两方面的实践经验，改革开放的成就也是建立在各方面成功实践的基础之上的。1992 年，邓小平在南方谈话中说：“改革开放的成功，不是

① 《邓小平文选》第 2 卷，人民出版社 1994 年版，第 271 页。

② 《邓小平文选》第 3 卷，人民出版社 1993 年版，第 313—314 页。

③ 同上，第 327 页。

靠本本，而是靠实践，靠实事求是”，“农村搞家庭联产承包，这个发明权是农民的。农村改革中的好多东西，都是基层创造出来，我们把它拿来加工提高作为全国的指导”。[①] 2012 年 11 月，胡锦涛在中共十八大政治报告中也指出：“全党一定要勇于实践、勇于变革、勇于创新，把握时代发展要求，顺应人民共同愿望，不懈探索和把握中国特色社会主义规律。”[②]

重视实践探索，大胆试验，不在理论上进行教条式的无谓争论，是道路探索中的一条重要经验。正如邓小平所说：“不搞争论，是我的一个发明。不争论，是为了争取时间干。一争论就复杂了，把时间都争掉了，什么也干不成。不争论，大胆地试，大胆地闯。”[③]

历史经验表明，如果在实践得还很不充分，认识得还不够清晰的情况下，就急于确认某一种发展道路或模式，则极有可能导致主观和客观、理论和实践的脱节与背离，造成事业的曲折甚至历史的倒退；相反，如果探索过程中有了充分成功的实践，“摸到了大量石头”，再从理论上进行概括和提升，形成相关的理论，这样就更具推广价值和指导意义。实践无止境，在发展道路的探索中决不能故步自封。2008 年 12 月，胡锦涛在《在纪念党的十一届三中全会召开三十周年大会上的讲话》中就曾提到：“我们既不能把书本上的个别论断当作束缚自己思想和手脚的教条，也不能把实践中已见成效的东西看成完美无缺的模式。”[④]

五、坚持和发展马克思主义，防止和反对“左”、右两种思想倾向

从整体而言，马克思主义是无产阶级和全人类解放的科学，是人的解放学[⑤]，也是建设社会主义、实现共产主义的行动指南。正是在这一科学理论的指导下，中国共产党领导新中国走上了社会主义道路，并在社会主

---

① 《邓小平文选》第 3 卷，人民出版社 1993 年版，第 382 页。

② 中共中央文献研究室编：《十八大以来重要文献选编》（上），中央文献出版社 2014 年版，第 7—8 页。

③ 同①，第 374 页。

④ 中共中央文献研究室编：《十七大以来重要文献选编》（上），中央文献出版社 2009 年版，第 812 页。

⑤ 高放：《马克思主义与社会主义新论》，黑龙江人民出版社 2012 年版，第 58 页。

义建设中取得巨大成就；也正是在其指导下，中国才能在东欧剧变后继续坚持社会主义、坚持改革开放。在社会主义建设及改革开放过程中，在中国发展道路的探索中，中国的马克思主义者充分认识到，“马克思主义的真理颠扑不破”，“实事求是是马克思主义的精髓”。[①] 作为马克思主义理论的践行者、中国社会主义道路的探索者，邓小平曾在1992年的南方谈话中指出，“我坚信，世界上赞成马克思主义的人会多起来的，因为马克思主义是科学。它运用历史唯物主义揭示了人类社会发展的规律”，“社会主义经历一个长过程发展后必然代替资本主义。这是社会历史发展不可逆转的总趋势，但道路是曲折的”，“从一定意义上说，某种暂时复辟也是难以完全避免的规律性现象”。[②]

坚持马克思主义的基本原则，是坚持它的世界观、方法论，坚持它富有生命力和时代气息的科学理论，而不是把马克思主义当作一成不变的教条。马克思主义是开放的发展的学说，世界在变迁，实践在发展，马克思主义也应随之丰富和发展。真正的马克思主义者要勇于、善于在新的历史条件下发展马克思主义。正如邓小平所言：“绝不能要求马克思为解决他去世之后上百年、几百年所产生的问题提供现成答案。列宁同样也不能承担为他去世以后五十年、一百年所产生的问题提供现成答案的任务”，“真正的马克思列宁主义者必须根据现在的情况，认识、继承和发展马克思列宁主义”，“不以新的思想、观点去继承、发展马克思主义，不是真正的马克思主义者”。[③]

在中国社会主义建设及改革道路的探索过程中，“左”和右的错误思潮都曾出现过，对“左”、右倾错误思潮的抵制、批判不够坚决，缺乏有效的纠错机制，就会造成极为严重的后果。中国共产党虽然在新民主主义革命时期有过三次“左”倾错误教训的深刻经历，但在1957年以后，却又一次犯了严重的“左”倾错误，直到“文化大革命”的发生。20多年间，中国共产党在社会主义建设问题上急躁冒进，超越社会发展阶段，急于向共产主义过渡。历史实践证明，无论“左”的还是右的错误都有极大的危害性，最终都可能会造成亡党亡国的极端后果。邓小平说：“右可以葬送社会主

① 《邓小平文选》第3卷，人民出版社1993年版，第382页。

② 同上，第382—383页。

③ 同上，第291—292页。

义，‘左’也可以葬送社会主义”，“现在，有右的东西影响我们，也有‘左’的东西影响我们，但根深蒂固的还是‘左’的东西”，“中国要警惕右，但主要是防止‘左’”。[①] 此言不虚，从 1992 年邓小平南方谈话至今 20 多年来，“左”的暗潮又在中国出现了 5 次（1995—1997 年、1998—1999 年、2001—2005 年、2007—2008 年、2013—2015 年）。每当中国共产党的执政理念有所发展创新和党的方针政策有所调整之时，就有“左”的暗潮涌现；每当右的思潮如自由主义和民主社会主义抬头，也会激起“左”的暗潮对之口诛笔伐。[②] “左”的东西仍旧根深蒂固，正在探索的中国特色社会主义道路仍须特别注意把防“左”持续下去。无论是“左”的还是右的错误，都容易主观片面，走极端。根据世界社会主义历史经验和中国社会主义建设经验，在整个中国建设和改革道路的探索中，都应始终坚持防止和反对“左”、右两种思想倾向。克服和防止两种错误的根本方法，就是始终坚持一切从实际出发，实事求是。

---

① 《邓小平文选》第 3 卷，人民出版社 1993 年版，第 375 页。

② 高放：《马克思主义与社会主义新论》，黑龙江人民出版社 2012 年版，第 541 页。

第二章 中国特色社会主义经济道路

改革开放以来,中国的经济发展经历了由高度集中的计划经济体制向社会主义市场经济体制转变的过程。中国提出把市场经济与社会主义制度结合起来,走社会主义市场经济道路,这无论在社会主义发展史上还是在人类社会发展史上,都没有先例可循。因此,研究中国经济道路,首先就要深入研究中国社会主义市场经济问题。“这个问题的核心,是正确认识和处理计划与市场的关系。”[①]

计划与市场的关系问题,是一道世纪性和世界性的难题,围绕这一问题展开的社会主义与市场经济的百年论争和实践,构成了中国特色社会主义市场经济体制的全部思想语境,只有在这一语境中,我们才能正确解读邓小平关于“社会主义也可以搞市场经济”的丰富内涵和全部寓意。

第一节 中国特色经济发展道路的形成和发展

一、中国社会主义计划经济体制的选择

市场经济作为现代社会资源配置方式或经济运行的形式,是在现代资本主义经济中实现的。长期以来,无论社会主义者还是资本主义者,无论中国、前苏东国家还是西方的经济学者和政治家们,大都把市场经济作为资本主义经济的代名词,把计划经济视为社会主义所特有,固守“市场经济等于资本主义,计划经济等于社会主义”的传统教条。认为只有在资本主义私有制条件下才能建立起完善的市场经济体系。至于能否在社会主义条件下建立完备的甚至比资本主义市场经济更为优越的市场经济体系,无论在理论还是实践中都成了无人敢越的“雷池”。因此,社会主义市

---

① 《江泽民论社会主义市场经济》,中央文献出版社 2006 年版,第 9 页。

场经济——这一前无古人的创举，是否可能、能否成功，就成了具有世界历史意义的理论和实践问题。

（一）传统的社会主义计划经济观

传统的社会主义观念认为，社会主义公有制只能与计划经济相结合，市场经济是资本主义私有制固有的经济手段，市场经济与社会主义公有制是水火不容的。

马克思主义创始人通过对资本主义社会经济发展规律的深入分析，对未来社会主义经济的基本形态提出了设想：在社会主义取代资本主义以后，商品经济和货币关系将被消灭，社会主义经济的基本形态是产品经济。恩格斯在《反杜林论》中明确指出："一旦社会占有了生产资料，商品生产就将被消除，而产品对生产者的统治也将随之消除。社会生产内部的无政府状态将为有计划的自觉的组织所代替。"[①]于是，商品经济同私有制相连，公有制若建立商品经济必然消亡。在传统社会主义经济理论的指导下，苏东等社会主义国家纷纷建立了高度集中的计划经济模式。

列宁也明确指出："社会主义要求消灭货币的权力、资本的权力，消灭一切生产资料私有制，消灭商品经济。"[②]"只要仍然有交换，那么谈什么社会主义是可笑的。"[③]但在实践中，列宁的新经济政策对苏联社会主义经济做了一些探索，如允许多种经济成分并存，通过商品交换、货币流通和自由贸易来活跃经济，培植国家资本主义，利用外资和技术加快本国经济发展，利用资本主义来建设社会主义，等等。但由于列宁的过早去世，他的新经济政策并没有得到进一步的贯彻和深化。

1929 年前后，斯大林和联共（布）取消了新经济政策，实行社会主义建设和改造并举的战略，建立了高度集中的社会主义计划经济模式。斯大林虽然承认社会主义社会存在着商品生产和价值规律，但反对市场对生产的调节作用，他只是要求在计划工作中考虑价值规律的影响。斯大林并没有从根本上论及市场经济同社会主义的关系，还是把商品经济限制在狭隘范围之内。在苏联，这种承认商品生产但反对市场的观点，直到 20 世纪 80 年代初，仍一直占统治地位。受到教条主义和"苏联模式"的

① 《马克思恩格斯选集》第 3 卷，人民出版社 1995 年版，第 633 页。

② 《列宁全集》第 12 卷，人民出版社 1987 年版，第 75 页。

③ 《列宁全集》第 15 卷，人民出版社 1959 年版，第 112 页。

影响，改革开放前的中国长期将商品经济与社会主义截然对立。

西方主流意识形态认为，发展市场经济需要三个条件，分别是生产资料私有制、个人主义价值观和多党制，而这三个条件在社会主义社会中都是不可能具备的。

（二）中国社会主义计划经济体制的形成

1952 年秋，毛泽东和党中央提出从现在起就向社会主义过渡，不久便形成并执行社会主义工业化和社会主义改造同时并举的过渡时期总路线。这种战略上的重大转变意味着建国初期的新民主主义经济体制将被社会主义计划经济体制所取代。1956 年社会主义改造基本完成，党中央宣布社会主义制度已在我国建立起来。在计划经济体制下，国家运用指令性计划配置社会资源，权力主要集中在中央政府和各级行政部门，所有经济活动都在计划规定的范围内进行。其主要特点是：在所有制结构上，实行“一大二公”的公有制，彻底消灭非公有制经济；在分配上，强调平均、平等，不允许有大的差别；在资源配置上，将计划作为唯一手段，把市场调节视为资本主义；管理经济的方法主要是行政命令和计划指标，不利用经济规律和经济方法。

选择这样的经济体制，在当时有着其主客观的条件。

从客观条件看，当时我国的生产力水平十分低下，经济实力非常薄弱，资金严重不足，又面临着严重的经济困难和严峻的国际形势。在这样的基础上进行工业化建设，只有建立高度集中的计划经济体制，才能迅速、有效地集中全国的人力、物力和财力，大规模地开展经济建设，加快工业化步伐。加之苏联在计划经济体制下社会主义建设取得的巨大成就举世瞩目，连资本主义国家都纷纷采取国家干预经济、发展计划来弥补市场的缺陷。同时，在新中国成立初期我国处于经济结构比较简单、科技水平不高、社会利益关系相对单纯而政权力量强大的情况下，计划经济体制也能够比较顺利地进行，它在集中调配资源、稳定经济和社会秩序以及公平分配上也确实发挥了巨大的作用。这是我国选择计划经济的客观条件。从主观上来说，理论上普遍把计划经济看作是社会主义区别于资本主义的本质特征，在当时是不容置疑的。在这样的背景下，我国建立高度集中的计划经济体制自然就成了合乎情理的选择。

然而，随着生产力的发展，经济规模不断扩大，经济结构日益复杂，计划经济体制已经难以适应变化了的形势需要。自 20 世纪 50 年代中期开始，计划经济体制的弊端逐渐暴露出来，主要表现为：政企不分，条块分割；权力过分集中，国家对企业管得过多过死；忽视经济活动中商品生产、价值规律和市场机制的作用；分配中实行平均主义，"大锅饭"现象严重；经济形式和经营方式过于单一化。这就导致企业缺乏应有的自主权，造成企业吃国家"大锅饭"、职工吃企业"大锅饭"的局面。这种僵化的体制严重地压抑了企业和职工的积极性、主动性和创造性，扼杀了经济发展的内在动力，使社会主义的生产目的无法实现。这在客观上已经提出了由新的富有活力和效率的经济体制代替计划经济体制的要求。

1956年党的八大前后，针对计划经济体制弊端暴露出来的问题，探索建立符合中国国情的经济体制这一课题客观上就被提了出来，以毛泽东为核心的第一代中央领导集体就此进行了积极探索。毛泽东在《论十大关系》等著作和讲话中，对高度集中的计划经济体制进行了反思，提出了许多有关经济体制改革的基本原则。陈云在党的八大上也提出要实行"三个主体、三个补充"的构想，即在所有制结构、经济运行和市场结构三个方面，允许保留一部分个体经济、一部分产品自由生产、一定范围的自由市场，以此来弥补所有制过分单一、忽视市场机制的高度集中的计划经济的不足。1959年毛泽东和党中央总结"大跃进"和人民公社化运动的教训，对我国社会主义制度下的商品经济、计划和市场的关系等重大问题进行了新的探索，提出了一些富有创造性的思想。这些，应当被认为是探索中国特色社会主义的重要认识成果，为后来形成社会主义市场经济理论提供了有益的启示。但是，由于受制于计划经济和市场经济分别是社会主义和资本主义两种不同社会制度基本特征这一思想束缚，当时提出的改革措施至多只是加强市场调节的力度和作用，不可能从根本上突破计划经济的理论和模式。此后，党在指导思想上犯了严重的"左"的错误，发动了"文化大革命"，初期的探索被迫中断。

为什么无论苏联、东欧还是中国在社会主义建设中都遭遇了很多挫折，走了很多弯路？笔者认为，这与长期以来我们对马克思主义市场经济观的肤浅理解有关，即认为市场经济是资本主义的，只有计划经济才是社会主义的。表面看来确实如此。马克思主义创始人所理解的社会主义，是在资本主义也就是市场经济充分发展的基础上产生的，是资本主义发展之后的另一种社会形态。由于资本主义制度促进了市场经济这一经济运行方式的充分发展，作为后资本主义社会形态的社会主义从经济运行的角度来描述，也可以说是计划经济形态，是市场经济充分发展后的另一种经济运行机制。所以就形成了一种观念：社会主义与市场经济不相容，而与计划经济相容。

但是，我们同时还应该看到，马克思主义创始人对市场经济与资本主义制度之间关系的分析实际上是建立在这样一个实践基础上的，即当时资本主义市场经济的原始积累是建立在殖民主义疯狂掠夺和奴隶买卖血腥交易基础上的，资本主义市场经济的工厂制度充满了对雇佣工人创造的剩余价值的残酷剥削。而马克思主义创始人设想的未来社会是劳动者自由而全面发展的社会形态。因此，批判资本主义市场经济对于劳动者发展权利的剥夺，是为了进一步找寻有利于劳动者自由而全面发展的社会形态。可见，创始人是从人的全面发展的角度来考察市场经济的，他们孜孜以求的是探索有利于人的发展的社会制度形式。

事实上，马克思关于人类社会发展三形态理论为我们理解市场经济对人的发展的历史作用提供了坐标。市场经济的充分发展也就是人对物的依赖关系的充分发展，对人的发展起着重大的历史作用。马克思鲜明地肯定了在人的发展的历史过程中，不可能跳过市场经济发展这一必经阶段。

由此，我们可以得出结论：虽然表面上看，马克思主义者创始人认为市场经济只能与资本主义经济制度相结合，但是他们认识到了市场经济是人的发展历史进程中的一个必经阶段，人的发展不可能逾越市场经济这一阶段，因而资本主义与市场经济的结合既导致了人的发展的历史异化，又推动了人的发展的历史进步。这就为我们研究市场经济与社会主义制度的结合提供了一个逻辑起点。认清这一点对中国这样一个在经济文化比较落后的基础上建设社会主义的国家来说更有现实意义。

二、计划和市场都是手段，社会主义也可以搞市场经济

要改革计划经济体制，必须在理论上突破一大障碍：即社会主义的基本特征是计划经济、社会主义与市场经济是根本对立的传统观念。党的十一届三中全会以后，面对中国计划经济造成的微观经济缺乏活力、宏观经济比例失调的局面，以邓小平为核心的党的第二代中央领导集体经过长期的理论思考和实践探索，破除了长期以来在这一问题上的僵化观念，提出了市场经济和社会主义相结合的思想，即把市场经济作为资源配置

的具体方式，与社会主义的基本制度和价值观相结合，为中国的经济体制改革指明了方向。

早在1979年，邓小平在会见美国不列颠百科全书出版公司编委会副主席弗兰克·吉布尼等外宾时就指出："说市场经济只存在于资本主义社会，只有资本主义的市场经济，这肯定是不正确的。社会主义为什么不可以搞市场经济，这个不能说是资本主义。我们是计划经济为主，也结合市场经济，但这是社会主义的市场经济。……市场经济不能说只是资本主义的。市场经济，在封建社会时期就有了萌芽。社会主义也可以搞市场经济。"①邓小平这次谈话第一次提出了市场经济是超越社会制度的，社会主义也可以搞市场经济。但由于某些历史原因，邓小平的谈话当时并没有公之于众，直到20世纪90年代初期才公开发表，显示出他对社会主义与市场经济的这种认识已经走在了全党之先。

1981年6月党的十一届六中全会通过的《关于建国以来党的若干历史问题的决议》正式指出："要大力发展社会主义的商品生产和商品交换。""必须在公有制基础上实行计划经济，同时发挥市场调节的辅助作用。"②

党的十二大正式肯定了"计划经济为主，市场调节为辅"的方针，这与过去把社会主义经济视为完全排斥市场调节的大一统的计划经济观念相比，无疑是一大突破。虽然这一提法仍然坚持计划经济总体框架不变，但它允许市场调节存在并发挥作用，就为社会主义市场经济理论开辟了新的道路。

1984年10月，党的十二届三中全会通过了《中共中央关于经济体制改革的决定》。《决定》第一次明确提出了社会主义有计划商品经济的理论，是我国探索社会主义市场经济道路上的一次重大突破，进一步明确了发展社会主义商品经济的任务和我国经济体制改革的方向。以此为标志开始了对社会主义经济体制理论的艰难创新过程。

社会主义有计划商品经济理论的提出，从根本上改变了社会主义可以直接进入产品经济发展阶段这一传统看法，使人们不得不直面现实：即

---

① 《邓小平文选》第2卷，人民出版社1994年版，第236页。

② 中共中央文献研究室编：《三中全会以来重要文献选编》，人民出版社1982年版，第841页。

商品经济是人类社会经济发展的基本经济形态，也是我国社会主义经济发展不可逾越的阶段。同时从理论上论证了在现实社会主义条件下，商品经济的存在具有客观必然性。商品经济作为一种经济形态，它可以和不同的社会经济体制相结合。因此，实行商品经济决不会影响到社会主义的经济性质。有计划商品经济理论的提出，解决了长期以来困扰中国社会主义经济发展的一大理论难题，从根本上扭转了人们一直以来对社会主义和商品经济的错误认识，为社会主义经济体制改革开辟了广阔的空间，实现了对社会主义商品经济从实践认可到理论创新的巨大跨越。以发展商品经济为主要内容的经济体制改革不断向前推进，就为建立社会主义市场经济体制奠定了重要基础。

但是，社会主义有计划商品经济理论的确立，并没有从根本上解决社会主义条件下计划和市场的关系以及如何利用市场经济体制发展社会主义经济的问题。随着改革的深化，市场在配置资源和经济活动中应该起什么样的作用、居什么样的地位，成为中国经济发展中必须明确的问题，这些问题必须从理论和实践两个方面得到彻底解决。一方面，我国经济体制改革一开始就是按照不断扩大市场对经济活动调节的范围和作用这一思路来进行的。到了 20 世纪 80 年代末，经济活动中市场调节的比重实际上已经超过了计划调节，如果从理论上不能对市场配置资源做出明确定位，势必影响经济改革实践的进一步深入；另一方面，对社会主义有计划商品经济的理论，也存在理解上的较大分歧，社会主义经济特征究竟是“商品经济”还是“计划经济”，存在各种看法，各有侧重，难以统一。在实践中，价格双轨制以及计划与市场板块式的结合，很难形成公平有序的经济发展环境，市场主体难以展开公平竞争。因此，经济体制改革的实践，要求在社会主义与市场经济关系的问题上实现理论突破，以保证经济体制改革的进一步深化和发展。

20 世纪 80 年代末 90 年代初，国际经济体制发生了巨大变革。苏联及东欧各国无一例外地开始了以市场经济为目标的转型，这使得“两个平行的也是互相对立的世界市场”的分离不复存在。同时，许多发展中国家几乎全部转向把国家宏观调控与市场机制结合起来的道路。为了应对国际经济体制变革所带来的巨大挑战，在经济体制上与国际接轨，中国需要加快经济体制改革的步伐。同期在国内，多年积累的一些深层次的经济问题不断显露，权钱交易、官倒、收入差距拉大等现象有所抬头，引起了群众的不满。在理论上，对于计划和市场如何结合的问题也困扰着人们。一方面，主张私有化和自由放任的新自由主义思潮在国内开始蔓延，主张中国取消计划经济，实行自由放任的市场调节；另一方面又有人强调计划经济是社会主义经济的一个基本特征，是社会主义优越性的体现，质疑改革开放的方向，指责改革开放走上了资本主义道路。姓"资"还是姓"社"争论的深层次问题实际上是关于计划和市场属性和关系的争论。

1987年2月，邓小平在同中央几位负责人谈话时明确提出计划和市场都是发展生产力的方法，不要再讲以计划经济为主了。同年10月，党的十三大指出，我国社会主义有计划商品经济的体制，应该是"计划和市场内在统一的体制"，"计划和市场的作用范围都是覆盖全社会的"，新的运行体制总体上来说应当是"国家调节市场，市场引导企业"的机制，要加快建立和培育社会主义市场体系。这是有计划商品经济理论的重大发展，社会主义市场经济概念已是呼之欲出。

1990年12月，邓小平再一次强调指出："我们必须从理论上搞懂，资本主义与社会主义的区分不在于是计划还是市场这样的问题。社会主义也有市场经济，资本主义也有计划控制。资本主义就没有控制，就那么自由？最惠国待遇也是控制嘛！不要以为搞点市场经济就是资本主义道路，没有那么回事。计划和市场都得要。不搞市场，连世界上的信息都不知道，是自甘落后。"①1992年初，邓小平在南方谈话中以更加简明清晰的语言阐述了社会主义基本制度与市场经济体制的关系，将计划经济排除在社会主义本质以外。他指出："计划多一点还是市场多一点，不是社会主义与资本主义的本质区别。计划经济不等于社会主义，资本主义也有计划；市场经济不等于资本主义，社会主义也有市场。计划和市场都是经济手段。社会主义的本质，是解放生产力，发展生产力，消灭剥削，消除两极分化，最终达到共同富裕。"②这一精辟论述，为社会主义市场经济理论的形成奠定了坚实的基础。

1992年6月，江泽民在中央党校省部级干部进修班上的讲话第一次提出了使用"社会主义市场经济体制"作为新经济体制名称的建议。同年10月，党的十四大报告系统地论述了社会主义市场经济理论："计划经济

① 《邓小平文选》第3卷，人民出版社1993年版，第364页。

② 同上，第373页。

不等于社会主义，资本主义也有计划；市场经济不等于资本主义，社会主义也有市场；计划和市场都是经济手段；计划多一点还是市场多一点，不是社会主义与资本主义的本质区别。”由此，党的十四大正式宣布：我国经济体制改革的目标是建立社会主义市场经济体制。

邓小平的南方谈话和党的十四大的决定，从根本上解除了把计划经济和市场经济看作属于社会基本制度范畴的思想束缚，摆脱了姓“资”姓“社”的观念羁绊，消除了人们对改革开放的疑虑，极大地解放了人们的思想，促成了继真理标准问题大讨论之后的又一轮思想大解放，解决了社会主义实践中长期以来未能解决好的计划与市场的关系问题。这既是经济体制改革的重大突破，更是中国共产党对社会主义认识的新飞跃，也是对社会主义经济理论和中国特色经济发展道路的重大突破性创新。

1993 年 11 月，党的十四届三中全会通过的《中共中央关于建立社会主义市场经济体制若干问题的决定》，《决定》将十四大确定的经济体制改革目标、要求和原则等进一步系统化、具体化，勾勒出了社会主义市场经济体制的基本框架。其基本内容是：建立现代企业制度、培育和发展市场体系、建立宏观经济调控体系、建立合理的个人收入分配和社会保障制度。《决定》因此成为 20 世纪 90 年代我国建立社会主义市场经济体制的行动纲领。经过 90 年代的改革和建设，20 世纪末，我国已初步建立了社会主义市场经济体制。

2014 年 10 月，党的第十八届三中全会审议通过的《中共中央关于全面深化改革若干重大问题的决定》指出：“经济体制改革是全面深化改革的重点，核心问题是处理好政府和市场的关系，使市场在资源配置中起决定性作用和更好发挥政府作用。”这一表述不仅明确了未来全面深化改革的重点所在，更对市场的地位和作用进行了重新定位，是在市场与政府关系认识上的一次重大理论突破。

由此可见，在我国建立社会主义市场经济体制，具有历史必然性，反映了经济社会发展的客观要求，也是社会主义由低谷走向复兴的必由之路。我国生产力落后、商品经济不发达的客观现实，使得我们建设社会主义必然要经历一个长期的社会主义初级阶段，才能实现在资本主义已经实现的工业化、商品化、社会化和现代化。从计划经济和市场经济的运行机制和历史实践来看，市场经济有着明显的优势。在计划经济体制下，资源的配置主要依靠计划部门编制计划、下达指标和监督检查来实现，企业的生产和经营活动主要由国家来安排，这样做的结果就是难以解决经济发展中比例协调和动力需要问题，不利于调动企业和个人的积极性，不利于提高经济效益。而在市场经济条件下，资源的配置是通过市场竞争和价格机制来实现的，通过物质利益调动生产者的主动性和积极性，有利于促进生产力的发展和经济效益的提高。当然计划经济和市场经济又各有其缺点。在社会主义制度下发展市场经济，既要发挥市场配置资源的基础性作用，又不能放弃国家对市场经济的宏观调控作用。这样才能实现社会主义制度优势和市场经济优势的有机结合，为我国在社会主义制度下实现现代化创造有利条件。

第二节　中国特色经济发展道路的主要内容

社会主义市场经济是社会主义基本制度与市场经济的有机结合，必须具有市场经济的一般特征，同时它还必然体现社会主义的制度特征。邓小平敏锐地发现了社会主义市场经济与资本主义市场经济的本质差别，他指出，社会主义市场经济“虽然方法上基本上和资本主义社会的相似，但也有不同，是全民所有制之间的关系，当然也有同集体所有制之间的关系，也有同外国资本主义的关系，但是归根到底是社会主义的，是社会主义社会的”①。在邓小平看来，市场经济必然受它存在其中的社会基本经济制度的制约。江泽民在 1992 年也曾明确指出：“我们要搞的市场经济是同我们的社会主义制度紧密联系并结合在一起的，因而具有自身的本质特征，所以我们把它叫作社会主义市场经济。”②

一、社会主义市场经济是以公有制为基础的市场经济

坚持公有制的主体地位是马克思主义中一条不可改变的根本原则，是我国进行所有制结构调整的基本前提和根本出发点，也是我国社会主义市场经济的基本标志。市场经济与社会主义制度相结合，就是要坚持公有制为主体，坚持按劳分配为主体，坚持以共同富裕为目标，否则就不

---

① 《邓小平文选》第 2 卷，人民出版社 1994 年版，第 236 页。

② 《江泽民论有中国特色社会主义》（专题摘编），中央文献出版社 2002 年版，第 68 页。

是社会主义市场经济。

在世界历史上，市场经济是与私有制结合在一起的。我国经济改革的目标是建立社会主义市场经济体制，这是前无古人的创举。社会主义市场经济是公有制为主体的市场经济，建立社会主义市场经济体制的关键在于实现公有制与市场经济的结合。坚持公有制与市场经济的结合，是为了把公有制的优点与市场经济在调动各类群体的积极性和配置社会资源方面的长处有机地结合起来。因此，公有制与市场经济能否结合、怎样结合，就成为建立社会主义市场经济体制所必须解决的重大理论与实践问题。由于生产资料公有制是社会主义经济制度的基础，因此，这一问题实质上是社会主义制度能否与市场经济兼容并相结合的问题。

关于这一问题，在新中国成立后相当长的时间里，占主导地位的观点都认为：社会主义基本制度与市场经济不能相容，在社会主义条件下，搞市场经济就是搞资本主义，坚持社会主义制度就必须搞纯而又纯的公有制，彻底消灭私有制。1953—1956年，我国开展了对农业、手工业和资本主义工商业的社会主义改造运动，通过社会主义改造，初步建立了以国营经济和集体经济为主体的社会主义基本经济制度。社会主义改造一方面为全面开展社会主义建设奠定了坚实的经济基础，同时也出现了一些失误和偏差，主要是“在一九五五年夏季以后，农业合作化以及对手工业和个体商业的改造要求过急，工作过粗，改变过快，形式也过于简单划一，以致在长期间遗留了一些问题。一九五六年资本主义工商业改造基本完成以后，对于一部分原工商业者的使用和处理也不很适当”①。这些失误和偏差给当时和以后相当长一段时间的经济社会发展带来了较大的问题，也形成了僵化教条的思维方式。认为市场经济只能同私有制、同资本主义制度相结合，从而形成了私有制是市场经济唯一前提的观念；把社会主义公有制的某种实现形式如国家直接经营的形式绝对化，以为这是公有制的唯一形式，并因为这种形式不能与市场经济相容，就否定公有制与市场经济的相容性。这种僵化的思维方式限制了中国共产党在理论上创新和实践上探索更有效率的社会主义公有制实现形式，也容易导致另外一个极端的观点，那就是认为只有私有制才能与市场经济相容，在社会主义

① 中共中央文献研究室编：《三中全会以来重要文献选编》(下)，人民出版社1982年版，第801页。

条件下,要发展市场经济,就只能搞私有化。这种观点在改革开放后也曾风行一时。

上述两种观点分别从“左”和右两个极端否认生产资料公有制以及社会主义基本制度与市场经济的相容性,在理论上和实践上都是站不住脚的。

首先,马克思主义商品经济理论并没有否认生产资料公有制与市场经济的相容性。

马克思对于商品经济的共性和特性有过精辟的论述。他说:“商品是天生的平等派。”[①]又说:“资本家所生产的商品,和独立劳动者或劳动者公社或奴隶所生产的商品,没有任何差别。”[②]“商品生产和商品流通是极不相同的生产方式都具有的现象,尽管它们在范围和作用方面各不相同。”[③]这说明,在马克思看来,商品生产和商品流通不是独立存在的社会经济制度,而是多种生产方式所共有的现象,如果“把它看作独立的制度,那么,这只是一种假象……必然的假象”[④]。既然商品关系可以存在于许多极不相同的生产方式中,那么它当然也可以存在于社会主义生产方式中,同生产资料公有制相容。在社会主义思想史上,列宁的新经济政策是利用商品货币关系和市场机制建设社会主义的新尝试,促进了生产力的快速恢复和发展。斯大林在《苏联社会主义经济问题》一书中,论述了商品生产和商品交换在社会主义社会存在的条件,指出苏联的商品生产“是特种的商品生产,是没有资本家参加的商品生产,它所涉及的基本上都是联合起来的社会主义生产者(国家、集体农庄、合作社)所生产的商品”[⑤]。毛泽东也曾明确指出:在社会主义条件下,“两种所有制存在,是商品生产的主要前提。但商品生产的命运,最终和社会生产力的水平有密切关系。因此,即使过渡到了单一的社会主义全民所有制,如果产品还不很丰富,某些范围内的商品生产和商品交换仍然有可能存在”[⑥]。邓小平更是明确无误地指出市场经济是发展生产的方法、调节经济的手段。

---

① 《马克思恩格斯全集》第 44 卷,人民出版社 2001 年版,第 104 页。

② 《马克思恩格斯全集》第 24 卷,人民出版社 1972 年版,第 429 页。

③ 同①,第 136 页。

④ 《马克思恩格斯全集》第 30 卷,人民出版社 1995 年版,第 505 页。

⑤ 《斯大林文集(1935—1952)》,人民出版社 1985 年版,第 609 页。

⑥ 《毛泽东著作专题摘编》(上),中央文献出版社 2003 年版,第 977 页。

综上所述，从理论上说，以公有制为基础的社会主义可以发展商品生产和商品交换，可以与市场经济这种运行机制相容，这与马克思主义理论并不相悖。

另外，我国经济体制改革的实践，造就了市场经济运行所需要的市场主体，从而使公有制得以和市场经济兼容。

市场经济机制的运行，必须有相适应的市场主体。市场主体必须拥有独立的经营决策权和经济利益，并且能够根据自身利益对市场信号自主地做出反应。一种生产资料所有制只要能形成这样的市场主体，就可以搞市场经济。

以往的国有制形式，与市场经济很难完全相适应，经过改革，在理顺国家与企业的关系和转换国有企业经营机制后，我国公有制经济已经呈现出了多种多样的形式，如国有制经济、集体所有制经济以及不同所有制形式共同出资的股份制经济等。作为公有制主要形式的国有制经济通过建立现代企业制度和现代产权制度，使企业成为适应市场的独立法人实体和竞争主体，逐步形成适应市场经济要求的管理体制和经营机制。这样做有利于政府职能作用的发挥，而且能够实现国有资产的保值增值，有利于巩固公有制经济的主体地位。

我国经济体制改革在实践中寻找到了生产资料公有制新的实现形式，并造就出市场经济运行所需要的市场主体，为建立市场经济体制创造了必要的前提条件，从而使公有制得以和市场经济相兼容，解放和发展了社会主义社会生产力。值得指出的是，公有制实现形式多样化尚在探索之中，需要不断总结经验教训，使之趋于完善。

中国特色社会主义市场经济是对西方市场社会主义模式的扬弃和理论创新。正因如此，当其他市场社会主义模式“实验”最终走向失败时，中国特色社会主义市场经济的伟大实践正呈现出勃勃生机。

当然，中国特色社会主义市场经济模式也并非十全十美，仍然有许多亟须解决的问题，如生产盲目性导致的生产过剩现象有进一步发展的态势，国民经济总量平衡并未得到有效调节，经济利益与环境保护相冲突的现象时有发生，失业增多和贫富分化加剧，拜金主义和腐败现象成为公害，等等。这说明，中国特色社会主义市场经济体制需要不断地接受实践的检验和进一步的理论创新。

二、社会主义市场经济是更加注重公平、走共同富裕道路的市场经济

资本主义市场经济建立在私有制基础上，财产私人所有必然导致私人资本无限扩张和收入两极分化。社会主义市场经济有利于鼓励先进、合理竞争、提高效率，同时又不会导致两极分化。1992 年 9 月在日内瓦谈判结束后举行的记者招待会上，中国 WTO 谈判首席代表龙永图在回答什么是社会主义市场经济时说："我的回答是我们是搞市场经济的，我们是赞成竞争的，因为没有竞争就没有经济发展。但是我们认为，必须兼顾在竞争过程以及竞争以后所产生的负面影响，兼顾那些弱势群体，必须兼顾市场经济中的社会公正和社会分配的平等。这就是我们所说的市场经济和其他国家市场经济的区别。但从经济体制上讲，我们是市场经济。中国加入 WTO 以后，我们的经济体制将更加市场化。一些经济学家也曾不约而同地提到的'社会主义市场经济'就是（怎样做到）'市场经济＋更大的社会公正'这一观点。为保证社会公正，协调地区发展，政府会通过自己的调节机制和社会政策，防止收入差距的过分扩大，最终实现共同富裕。"①

在计划经济条件下，普遍采取排斥市场的做法，结果阻碍了生产力的发展，使社会主义陷入了生产力发展缓慢和人民生活难以提高的困境，社会主义的优越性也难以充分实现。改革开放以来的实践证明，把公有制与市场经济结合起来，实行社会主义市场经济，是现阶段我国解放和发展生产力的必然选择。把公有制与市场经济结合起来，才能更充分地调动广大劳动者的生产积极性、主动性和创造性，才能更有效地实现资源的优化配置，才能更好地推动生产力的发展，才能更快地提高人民生活水平和国家综合国力。

把公有制与市场经济结合起来，也是逐步实现共同富裕和社会公平的必然选择。邓小平指出："一个公有制占主体，一个共同富裕，这是我们必须坚持的社会主义的根本原则。"②如果说建立在私有制基础上的资本

---

①　黄蓉芳：《中国社会主义市场经济——市场经济与社会主义的完美结合》，《经济与社会发展》2009 年第 2 期，第 57—61 页。

②　《邓小平文选》第 3 卷，人民出版社 1993 年版，第 111 页。

主义市场经济的最大弊端是注重资源配置的效率而忽视社会公平，那么建立在公有制基础上的社会主义市场经济的最大优势就在于能够比较好地把效率与公平统一起来，在不断解放和发展生产力的基础上逐步解决贫富差距悬殊问题，最终实现整个社会的共同富裕。

生产资料的社会主义公有制必然表现为劳动者成为生产资料的主人，这就决定了社会主义生产的目的是最大限度地满足广大劳动者不断增长的物质文化需要。正如邓小平所说："社会主义财富属于人民，社会主义的致富是全民共同致富。"[①]

与此同时，社会主义公有制还决定了在整个社会中必须实行按劳分配为主体、多种分配方式并存的分配制度。在私有制为基础的市场经济中，财产私人所有必然导致私人资本无限扩张和收入两极分化。在以公有制为主体的社会主义市场经济中，私人资本的膨胀会受到制度制约，因此，依据私人资本的分配会被限制在一定范围内。为保证社会公正和谐发展，政府会运用调节机制和社会政策，把市场和计划两种手段结合起来，把当前利益与长远利益、局部利益与整体利益结合起来，防止收入分配两极分化，以保证最终实现共同富裕。

三、社会主义市场经济是社会主义国家宏观调控下的市场经济

社会主义市场经济的国家宏观调控机制更加强有力，必须"更好发挥政府作用"，政府可以运用经济社会政策、法律法规、计划指导和必要的行政管理，同时避免对市场"决定性作用"的人为干预，创造一个稳定、安全和公平的社会环境，确保市场经济有序运行。西方市场社会主义理论忽视政治制度的保障作用，热衷于构建纯粹的经济模式，甚至放弃社会主义的实质内容，向资产阶级妥协以换取执政条件，使"社会主义"仅仅成为一具示人的"空壳"。

市场经济体制虽然在资源配置中发挥着重大作用，但它并不是万能的，也有自己的弱点和消极方面，也就是说存在着"市场失灵"的问题。其主要表现为：市场功能失灵，市场竞争失灵，市场不能完全实现公正的收入分配，市场调节存在一定的盲目性和滞后性。这些弱点在社会主义市

---

① 《邓小平文选》第3卷，人民出版社1993年版，第172页。

场经济条件下同样存在。因此，必须发挥政府的经济职能，建立健全政府宏观调控体系。在社会主义市场经济条件下，宏观调控的目标主要是：经济持续稳定增长，重大经济结构优化，物价总水平基本稳定，充分就业，公正的收入分配，国际收支平衡，等等。由于我们的社会主义市场经济是由计划经济转变过来的，所以，在建立政府宏观调控体系中，最重要的是进行经济体制改革，转变政府管理经济的职能，把过去不应该由政府行使的生产经营职能，转移给企业和市场中介组织，政府则只保留或组建宏观经济管理机构。在经济管理过程中，政府按照宏观调控和计划指导的原则，通过经济杠杆，运用财政、税收、金融、计划、产业政策、区域政策以及收入分配政策等经济手段和必要的法律、行政手段，对整个国民经济进行宏观调控，引导和利用价值规律为社会主义经济建设服务。

中国特色社会主义经济道路，就是坚持走社会主义市场经济的发展道路，最重要的就是坚持社会主义基本制度与市场经济的结合，这是我们的创造性和特色所在。如果离开了社会主义基本制度，就会走向资本主义。邓小平指出："社会主义市场经济优越性在哪里？就在四个坚持。"① 江泽民也强调："我们搞的是社会主义市场经济，'社会主义'这几个字是不能没有的，这并非多余，并非'画蛇添足'，而恰恰相反，这是'画龙点睛'。所谓'点睛'，就是点明我们市场经济的性质。"②那种认为市场经济就是市场经济，没有社会主义市场经济与资本主义市场经济之分的观点，只看到了市场经济具有的共性，而没有看到与市场经济相结合的社会制度的个性。离开了社会主义基本制度，抽象地讲市场经济，不是中国特色社会主义市场经济。

第三节　中国特色经济发展道路的问题

30 多年跌宕起伏的改革实践，中国经历了由计划经济体制向社会主义市场经济体制的转型过程，初步建立了社会主义市场经济体制，创造了

① 中共中央文献研究室编：《邓小平年谱 1975—1997》（下），中央文献出版社 2004 年版，第 1363 页。

② 《江泽民论有中国特色社会主义（专题摘编）》，中央文献出版社 2002 年版，第 69 页

中国奇迹，为中国经济融入全球化奠定了基础。但正如邓小平在1993年就指出的："中国人能干，但问题也会越来越多，越来越复杂，随时都会出现新问题。……过去我们讲先发展起来。现在看，发展起来以后的问题不比发展时少。"[①]党的十八大报告指出："世情、国情、党情继续发生深刻变化，我们面临的发展机遇和风险挑战前所未有。"[②]那么，发展起来的中国在经济道路方面面临着哪些问题呢？其发展趋势又是如何呢？

一、新旧体制转轨过程中政府与市场的矛盾依然存在，社会主义市场经济体制亟待完善

中国经济体制改革是围绕着调整和改变政府与市场的关系来进行的。计划经济体制中政府包揽一切，否定了商品生产和商品交换，窒息了微观经济活力，阻碍了经济发展。改革从简政放权和培育市场关系开始，最终选择了社会主义市场经济体制。借助发挥价值规律这只看不见的手的作用，形成了助推经济发展的强大动力，极大地增强了经济活力。政府则通过制定规则和宏观调控，发挥看得见的手的作用，保证市场机制正常运行，弥补市场调节的盲目性和滞后性，逐步克服了国民经济周期性的大起大落。改革的实践证明，政府和市场的作用都不能偏废，把两者的作用有机结合起来，才是处理政府与市场关系的重要原则。但时至今日，在政府与市场关系上的处理，仍存在许多不足，既存在政府过度干预与市场失灵问题，也存在过度市场化与市场和政府双失灵等问题，体制性障碍使一些深层次的矛盾与问题难以有效缓解，制约着我国经济社会的发展，政府作用和市场功能都需要进一步完善。

（一）政府过度干预与市场失灵问题

在我国，经济体制改革由政府主导，因此在制度设计中不可避免地存在着浓重的计划色彩，具体来说，政府不仅是市场秩序、规则的制定者，而且通过权力与国有资本的联合，直接参与到市场竞争之中，既是裁判员又

---

① 中共中央文献研究室编：《邓小平年谱1975—1997》（下），中央文献出版社2004年版，第1364页。

② 胡锦涛：《坚定不移沿着中国特色社会主义道路前进为全面建成小康社会而奋斗——中国共产党第十八次全国代表大会报告》（2012年11月8日），人民出版社2012年版，第1页。

是运动员。政府掌控大量资源，如利率管制、土地批租、基础设施建设等，这种状况造成了一定的资源浪费、效率低下和成本过高等问题。政府庇护下的企业往往享有政策性成本优势，却无助于提高企业的生产技术和管理水平，影响了市场本身的公平和效率。如具有行政垄断性质的央企和国企，其利润往往来源于政策优势，实质上是对民营企业利润的侵占。这些国有企业的资本扩张对民营企业造成了负面影响。又如国有资本和大型民营资本享受了更多的金融服务，尽管中小企业以及微型企业对金融服务的需求更为迫切。一些地方政府把经济发展变成政绩竞赛，而不是企业竞争的自然结果。大规模开展城市建设，大拆大建，广场、写字楼、商品房住宅等过度开发；大力发展钢铁、机械和水泥等产业，导致重复建设产能过剩现象突出；对于一些规模效应比较明显的行业，企业的兼并重组也受到地方政府的限制，影响深入发展和提高效率；各地政府为了自身利益，想方设法保护本地区经济，过度干预市场，容易形成地方保护主义。政府主导经济和政绩竞赛的结果，不仅扭曲了市场竞争的本质，而且容易导致低质量、低效益的短期增长，造成经济增长方式粗放、发展不平衡和不可持续。如果这些就是经济持续增长的诀窍，世界各国政府就不必为本国经济长期萎靡而烦恼了。

我国还是审批事项最多的国家，实际上有很多事项是不需要审批的，对于那些市场自己能调节、企业能够自主的事项，审批只是加强了政府的权力，导致了市场竞争的不公平。这样的审批限制了市场的效率，同时也滋生了大量的腐败。近年来建设、交通等部门腐败事件频发，制度因素难辞其咎。还有许多行政审批程序过于烦琐，规章制度不尽合理，各种政策选择不适当。政府对市场主体特别是微观主体过多运用行政手段进行干预，抑制了市场机制的正常运作。我国政府机关历经多次精简，还是机构臃肿，人员众多，主要是因为政府管事太多，只“精兵”而不“简政”，精简机构的目的就难以实现。

(二)过度市场化与市场和政府双失灵问题

市场经济不是包治百病的灵丹妙药，市场本身也有自己的作用范围和缺陷，即在公共产品和服务领域往往出现市场失灵情况。如果寄希望市场经济解决一切问题，特别是公共产品和公共服务的供给问题，必然造成过度市场化。政府行为不但不能克服市场失灵的缺陷，还常常落入政府失灵的陷阱，出现双失灵现象。中国在由计划向市场转轨的进程中，一些垄断公共资源分配的公共部门也积极投身市场化浪潮，利用手中的公共权力牟取部门和个人利益的最大化，不同程度地摒弃了公益性目标，把一些不应该被市场化的领域市场化了。一段时期以来，医疗、教育和养老等社会事业的过度市场化造成价值导向扭曲，使社会公共服务长期处于总量不足、结构失衡状态，影响了民生改善和社会公平。一些地方政府还把有限的公共资源用于“首长工程”和“形象工程”等，不仅造成公共资源的滥用和浪费，而且加剧了公共产品供给矛盾，使社会基本公共需求得不到满足。过度市场化不仅解决不了公共产品和公共服务的短缺问题，还会由此引发一系列社会矛盾和问题，形成医疗、住房和教育的“新三座大山”，致使一部分人教育致贫、因病返贫，城乡差距、贫富差距和区域差距不断扩大。这些问题近年来虽有一定程度的改善，但总体来看，仍有较大的改进空间。可见，缺乏约束的行政权力对公共资源的垄断是造成政府失灵的根源。

实践证明，即使出于良好动机的政府干预也可能会导致灾难性的后果，政府和市场都有可能失灵。政府和市场的作用相辅相成、不能互相替代。市场要在资源配置方面发挥决定性作用，政府的主要职能是提供公共产品和公共服务，为市场主体创造公平竞争的环境，而不是管制。正确处理政府与市场关系问题，就是要使市场这只“看不见的手”和政府这只“看得见的手”有机结合、扬长避短，协调发挥作用，促进社会主义市场经济体制不断完善。

二、经济发展方式粗放，亟须加快转变

党的十八大报告指出：“要适应国内外经济形势新变化，加快形成新的经济发展方式，把推动发展的立足点转到提高质量和效益上来……不断增强长期发展后劲。”[①]

改革开放以来，随着我国经济的快速发展，由粗放经济发展方式引发的诸多问题愈加突出。总体上看，我国内需不足，产业结构不合理，资源环境压力大，创新能力不强，经济发展中不平衡、不协调、不可持续问题依然突出，质量和效益不高，高投入、高消耗、高排放、低效益的发展方式难

---

① 中共中央文献研究室编：《十八大以来重要文献选编》（上），中央文献出版社2014年版，第16页。

以为继，而新的经济发展方式尚未形成。下面重点探讨两个方面的问题。

(一)经济结构不合理，经济发展方式转变迟缓

当前我国经济发展中的结构失衡问题仍较突出，某些方面的矛盾甚至还在加剧，成为阻碍经济发展方式转变的重大障碍。主要表现在：

一是需求结构不合理，消费率偏低，经济增长对投资的依赖程度仍然偏高。我国投资和消费关系长期失衡，经济增长过多依靠投资和出口拉动，消费率尤其是居民消费率总体呈下降趋势，出口对 GDP 贡献率在 2009 年后下降明显。“据统计，2009 年资本形成对 GDP 的贡献率高达 91.3%，2011 年仍达 51.6%。2005—2011 年，消费率下降 4.7 个百分点，减少到 48.2%，不仅远低于发达国家 80%左右的水平，也明显低于中等收入国家 67%左右的水平，影响国内市场规模扩大。”[①]而内需才是一国经济可持续发展的关键。

二是产业结构不合理，服务业比重偏低，制造业多处于国际产业价值链的中低端。2011 年，我国第二、三产业增加值占国内生产总值的比重分别为 46.8%和 43.1%[②]，服务业比重明显偏低，“不仅明显低于发达国家 75%以上的平均水平，也低于中等收入国家 53%左右的平均水平”[③]，现代服务业发展严重不足，经济增长过于依赖第二产业特别是工业，制造业多处于国际产业价值链的中低端，高附加值、高技术含量和低消耗、低排放的先进制造业发展滞后。我国虽已成为世界第一制造大国，但总体上大而不强、大而不优。因此，有效供给不足，产业体系不完善，核心竞争力不强。

三是区域经济发展不协调，生产力布局不合理，资源配置效率低。各地区低水平重复建设、无序竞争情况比较突出；资源过度开发、生态环境保护与补偿不足、生产要素流动不畅等问题普遍存在；欠发达地区发展仍然面临诸多困难，交通不便，基础设施薄弱，发展后劲不足。这些，使区域发展的投入产出效益较低，可持续发展能力不强。

---

① 《推进经济结构战略性调整是加快转变经济发展方式的主攻方向》，人民网理论频道，http://theory.people.com.cn/GB/n/2012/1213/c352852－19882889.html。

② 《去年我国第二产业增速最快 未来将重点发展第三产业》，中国广播网，http://finance.cnr.cn/jjpl/201202/t20120222_509194355.shtml。

③ 《推进经济结构战略性调整是加快转变经济发展方式的主攻方向》，人民网理论频道，http://theory.people.com.cn/GB/n/2012/1213/c352852－19882889.html。

四是城镇化，特别是人口城镇化滞后，制约内需扩大。“2011 年，城镇人口比重达到 51.27%”①，城镇人口比重达到新高，但中小城市和小城镇在产业发展、公共服务、吸纳就业和人口集聚等方面功能不强，在城市务工、生活的大批农民工及其家庭成员转化为市民进展迟缓，使巨大的潜在消费需求难以转化为带动经济增长的现实消费能力。

(二)经济发展的资源代价过大，环境污染吞噬经济发展成果

粗放式经济发展使得我国土地、淡水、矿产和能源等战略资源的保障和生态环境压力持续增大。我国万美元国内生产总值能耗甚至比大多数低收入国家还要高出不少。由于大量燃煤加重了我国的大气污染，我国二氧化硫排放量已居世界第一位，酸雨面积已达国土面积的 40%。若要完成中国在 2010 年哥本哈根气候会议上的承诺，即 2020 年全国二氧化碳排放量减少 40%—50%，产业结构的调整势在必行。一些地区不顾自然规律竭泽而渔式地开发，导致生态系统整体功能退化，越来越多的区域已经不适宜人类生存。一些地区超出资源环境承载能力过度开发，导致水资源短缺，绿色空间锐减，环境污染加剧。这些问题，在一定程度上抵消了经济快速增长和收入增加带来的生活水平提高。2013 年 1 月，覆盖全国中东部地区 130 万平方公里的雾霾严重影响了人们的健康和出行。“生态环境的破坏或者环境污染的影响对国民经济造成的损失到底有多大，中国政府相关部门做过研究，20 世纪 90 年代中期的分析结果是占到国内生产总值的 8%，而世界银行提出的比例是 13%。……总的来说，大概就是 10%左右。”②

党的十八大文件要求，确保到 2020 年实现全面建成小康社会的宏伟目标，实现国内生产总值和城乡居民人均收入比 2010 年翻一番。如果转变经济发展方式不能取得重大进展，资源将难以为继，环境将难以承载，经济发展的平衡性、协调性和可持续性将会更加严峻，全面建成小康社会的目标将难以实现。只有转变经济发展方式，才能提高我国开放型经济水平，形成经济全球化条件下参与国际经济合作与竞争的新优势。值得

① 《国家统计局：十年来中国人口总量低速平稳增长》，中国新闻网，http://www.chinanews.com/gn/2012/08-17/4116071.shtml。

② 《中国环境污染带来的经济损失约占国内生产总值 10%》，中央政府门户网站，http://www.gov.cn/jrzg/2006-06/05/content_300557.htm。

一说的是，很多国家的经济结构调整和产业升级都经历过一个痛苦而漫长的过程，中国也不会例外。

为此，党的十八大报告指出："推进经济结构战略性调整。这是加快转变经济发展方式的主攻方向。必须以改善需求结构、优化产业结构、促进区域协调发展、推进城镇化为重点，着力解决制约经济持续健康发展的重大结构性问题。"①

实现经济发展方式转变，不仅仅是实现粗放经济增长向集约经济增长转变，而且是伴随着经济体制的深刻变革，更意味着经济社会要走上全面协调可持续发展的道路。促进经济增长由主要依靠投资、出口拉动向依靠消费、投资和出口协调拉动转变，必须深化投资、财税、价格、行政管理以及收入分配、社会保障、户籍管理等方面的改革；促进经济增长由主要依靠第二产业带动向依靠第一、第二、第三产业协同带动转变，必须深化要素价格、财税体制、市场准入和监管体制等方面改革；由主要依靠增加物质资源消耗向主要依靠科技进步、劳动者素质提高和管理创新转变，必须深化企业制度、科技体制、教育体制和其他方面体制的改革。

三、城乡二元结构致"三农"问题突出，城乡发展一体化任重道远

2004 年至 2015 年，中央连续 12 年发布了以"三农"为主题的一号文件，提出了一系列解决"三农"问题的政策，取得了一定的成绩，也凸显了解决"三农"问题的紧迫性和难度。党的十八大报告指出："解决好农业农村农民问题是全党工作重中之重，城乡发展一体化是解决'三农'问题的根本途径。"②农业农村农民问题始终是关系党和国家事业全局的根本性问题。

长期以来，"以农养工""以乡养城"，抽取农业剩余的一系列政治经济制度安排，强化了我国城乡二元经济社会结构，使农民长期处于贫困状态，农业长期处于落后状态。进入 21 世纪以后，我国工业化已经进入中期，经济实力和综合国力显著增强，"工业反哺农业、城市支持农村"的条

① 中共中央文献研究室编：《十八大以来重要文献选编》（上）中央文献出版社 2014 年版，第 17 页。

② 同上，第 18 页。

件已经成熟。因此，只有推动城乡发展一体化，才能实现农业和农村的健康发展，才能从根本上解决“三农”问题。

同时，也必须清醒地看到，“三农”问题仍然面临许多新情况新问题，面临不少新的困难和挑战，特别是城乡二元结构长期存在造成的深层次矛盾突出，主要表现在以下几个方面。

（一）城乡公共资源配置严重不均衡，城乡基本公共服务严重不均等

我国农村还有几千万人没有安全饮用水，一些村庄不通公路，一部分农户没有通电，农村义务教育生均经费、人均医保支出、千人平均卫生技术人员数量、低保标准、合作医疗补助标准和社会养老保险补助水平等都明显低于城镇。由于户籍限制，1 亿多进城务工的农民工无法在城市安家落户，难以与城镇职工同工同酬，他们长期游离在城乡之间，不能真正融入城市，合法权益得不到充分保护。农民增收仍然困难，“据统计，2011 年农村居民人均纯收入只相当于城镇居民人均可支配收入的 32%，农村年人均纯收入低于 2300 元的扶贫对象仍有 12238 万人”。[①]

（二）农业经营方式粗放，不能适应现代农业的发展要求

现代农业需要与之相适应的经营方式，集约化、规模化、组织化和社会化是现代农业对经营方式的内在要求。家庭联产承包责任制的实行，极大地解放了农业生产力，调动了个体农户的积极性，但并未从根本上改变中国农村的小农生产方式。我国农业经营方式存在着规模小、过于分散和粗放、组织化程度低、服务体系不健全、农民缺乏市场意识不适应市场经济等突出问题。2008 年《第二次全国农业普查主要数据公报》显示，全国从事农作物种植业的农户平均土地经营规模不足 10 亩，90%左右的农户养肉牛数量在 2 头以下、养猪数量在 10 头以下；全国农业从业人员中，51—60 岁占 21.3%，60 岁以上占 11.2%，女性占 53.2%。“目前在我国 4.8 亿农村劳动力中，初中及以下文化程度占到 4.2 亿人。……在农村劳动力中，小学及以下文化程度占 37.3%，初中文化程度占 50.2%，高中文化程度占 9.7%，中专文化程度占 2.1%，大专及以上文化程度占

① 《为什么说城乡发展一体化是解决“三农”问题的根本途径?》，新华网，http://news.xinhuanet.com/politics/2013-01/09/c_114301469.htm。

0.6%。"[①]农业后继乏人、农业兼业化、农民老龄化、农村空心化现象日益严重。构建集约化、专业化、组织化和社会化相结合的新型农业经营体系,大力培育专业大户、家庭农场和专业合作社等新型农业经营主体,发展多种形式的农业规模经营和社会化服务,可以有效地化解这些问题与挑战,有助于加快我国现代化农业发展,推动农业现代化早日实现。

(三)农业基础薄弱,水土等资源条件日益严峻

我国农村特别是广大中西部地区存在着自然条件和自然资源的缺陷,加上长期以来国家对农业投入不足,宏观调控体系不健全,农业科技含量低,技术装备水平差,农业资源利用效率低下,农业劳动生产率低,农业比较效益低下。农业劳动生产率仅相当于国内第二产业劳动生产率的1/8和第三产业的1/4左右。我国谷物、肉类、禽蛋和水果的产量虽均居世界第一位,但投入成本过高。"2005年我国每千公顷耕地的化肥施用量高达366.5吨,是世界平均水平的3.5倍,分别是日本、美国、法国的1.6倍、3.6倍和6倍,不仅生产成本高,而且还污染了环境。"[②]粮食虽连年丰产,但农产品供需始终处于紧平衡状态,农民积极性受到影响。特别是近年来农田水利设施老化失修严重,2012年我国农田有效灌溉面积达9.05亿亩,占总面积的约50%,但仍有一半耕地靠天吃饭。另外,粮食从生产到消费的每一环节都存在浪费,据测算,由于储存设施简陋、运输方式落后和加工过度等因素,我国粮食产后仅储存、运输、加工等环节损失浪费就达700亿斤以上。

人多地少是我国最大的国情,水土资源短缺将是我国农业发展中长期的、根本性的制约因素。2010年,我国耕地面积约为18.26亿亩,人均耕地仅为世界平均水平的40%左右,尚有67%左右的耕地是中低产田,每年还至少新增400万亩建设用地。目前我国人均淡水总资源仅为2100立方米左右,是世界人均水平的1/4左右,农业灌溉每年缺水约300亿立方米,且水资源的时空分布极不均衡,北方地区总体上严重缺水。随着经济总量和人口总量的增加,人与水土等资源之间的矛盾日益突出,21

① 《中国4.2亿农民文化程度初中以下》,人民网,http://politics.people.com.cn/GB/1026/3859739.html。

② 陈锡文:《走中国特色农业现代化道路》,中国共产党新闻网,http://cpc.people.com.cn/GB/64162/82819/114926/114927/6840448.html。

世纪中期我国农业资源将接近承载能力的上限，水土资源短缺对农业发展的制约不断加剧。

（四）农业科技水平落后，国际竞争日益激烈

在当代国际贸易中，农业科技水平高低已成为确立农产品比较优势的首要因素。农产品国际竞争力由产品品质质量、安全质量、生产成本和产品品牌等构成，科技是贯穿这些内容的第一要素。然而我国农业科技投入总量长期偏低且分散，投入强度显著低于国际水平，这些都影响我国农产品的质量，不利于生产成本降低和产品品牌的培育，继而阻碍我国农业国际竞争力和对外开放水平的提高。据2008年世界银行报告，我国农业公共研发支出（农业R&D）占农业GDP的比例仅为0.43%，不仅远低于日本的3.62%和美国的2.65%，也低于马来西亚的1.65%和马里的1.02%等发展中国家。目前，我国有超过50%的地区基层农技推广体系几近瘫痪，仍未建立有效率的全国统一的农技推广体系。

加入WTO以后，我国农业发展面临的外部环境日趋复杂。一方面是扩大了发展空间，另一方面也更加直接地面临国际市场、国外产品和技术壁垒的严峻挑战，自然资源和劳动成本的比较优势逐渐丧失，小规模散户经营模式使得我国农产品在国际市场上的竞争力较弱。

以上这些问题源于城乡二元结构造成的深层次矛盾，因此，解决"三农"问题必须加快完善城乡发展一体化体制机制，"坚持工业反哺农业、城市支持农村和多予少取放活方针，加大强农惠农富农政策力度，让广大农民平等参与现代化进程、共同分享现代化成果。……着力在城乡规划、基础设施、公共服务等方面推进一体化，促进城乡要素平等交换和公共资源均衡配置，形成以工促农、以城带乡、工农互惠、城乡一体的新型工农、城乡关系"[①]。

四、收入差距拉大引发的社会公正问题凸显，收入分配体制亟须改革

改革开放以前，我国基本上实行"大体平均，略有差别"的分配政策，居民总体收入分配的基尼系数维持在0.2以下，即收入绝对平均状态，严

---

① 中共中央文献研究室编：《十八大以来重要文献选编》（上），中央文献出版社2014年版，第18—19页。

重挫伤了广大劳动者的积极性，妨碍甚至破坏了社会生产力的发展；改革开放后，由于选择了以市场为导向的改革路径，经济有了快速的发展，但同时基尼系数一路攀升，1993 年已升至 0.402，即收入差距较大的状态。但是这一现象并没有引起高层和全社会的足够重视，1993 年 11 月，党的十四届三中全会通过《中共中央关于建立社会主义市场经济体制若干问题的决定》，提出“建立以按劳分配为主体，效率优先、兼顾公平的收入分配制度”。此后收入差距不断扩大，虽然 2002 年十六大以后中央不断提出要防止收入悬殊，注重社会公平，但没有有效地遏制收入差距扩大的趋势，2008 年基尼系数达到了 0.491 的高值，2012 年下滑到 0.474。[①] 但西南财经大学联合中国人民银行发布的调查报告显示，2012 年大陆基尼系数已达 0.61，中国资产最多的 10%家庭占全部家庭总资产的比例高达 84.6%。“我国已经是全球贫富两极分化最严重的国家之一。数据表明，我国社会贫富差距由改革开放初期的 4.5∶1 扩大到目前的接近 13∶1；城乡居民收入差距由 1998 年的 2.52∶1，扩大到 2011 年的 3.13∶1。全国收入最高的 10%群体和收入最低的 10%群体的收入差距，已经从 1988 年的 7.3 倍上升到目前的 23 倍。”[②]北京师范大学管理学院和政府管理研究院共同完成的《2012 中国省级地方政府效率研究报告》指出，收入差距正呈现全范围、多层次的扩大趋势，城乡居民收入比已经达到 4.6 倍，而国际上最高在 2 倍左右；行业之间职工工资差距也很明显，最高的与最低的相差 15 倍左右；不同群体间的收入差距也在迅速扩大，上市国企高管与一线职工的收入差距在 18 倍左右，是社会平均工资的 128 倍。企业业主与雇主的收入最高相差 251.87 倍，中国前 400 位富豪的财富占 GDP 的比重在 2010 年就已经达到 10.45%；而美国前 400 位富豪占 GDP 的比重到 2011 年才超过 10%。这表明中国财富集中的程度已经超过世界经济最发达国家，令世界上最富有的国家“自叹不如”。

收入分配差距的拉大，愈益引发人们对社会公平公正问题的思考，成为社会高度关注的热点难点问题，这已不仅仅是一般性的经济和社会问题，更是政治性问题。这一问题如得不到重视，必将越演越烈，最终导致

---

① 以上数据来自中华人民共和国统计局网站，http://www.stats.gov.cn。

② 《收入分配体制改革方案将出台 须遵守公平原则》，人民网，http://finance.people.com.cn/GB/n/2012/0828/c1004-18849551.html。

时机贻误、社会冲突失控，葬送改革开放的成果，甚至铸成难以弥补的政治危机，“拉美陷阱”即是例证。

党的十八大报告明确指出：“实现发展成果由人民共享，必须深化收入分配制度改革，努力实现居民收入增长和经济发展同步、劳动报酬增长和劳动生产率提高同步，提高居民收入在国民收入分配中的比重，提高劳动报酬在初次分配中的比重。初次分配和再分配都要兼顾效率和公平，再分配更加注重公平。……规范收入分配秩序，保护合法收入，增加低收入者收入，调节过高收入，取缔非法收入。”[①]深化收入分配制度改革，目标是缩小收入分配差距，任务重点是形成制度完善、调控有效、比例合理、关系协调的收入分配格局，整顿和规范收入分配秩序。深化收入分配制度改革，是直接关系亿万群众切身利益的大事。我们既要不断完善市场机制，也要更好地发挥政府作用；既要多方并举、多管齐下，又要统筹协调、扎实推进；努力使发展成果更多更公平地惠及全体人民，朝着共同富裕方向稳步推进。

五、经济安全问题增大，需要全面提高开放型经济水平

经济全球化是生产力、科技发展的客观要求和必然结果，有利于促进资本、技术和知识等生产要素在全球范围内优化配置，为我们带来了新的发展机遇。20 世纪 90 年代以来，随着经济全球化的深入发展，各国经济相互依存和相互补充的关系进一步加深，国家经济安全问题越来越引起各国的高度关注，纷纷把保障经济安全置于国家安全保障体系中特别重要的位置。

经济全球化是一把双刃剑。在这场没有硝烟的战争中，发达国家实力雄厚，拥有科技优势，主导国际规则。对于实力薄弱的广大发展中国家来说，由于其在国际分工和竞争中处于不利地位，所以，在对外开放中如何有效地维护国家的经济独立和经济权益，防止在经济上沦为发达国家的牺牲品，实现经济安全，是更应该关注的问题。中国作为最大的发展中国家必须高度重视维护国家经济安全的极端重要性，努力提高我国经济的抗风险能力，全力打赢这场没有硝烟的战争，实现中华民族的和平

① 中共中央文献研究室编：《十八大以来重要文献选编》（上），中央文献出版社 2014 年版，第 28 页。

崛起。

我国农业基础比较薄弱，城市化带来的耕地的减少、农田开发利用空间的有限、水资源的污染等不利因素会对粮食总产量带来一定的消极影响，粮食继续增产难度较大，粮食安全存在隐患；石油进口不断增加，对外依存度加深，国际油价居高不下；总体而言水资源严重短缺，且污染严重；土壤退化，环境恶化，可持续发展能力不足；科技创新机制不足，高科技创新人才短缺；“十二五”期间通胀率一直高位运行；改革开放以来，资本报酬占 GDP 的比重不断上升，劳动报酬、居民收入和消费占 GDP 的比重逐年下降，严重影响了居民的消费能力，导致内需不振，抑制了服务业的发展，导致经济结构的失衡；失业率居高不下；金融企业竞争力和抗风险能力不强，在扩大开放条件下维护金融安全面临新的挑战。

面对来势迅猛的全球化浪潮和国际金融危机，我国经济安全问题显得尤为重要。当务之急，中国必须立足于对外开放与自力更生的统一，处理好国内发展与对外开放的关系，提升我国开放型经济水平；在积极融入世界经济体系的同时，制定和实施自己的国家经济安全战略，建构起国家金融安全战略、国家产业安全战略、国家战略物资安全战略和国家人才安全战略等；建立健全风险防范和控制机制，特别是金融风险的监控和控制机制，防范和化解国际经济风险，切实维护中国国家经济安全。

综上分析，我们面临着前所未有的问题与挑战，但我国的发展仍处于可以大有作为的重要战略机遇期。只要我们牢牢把握机遇、不回避问题、沉着应对挑战，充分发挥自身优势，就一定能推进中国特色社会主义经济建设继续向前发展，使中国特色社会主义经济道路越走越宽广。

第三章　中国特色社会主义政治道路

中国的政治道路，是政治发展之路，是中国特色社会主义政治发展之路。习近平指出："世界上没有完全相同的政治模式，没有也不可能有一种放之四海而皆准的政治发展道路。一个国家实行什么样的政治制度，走什么样的政治道路，必须与这个国家的国情和性质相适应。对于我们这样一个有着十三亿多人口、五十六个民族的发展中大国来说，始终坚持正确的政治发展道路，更是一个关系全局的重大问题。"[①]新中国成立以来，尤其是改革开放以来，中国共产党团结和带领全国各族人民，成功开辟出中国特色社会主义政治发展道路。

第一节　中国特色政治发展道路的形成

中国特色政治发展道路，是发展社会主义民主政治，建设社会主义政治文明之路，从而构成建设中国特色社会主义总体布局形成和发展的重要组成部分。中国特色社会主义"五位一体"的总体布局经历了形成和发展的过程，中国特色社会主义政治发展道路也经历了一系列过程。

一、中国特色社会主义政治道路的形成过程

（一）走社会主义道路是历史发展的必然趋势

在中国特色社会主义政治道路形成之前，曾经有过孙中山等人效仿资产阶级共和国的尝试。然而，反动势力不愿在中国搞资本主义，民族资产阶级无力独立发展资本主义，共产党领导的广大民众也不愿意接受资本主义。

① 中共中央宣传部：《习近平总书记系列重要讲话读本》，学习出版社、人民出版社 2014 年版，第 76—77 页。

历史事实说明："不触动封建根基的自强运动和改良主义、旧式的农民战争、资产阶级革命派领导的革命、照搬西方资本主义的其他种种方案，都不能完成中华民族救亡图存的民族使命和反帝反封建的历史任务。"①中国共产党带领中国人民走上建立人民民主专政的社会主义共和国的道路，是历史的选择。正如毛泽东指出："在工人阶级领导的人民革命胜利以后，不会建立资产阶级专政的共和国，而一定要建立工人阶级领导的、以工农联盟为基础的人民民主专政的共和国。这个以工人阶级为领导的人民共和国只会把中国引向社会主义，而不会把中国引向资本主义。"②

（二）中国特色社会主义政治道路在新中国成立后开始形成

可见，社会主义之所以具有历史合理性以及较强的生命力，是在历经无数次尝试后最终找到正确道路的必然结果。下面，就人民民主专政制度、中国共产党领导的多党合作和政治协商制度、人民代表大会制度、民族区域自治制度等中国特色社会主义制度的形成，分别述之。

1.人民民主专政制度

1949 年，中国人民政治协商会议召开，制定了《共同纲领》，并着重强调了人民民主的重要性。1954 年制定的宪法，明确了"走社会主义道路"。"五四宪法"确立的体制成为中国社会主义政权的一般形式，体现了社会主义的基本要素。改革开放后，伴随着经济社会发展以及对"文革"教训的反思，扭转了党中央对民主和专政的错误理解和实践，各项工作重新回到正确的发展轨道上来，民主和法制得到重新确立。而无论在新民主主义时期、社会主义过渡时期还是社会主义建设时期，人民民主专政都较好地维护了人民利益，有效地打击了敌人，在历史进程中体现了较高的灵活性与适应性。

2.中国共产党领导的多党合作和政治协商制度

作为现代民主政治的重要组成部分，我们所坚持的中国共产党领导的多党合作和政治协商制度，是在中国长期的革命、建设、改革实践中形成和发展起来的。1948 年 4 月，中共中央发布"五一口号"，号召各民主党派、各人民团体、各社会贤达迅速召开政治协商会议，讨论并实现召开

① 《江泽民文选》第 3 卷，人民出版社 2006 年版，第 265 页。

② 《毛泽东选集》第 5 卷，人民出版社 1977 年版，第 273 页。

人民代表大会，成立民主联合政府。各民主党派和无党派民主人士热烈响应，纷纷奔赴解放区，与中国共产党共商建国大计。1949年9月21日，中国人民政治协商会议第一届全体会议召开，会议通过了《中国人民政治协商会议共同纲领》等重要文件。政治协商会议的召开，标志着中国共产党领导的多党合作和政治协商制度的确立。改革开放以来，人民政协工作进入了新的时期，各民主党派有较大的发展，越来越多的民主党派成员在各级人大和政府中担任领导职务，民主党派参政议政、民主监督的职能得到进一步发挥。

3. 人民代表大会制度

1954年9月，第一届全国人民代表大会第一次全体会议在北京召开，标志着人民代表大会制度在全国范围内建立起来。改革开放以来，全国人民代表大会以及各级人民代表大会在国家和地方的重大事项决策中发挥着越来越重要的作用，作为根本政治制度的人民代表大会制度得到进一步巩固和完善。

4. 民族区域自治制度

中国共产党总结新中国成立之前内蒙古自治区成立的经验，于1952年由中央人民政府颁布了《民族区域自治区实施纲要》，并在全国成立了自治区、自治州、自治县等民族自治机关，民族区域自治制度正式确立。

（三）十一届三中全会后中国特色政治道路的正式形成

由上可见，在20世纪50年代，新中国就已经创立了人民代表大会制度、共产党领导的多党合作和政治协商制度、民族区域自治制度等，奠定了社会主义基本政治制度的基础。

党的十一届三中全会实现了重大的历史转折，开始了改革开放的新时期，这也是中国特色社会主义政治发展道路的新起点。1980年邓小平发表《党和国家领导制度的改革》的重要讲话，提出了改革党和国家领导制度和组织制度的问题。1982年党的十二大把建设社会主义民主作为我们的根本目标和根本任务之一。1987年党的十三大明确地提出了党在社会主义初级阶段的基本路线，并就政治体制改革做了系统的论述。1992年党的十四大确立了建设中国特色社会主义理论的指导地位，提出要使社会主义民主和法制建设有一个较大的发展。1997年党的十五大提出了依法治国、建设社会主义法治国家的任务。2002年党的十六大提出，发展社会主义民主政治，建设社会主义政治文明，是全面建设小康社会的重要目标，并强调发展社会主义民主政治，最根本的是要把坚持党的领导、人民当家做主和依法治国有机统一起来。2007 年党的十七大提出，要坚持中国特色社会主义政治发展道路，坚持党的领导、人民当家做主、依法治国的有机统一，坚持和完善人民代表大会制度、中国共产党领导的多党合作和政治协商制度、民族区域自治制度以及基层群众自治制度，不断推进社会主义政治制度自我完善和发展。十七大的论述，不仅是概念上第一次完整地使用“中国特色社会主义政治发展道路”，而且更是对这条道路内涵的一次全面系统的论述。2012 年党的十八大再次强调“坚持走中国特色社会主义政治发展道路和推进政治体制改革”，指出“人民民主是我们党始终高扬的光辉旗帜”。改革开放以来，我们党总结发展社会主义民主正反两方面经验，强调人民民主是社会主义的生命，坚持国家一切权力属于人民，不断推进政治体制改革，社会主义民主政治建设取得重大进展，成功开辟和坚持了中国特色社会主义政治发展道路，为实现最广泛的人民民主确立了正确方向。

总而言之，中国特色社会主义政治发展道路，是在创建人民民主专政的国家政权、建设社会主义制度，尤其是在改革开放和推进社会主义现代化建设过程中，逐步形成和发展起来的。中国特色社会主义政治发展道路是团结亿万人民共同奋斗的正确道路。我们一定要坚定不移沿着这条道路前进，使我国社会主义民主政治展现出更加旺盛的生命力。

二、中国特色社会主义政治道路形成的意义

中国特色政治发展道路是中国共产党与中国人民长期奋斗的重大理论和实践成果，反映了时代特点，适应了世界政治发展的潮流，体现了中国特色社会主义事业的发展要求。坚持这条道路，关系我国政治和社会发展，关系党和国家事业的兴衰成败，关系到最广大人民的根本利益。因此，坚持走中国特色社会主义政治发展道路具有重大而深远的意义。

（一）有利于不断探索符合中国国情的政治模式

任何一种政治发展道路，归根结底都是该国的政治经济状况、民族文化传统和特定社会历史条件等共同作用的结果。我国选择走中国特色社会主义政治发展道路，实行社会主义民主政治，是由近代以来中国的社会历史条件和发展进步的客观要求决定的，是符合历史发展的正确选择。1840 年以后，在风起云涌的救亡图存运动中，一些先进的中国人曾经把

目光投向西方，但无论是民国初年尝试实行西方议会制和多党制、走资本主义民主政治道路，还是国民党实行一党专政，走法西斯独裁道路，都因不符合中国国情、不符合中国民主政治发展的潮流而归于失败。领导中国人民找到正确的政治发展道路的重任，历史地落在了中国共产党身上。中国共产党总结近代以来中国政治发展的历史经验，领导中国人民经过艰苦卓绝的斗争，建立了工人阶级领导的、以工农联盟为基础的人民民主专政的国家政权，走出了一条真正实现人民当家做主的政治发展道路，实现了从延续两千多年的封建专制政治向现代民主政治的伟大历史性跨越，从近代以来照搬西方资本主义民主政治模式的失败尝试，转向发展具有中国特色社会主义民主政治的崭新实践。

（二）有利于建设社会主义政治文明

社会主义政治文明是一种崭新的政治文明。建设社会主义政治文明，最根本的是要把坚持党的领导、人民当家做主和依法治国有机统一起来，使我国社会主义民主更加完善，法制更加完备，依法治国基本方略得到全面落实，人民的政治、经济和文化权益得到切实尊重和保障，巩固和发展民主团结、生动活泼、安定和谐的政治局面。坚持社会主义方向，坚持绝大多数人享有民主，是中国特色社会主义政治文明同西方资本主义政治文明的本质区别。中国特色政治发展道路作为中国特色社会主义道路的重要内容，充分体现了我国社会主义国家性质和发展方向，体现了人民当家做主的社会主义民主本质。只有始终沿着这条道路不断前进，我国社会主义政治文明才能不断丰富和发展，才能在建设中国特色社会主义伟大事业中发挥重要作用。

（三）有利于巩固和发展最广泛的爱国统一战线

统一战线是我们党执政兴国的重要法宝。巩固和发展最广泛的爱国统一战线，团结一切可以团结的力量，调动一切积极因素，是我们党领导人民建设中国特色社会主义必须坚持的基本经验。统一战线作为各种不同社会政治力量在共同目标下组成的政治联盟，必须始终沿着正确的政治方向前进，才能拥有光明的前途。特别是当前，随着国际局势的深刻变化和改革开放的不断深入，统一战线的外部环境日益复杂，内部构成日益多样，新一代成员和代表人士日益成为统一战线成员的主体，由劳动者、建设者和爱国者组成的爱国统一战线范围更加广泛，包容性日益突出，更加需要巩固共同的思想政治基础。中国特色社会主义政治发展道路作为包括统一战线广大成员在内的全体中国人民艰辛探索出来的唯一正确的政治发展道路，是统一战线健康发展的必由之路。统一战线只有始终沿着这条道路，才能真正发挥法宝作用，不断增强凝聚力、向心力和影响力，团结和吸纳社会各方面力量为建设中国特色社会主义事业而奋斗。

（四）有利于抵御国际敌对势力西化、分化的图谋

在经济全球化、世界多极化、社会信息化浪潮席卷全球的今天，不同政治制度、意识形态之间的影响和渗透更加广泛深入。特别是国际敌对势力一直把共产党执政的社会主义中国视为最大威胁，试图加紧利用民主、人权、民族、宗教等问题对我国实施西化、分化的战略图谋。国际敌对势力对我国进行渗透和颠覆活动，说到底是要用资本主义意识形态取代社会主义意识形态，用两党制、多党制和议会制代替我国的人民代表大会制度和中国共产党领导的多党合作和政治协商制度，把中国特色政治发展道路转轨到西方政治发展道路上来。我们要取得这场斗争的胜利，根本在于坚持和完善我国的政治制度和政党制度，走好中国特色社会主义政治发展道路。半个多世纪以来，正是由于我们始终坚持走这条道路，充分发挥了我国政治制度和政党制度的特点和优势，不断增强我国政治体制的活力，所以经受住了各种困难和风险的考验，保持了经济发展、政局稳定、社会和谐、文化进步和生态文明的良好局面。①

第二节 中国特色政治道路的主要内容

中国特色政治道路发展至今，已经由宪法确立了一系列制度和原则。习近平指出："国家的根本制度和根本任务，国家的领导核心和指导思想，工人阶级领导的、以工农联盟为基础的人民民主专政的国体，人民代表大会制度的政体，中国共产党领导的多党合作和政治协商制度、民族区域自治制度以及基层群众自治制度，爱国统一战线，社会主义法制原则，民主集中制原则，尊重和保障人权原则，等等，这些宪法确立的制度和原则，我们必须长期坚持、全面贯彻、不断发展。"②中国特色政治发展道路，是坚

① 庄聪生:《中国特色社会主义政治发展道路的内涵、特征和需要把握的原则》，《重庆社会主义学院学报》2007 年第 2 期，第 5—9 页。

② 《习近平谈治国理政》，外文出版社 2014 年版，第 138—139 页。

持党的领导、人民当家做主和依法治国的有机统一，包括实行人民民主专政，坚持和完善人民代表大会制度、中国共产党领导的多党合作和政治协商制度、民族区域自治制度以及基层群众自治制度等主要内容。

一、人民民主专政制度

人民民主专政，是马克思主义经典作家论及的无产阶级专政在中国的具体体现。马克思在《共产党宣言》中讲道："工人革命的第一步就是使无产阶级上升为统治阶级，争得民主。"[①]也就是说，无产阶级在革命胜利后为了保卫自身的革命果实，必须实行无产阶级专政。当然，其体现方式在不同的社会主义国家有所不同。

人民民主专政是我国的国体。我国宪法明确规定："中华人民共和国是工人阶级领导的、以工农联盟为基础的人民民主专政的社会主义国家。"这一规定表明：人民民主专政是工人阶级（经过共产党）领导的、以工农联盟为基础的、对人民实行民主和对敌人实行专政的国家政权，国家的一切权力属于人民。人民民主专政是在较为落后的东方社会产生的一种无产阶级专政类型，它是在经济文化较为落后的殖民地半殖民地国家，工人阶级力量弱小，农民和其他社会阶级占绝对多数的情况下，在民族民主革命取得阶段性胜利之时而采取以工人阶级（通过共产党）领导的、工农联盟为基础的、各革命阶级联合的专政形式，在《论人民民主专政》一文中，毛泽东已经做过深刻论述。在近现代中国进行无产阶级革命，如果照抄照搬教条，非要等到工人阶级占总人口的绝对多数，资产阶级专政已走到穷途末路才进行民主革命的话，人民在资本主义条件下所遭受的苦难就会因此而延长。相反，如果在历史发展的关键时期，不经过资本主义发展的完整阶段而直接过渡到社会主义，利用社会主义政权的力量迅速进行大规模的社会主义建设，迅速改变贫穷落后的社会面貌而实现现代化，这样的超越非但不违背历史发展规律，反而是对社会历史规律的深刻把握之后所做出的一种跨越——这种跨越，是人的主观能动性建立在对历史规律以及社会发展趋势的深刻把握基础之上的。

总之，我国现阶段的人民民主专政实质上是无产阶级专政，因为它与无产阶级专政的性质相同，作用、职能相同，历史使命也相同。实践证明，人民民主专政是适合中国国情和革命传统的形式，具有鲜明的中国特色。

---

① 《马克思恩格斯文集》第2卷，人民出版社2009年版，第52页。

坚持人民民主专政的实质，就是要不断发展社会主义民主，切实保护人民的利益，维护国家的主权、安全、统一与稳定。一方面，要坚持国家的一切权力属于人民，保证人民当家做主；另一方面，要在充分发挥人民民主的基础上，加强国家政权的专政力量，打击各种敌对势力和各种犯罪活动，用人民民主专政来维护人民的政权，维护人民的根本利益。

二、人民代表大会制度

我国实行的人民代表大会制度，是马克思主义国家学说和我国政治实践相结合的伟大创造，是近代以来中国政治发展的必然结果，是中国共产党带领各族人民长期奋斗的重要成果。人民代表大会制度是中国的根本政治制度，是我国的政体。我们国家有很多制度，如婚姻制度、税收制度、司法制度、军制、学制等，但这些制度只是政治生活的一面，只有人民代表会议或人民代表大会制度才能代表我们政治生活的全面，才能表示我们政治力量的源泉，因此，它是我们国家的根本政治制度。

人民代表大会制度是符合中国国情，体现中国社会主义国家性质，能够保证中国人民当家做主的根本政治制度和最高实现形式，也是党在国家政权中充分发扬民主，贯彻群众路线的最好实现形式，是中国社会主义政治文明的重要制度载体。从这个方面来看，我们是共和主义最为彻底的贯彻——因为古代的、西方的共和主义，搞混合制，和稀泥，我们则明确提出保证人民当家做主。因此，在建设中国特色社会主义过程中，必须毫不动摇地坚持、巩固和完善人民代表大会制度。人民代表大会制度的根本性，主要体现在两个方面：“一是，这一制度在我国政治制度体系中居于核心地位，决定着国家社会生活的各个方面和其他各种具体制度。人民代表大会作为国家权力机关，它的权力是人民授予的，并且代表人民行使权力。国家行政机关、审判机关、检察机关的行政权、审判权、检察权等，都是由人民代表大会通过制定宪法和法律授予的，都必须按照人民代表大会通过的宪法和法律办事。二是，这一制度是我国各种国家制度的源泉，国家的其他制度，如婚姻家庭制度、民事商事制度、国家机构的制度、刑事制度、诉讼制度等，都是由人民代表大会通过立法创制出来，都要受到人民代表大会制度的统领和制约。”[①]正因为如此，人民代表大会制度

① 中共中央宣传部理论局：《六个“为什么”——对几个重大问题的回答》，学习出版社 2009 年版，第 49 页。

在我国政治制度中具有根本性地位。

人民代表大会制度有着显著的优越性。人民代表大会制度能够切实体现人民的意志，充分反映人民的呼声，有利于维护人民的权益，真正体现了人民当家做主；人民代表大会制度有利于集中全国人民的意志，集中力量办大事，共同实现我们的目标；人民代表大会制度有利于我国社会主义制度的巩固和国家的团结、稳定和统一。实践证明，实行人民代表大会制度符合中华民族的历史传统，有利于社会主义制度的巩固，有利于各民族的大团结和整个国家的改革、发展和稳定。

新中国成立60多年来，人民代表大会制度同我们党的命运、国家的命运、人民的命运息息相关。这个制度健康运行发展，人民民主就发挥得比较充分，决策就比较正确，我们的事业就能得到顺利发展；反之，这个制度遭到破坏，人民当家做主的权力就会受到损害，国家和社会就陷入混乱。因此，人民代表大会制度作为根本政治制度，我们必须毫不动摇地坚持和完善。

三、中国共产党领导的多党合作和政治协商制度

中国共产党领导的多党合作和政治协商制度，是中国特色社会主义的政党制度，也是当代中国的一项基本政治制度。从广义来讲，也可纳入政体范畴。这项制度是马克思主义政党理论和统一战线学说与我国具体实际相结合的产物，是中国社会主义民主政治制度的重要组成部分。这一制度，是在中国革命斗争中形成的，是共产党和各民主党派及社会各界民主人士的共同选择。在这一制度中，坚持中国共产党的领导是首要前提和根本保证，多党合作是核心内容。中国共产党与各民主党派合作的基本方针是“长期共存、互相监督、肝胆相照、荣辱与共”。

中国人民政治协商会议是中国人民爱国统一战线的组织，是中国共产党领导的多党合作和政治协商的重要机构，也是中国政治生活中发扬社会主义民主的重要形式。中国人民政治协商会议的主要职能是政治协商、民主监督、参政议政。新中国成立以来，中国共产党领导的多党合作与政治协商制度的重要性不断增强。实践证明，这一制度能够在中国特色社会主义共同目标下把中国共产党领导和多党派合作有机结合起来，实现广泛参与和集中领导的统一、社会进步和国家稳定的统一、充满活力和富有效率的统一。中国共产党与各民主党派形成亲密合作的关系，共同致力于中国特色社会主义事业，这在世界政党制度中独具特色。这一制度强调以协商、合作取代纷争、冲突，因此能够在中国特色社会主义的共同目标下，有效地将共产党领导和各党派合作有机结合，实现集中统一领导与广泛政治参与的统一、国家稳定与社会进步的统一，充满活力与富有效率的统一，体现出巨大的优越性和强大的生命力。

一个国家实行什么样的政党制度，由该国国情、国家性质和社会发展状况所决定。共产党领导的多党派合作与政治协商制度，共产党执政、多党派参政，发展协商民主，这是我国政党制度的显著特征。选择适应中国国情的新的政党制度，建立有中国特色的中国共产党领导的多党合作与政治协商制度，成为中国共产党和各主党派共同承担历史责任的合作方式。在长期的革命建设改革中逐渐完善和发展的中国政党制度，有效平息了党派纷争；协商民主的形式，顺应了中国的现代化需求。

四、民族区域自治制度

民族区域自治是党解决民族问题的基本政策，也是国家的一项基本政治制度。它不同于邦联制（Confederation），如欧盟（European Union），也不同于联邦制（Federalism）。

民族区域自治是在统一而不可分离的国家领导下，在各少数民族聚居的地方设立自治机关，行使自治权，实行区域自治。其核心是保障少数民族当家做主，管理本民族、本地方事务的权力。实行民族区域自治，是中国共产党根据我国的历史发展、文化特点、民族关系和民族分布等具体情况做出的制度安排，符合各民族人民的共同利益和发展要求。

实践证明，民族区域自治制度把民族因素与区域因素相结合，把政治因素与经济因素相结合，把历史因素与现实因素相结合，体现了我国坚持实行各民族平等、团结、合作和共同繁荣的原则，是党和各族人民的一个伟大创举。

五、基层群众自治制度

基层群众自治制度是中国的一项基本政治制度，从广义来讲，也可纳入政体范畴。

基层群众自治制度是依照宪法和法律的规定，由居民（村民）选举的成员组成居民（村民）委员会，实行自我管理、自我教育、自我服务、自我监督的制度。它是一种基层自治和民主管理制度，是社会主义民主广泛而深刻的实践。改革开放以来，随着中国的发展和进步，全国各地城乡基层民主不断扩大，公民有序的政治参与渠道增多，民主的实现形式日益丰富。

目前，中国已经建立了以农村村民委员会、城市居民委员会和企业职工代表大会为主要内容的基层民主自治体系。广大人民在城乡基层群众性自治组织中，依法直接行使民主权利，实行民主自治，已经成为当代中国最直接、最广泛的民主实践。

第三节 中国特色政治道路的挑战和发展趋势

在全球化成为现代经济、政治、文化和社会发展总趋势的21世纪，在国内外各种风险不断、考验不断的历史进程中，中国特色社会主义政治发展道路面临着严峻挑战。坚定不移地走中国特色社会主义政治发展道路，事关我国民主政治建设的走向、经济社会的发展、文化生态的进步、国家政权的巩固和中华民族的伟大复兴。

一、中国特色政治道路面临的挑战

(一)外部挑战

中国政治发展在当今及今后一个相当长的时期都将面临着经济全球化、世界多极化和西方敌对势力“西化”“分化”带来的巨大影响和严峻挑战。

1. 中国政治发展面临着经济全球化的影响和挑战

全球化的主流和主导是经济全球化。然而，经济全球化并非一种纯经济现象，其对政治、文化、社会生活影响巨大。经济全球化进程中始终伴随着文化渗透、价值变迁、制度移植等现象。当前全球化的进程不仅是各个国家文化和文明一致性的增长趋势，也是各个国家政治生活一致性的增长趋势。这表明，经济全球化对中国政治发展具有双重影响，不仅会产生一定的推动作用，给中国政治发展提供新的条件，也可能带来一定风险甚至负面效应，使中国政治发展面临较大的压力。

从政治体制改革视角看，经济全球化一方面牵引和推动着中国确立一套更加民主、富有效率的政治机制，另一方面也利于西方国家利用经济手段对我国施加政治影响。当一个国家寻求更大程度上融入全球资本市场和吸引更多国外直接投资、先进技术和管理经验时，改进制度和政治管理以及遵守法律规则的压力就会大大增强。全球化给国家带来的是经济、环境和政治“三重困境”。在不断融入经济全球化进程中，中国政府出台了许多与国际经济接轨的举措，这一过程必然是中国政治体制改革不断推进的过程。而西方国家则视之为对中国进行“和平演变”的良机，利用中国对资金、技术、管理等方面的需求，以发达的经济和先进的科技为载体宣扬所谓的“西方文明”，并以此诱压中国，试图达到在政治领域影响中国的目的。

从政治文化视角看，全球化对中国政治文化的转型会产生积极的推动作用，也会对我国主流意识形态形成冲击。全球化为加快不同地域、民族的文化交融提供了强劲动力，当全球化消解国家边界、销蚀民族国家权利，要求重新解释国家主权、人权、公民社会等概念时，不仅增强了经贸往来，也增强了政治、文化等方面的交往。全球化进程中价值标准、价值观念的多元化可能引起社会成员思维方式、价值取向的多样化，从而对政治文化转型产生推动作用。因而，发达国家政治文化在全球扩展中对发展中国家产生了较强压力。同时，全球化改变着人们对本国政治制度的评判标准。西方民主价值观念和民主实践在全球的拓展，既冲击着马克思主义的指导地位，亦影响着中国政治发展道路。因为，全球化——经济创新在全球的传播和伴随这种传播而来的政治文化调整——不可能停止。历史发展经验表明，哪种政治组织和意识形态能带来优异的经济成就，哪种政治组织和意识形态就能生存、兴盛，并取代生产率低的政治组织和意识形态。因而，在全球化进程中，意识形态或政治价值观念的冲突不仅不会消减和弱化，反而比以往更加明显和突出。

2. 中国政治发展面临着世界民主化浪潮的影响和挑战

全球化时代的市场、科学和民主——20 世纪使人类摆脱人身依附、思想依附的“三大瑰宝”，也是人类由 20 世纪迈向 21 世纪更高文明发展的“前进基石”。全球化不断推进，使世界民主化浪潮获得了更为便利的传播管道。著名国际政治理论家赛缪尔·亨廷顿把世界范围的民主化浪潮分为三次。他认为，1974 年葡萄牙所开启的第三波民主化浪潮创造了一个民主的时代。在此浪潮中，民主政权在欧亚拉 30 个国家取代了威权政权；还有些国家，促进民主的运动也获得了力量和合法性。迈向民主化的运动变成几乎是势不可挡的世界潮流，成为人类史上最重要的政治变迁，其影响和冲击十分深远而复杂。当前，这股民主化潮流似乎余波未平，又出现了一系列“颜色革命”。2003 年，格鲁吉亚发生“玫瑰革命”，总统谢瓦尔德泽纳被迫辞职。2004 年底，乌克兰发生“栗子花革命”，反对派发动“街头斗争”，掌控了国家政权。2005 年，吉尔吉斯斯坦发生“柠檬色革命”，将总统赶离本国。这些“颜色革命”之所以能成功发生，既是由当事国国内贫困、执政党腐败等一系列因素所引发，也离不开美国等西方国家输出民主战略——“街头政治”。

中国政治发展进程是在与世界息息相关的环境中进行的，世界民主化浪潮对中国政治发展必然会产生重大影响。中国应认真研究世界民主化潮流中的经验教训，避免其他国家政治发展进程中出现的失误和挫折。世界民主化进程表明，民主化是一种世界潮流，中国走向民主化亦是必然趋势。当代中国政治发展的基本目标是政治民主、政治廉洁和政治稳定。而政治民主是社会主义政治制度的本质特征和生命力之所在，应成为中国政治发展的根本价值取向。

3. 中国政治发展面临着西方国家“和平演变”战略的影响和挑战

经济全球化、世界民主化浪潮在很大程度上同西方国家的民主战略紧密关联。西方国家在全球范围内兜售其所谓的“自由”“民主”，打着“人权高于主权”的旗帜干涉别国内政，促使许多国家由威权政体向民主政体转变。西方国家民主战略的实质就是“和平演变”战略。早在 20 世纪 50 年代末期，美国就把促使社会主义国家“和平演变”作为长远战略目标，并在社会主义国家改革出现困难的 20 世纪 80 年代加紧推行这一战略。西方国家利用种种手段，从政治、经济、思想、文化等各个领域对社会主义国家进行渗透，宣传其价值观念和思想文化，促使苏东国家向资本主义演变。苏东剧变后，“和平演变”战略重点直指中国，叫嚣“用互联网崩裂长城”，使中国重蹈苏东剧变之覆辙。进入 21 世纪，西方国家利用民主人权、民族宗教等问题对我国实施“西化”“分化”的战略图谋依旧，这对中国政治发展是一种相当大的压力。在此背景下，中国必须不断地推进政治发展进程，才能体现出社会主义民主制度的优越性，才能增强抵御“和平演变”的能力。

(二)内部挑战

中国特色社会主义政治也面临着内部挑战，集中地体现在：如何拒腐防变，提高党的执政水平和执政能力；如何转变政府职能，提高政府效能；如何创新社会治理；等等。

1. 政府效能、拒腐防变本领以及执政水平与执政能力仍需提高

有效政府能够做到为社会建立基本的体制基础，保持不被扭曲的政策环境和宏观经济稳定，投资于基本的公共服务和基础设施，保护承受力差的弱势阶层和生态环境，最为根本的就是为社会提供必要的制度供给和公共服务供给，实现有效的社会治理。

我们党是一个经历了 90 多年奋斗历程、拥有 8600 多万党员、在一个 13 亿多人口的大国长期执政的党。在新的历史条件下，党面临着复杂而严峻的执政考验、改革开放考验、市场经济考验和外部环境考验，精神懈怠、能力不足、脱离群众、消极腐败“四大危险”更加尖锐地摆在全党面前。对于中国来说，政府的有效性决定于党的执政的有效性。党的执政的有效性应满足三个需要：一是中国经济的可持续发展；二是关注民生，增加社会民生公共需求；三是发展人民民主的权益保障。保持经济的可持续发展和民权需要的满足，不断增进人民的幸福程度，是党有效执政的最根本体现，这也就是中央提出的转变经济发展方式和科学发展的核心要义。经济发展本身不是目的，而是让人民群众共享改革发展的成果，让人民群众过上更加美好和更有尊严的生活。因此，政府有权不能“任性”——“必须把权力关进制度的笼子里，形成不敢腐的惩戒机制、不能腐的防范机制、不易腐的保障机制”①。

2. 简政放权、转变政府职能如何闯过“攻坚区”和“深水区”

改革开放后，中国政府进行了多次行政机构改革，为转变职能，提高行政效率扫除了一些障碍。

自政府机构改革以来，我国积极创新行政管理体制和社会管理体制，大力推进行政审批制度改革，着力转变政府职能，取得了明显成效。特别是地方政府取消和调整了一批不适应社会发展需要的行政审批事项，并向地级以上市下放多项行政审批事项，为政府转变服务水平和职能进行了必要的调整。然而，关键问题还是如何打破政府作为既得利益者的不合理利益格局。随着改革的深入，打破现有格局逐渐成为今天政府改革的主要内容。当前，随着工业化、城市化进程加快，社会正处于加快转型升级、建设社会主义和谐社会的关键时期，也处于深化改革开放、加快转

① 田培炎：《管党治党的新要求：学习习近平同志关于党的建设的重要论述》，《求是》2013 年第 14 期，第 11—13 页。

变经济发展方式的攻坚时期，行政管理体制改革已进入调整政府自身配置的“深水区”，改革最大的阻力来自既得利益格局。政府作为既得利益的享有者，在改革中如果总是纠结于地方和部门利益，不愿进一步顺应改革发展需要，缺乏革自己的命的决心和勇气，就突破不了与科学发展、与市场经济不相适应的政府部门权力利益格局，行政审批制度改革就难以深入，改革最终还是难以进行下去，这会影响到政治体制改革的推进。

党的十八大提出了战略目标和任务，描绘了全面建成小康社会、加快推进社会主义现代化、实现中华民族伟大复兴的宏伟蓝图，这和我们每个人的人生出彩、梦想成真相关。但是，关键是如何践行。从上学就业到住房就医，要实现公平正义、机会均等，不改革不行，不动一些既得利益群体的“奶酪”也不行。习近平生动地讲道：“改革要冲破一些固有利益的藩篱，现在的改革是动奶酪的，也是要得罪一些人。”在此意义上，简政放权意味着在自己身上“动刀子”。

3.时代发展对创新社会治理提出新要求

进入新世纪以来，中国社会的发展进入较快的工业化和城市化阶段，特别是近些年，以前发展形成的井喷效应在显现。城市化规模空前，人口流动和经济发展使这个社会不能简单用过去的旧方式来实现社会管理。人民群众的新期待新要求能否得到回应，关键在于我们的社会管理工作能不能跟上。

当前强调的社会管理创新，是经济社会发展到一定阶段的客观要求。目前社会管理领域存在着发展不平衡、不协调、不可持续的问题还比较突出；地区之间、城乡之间、行业之间的发展差距以及部分居民收入分配差距持续加大，统筹兼顾各方面利益难度增加；改革开放的深入和社会主义市场经济的发展，使计划经济条件下形成的社会结构发生了全方位、根本性变化；社会阶层的分化，使人们的思想意识、价值取向、道德观念走向多元化，与公民社会紧密联系的公平意识、民主意识、权利意识、法治意识、监督意识不断增强，共享改革发展成果的愿望日益强烈，这些都给社会管理提出了新的要求。

只有深刻地认识到创新社会治理的重要性紧迫性，以强烈的政治责任感和历史使命感，把创新社会治理置于更加突出的位置，作为推进政治改革的重要铺垫，切实抓好社会治理，才能推动社会治理创新取得长足进步，实现人民群众对民生问题的正当诉求。

二、中国特色社会主义政治发展道路的趋势

“政治发展道路是否正确，对一个国家的盛衰兴亡具有决定性意义。由于政治发展道路选择错误而导致人亡政息的例子，古今中外比比皆是。对于我们这样一个发展中大国来说，始终坚持正确的政治发展道路更是一个关系全局的重大问题。”[①]我们应按照十八大的战略部署，立足国情，借鉴人类政治文明有益成果，适应全球化不断拓展和我国人民政治参与积极性不断提高的要求，坚定不移地走中国特色政治发展道路。发展社会主义民主政治，必须以保证人民当家做主为根本，坚持和完善人民代表大会制度、中国共产党领导的多党合作和政治协商制度、民族区域自治制度以及基层群众自治制度，更加注重健全民主制度、丰富民主形式，从各层次各领域扩大公民有序政治参与，充分发挥我国社会主义政治制度优越性。

（一）中国特色社会主义政治制度将不断发展和完善

坚持人民主体地位，推进人民代表大会制度理论和实践创新，发挥人民代表大会制度的根本政治制度作用。完善中国特色社会主义法律体系，健全立法起草、论证、协调、审议机制，提高立法质量，防止地方保护和部门利益法制化。健全“一府两院”由人大产生、对人大负责、受人大监督的制度。健全人大讨论、决定重大事项制度，各级政府重大决策出台前向本级人大报告。加强人大预算决算审查监督、国有资产监督职能。落实税收法定原则。加强人大常委会同人大代表的联系，充分发挥代表作用。通过建立健全代表联络机构、网络平台等形式密切代表同人民群众联系。完善人大工作机制，通过座谈、听证、评估、公布法律草案等扩大公民有序参与立法途径，通过询问、质询、特定问题调查、备案审查等积极回应社会关切。

推进协商民主广泛多层制度化发展。协商民主是我国社会主义民主政治的特有形式和独特优势，是党的群众路线在政治领域的重要体现。在党的领导下，以经济社会发展重大问题和涉及群众切身利益的实际问题为内容，在全社会开展广泛协商，坚持协商于决策之前和决策实施之

---

① 中共中央宣传部理论局:《划清“四个重大界限”学习读本》，学习出版社 2010 年版，第 47—48 页。

中。构建程序合理、环节完整的协商民主体系，拓宽国家政权机关、政协组织、党派团体、基层组织、社会组织的协商渠道。深入开展立法协商、行政协商、民主协商、参政协商、社会协商。加强中国特色新型智库建设，建立健全决策咨询制度。发挥统一战线在协商民主中的重要作用。完善中国共产党同各民主党派的政治协商，认真听取各民主党派和无党派人士意见。中共中央根据年度工作重点提出规划，采取协商会、谈心会、座谈会等进行协商。完善民主党派中央直接向中共中央提出建议制度。贯彻党的民族政策，保障少数民族合法权益，巩固和发展平等团结互助和谐的社会主义民族关系。

发挥人民政协作为协商民主重要渠道作用。重点推进政治协商、民主监督、参政议政制度化、规范化、程序化。各级党委和政府、政协制定并组织实施协商年度工作计划，就一些重要决策听取政协意见。完善人民政协制度体系，规范协商内容、协商程序。拓展协商民主形式，更加活跃有序地组织专题协商、对口协商、界别协商、提案办理协商，增加协商密度，提高协商成效。在政协健全委员联络机构，完善委员联络制度。

发展基层民主。畅通民主渠道，健全基层选举、议事、公开、述职、问责等机制。开展形式多样的基层民主协商，推进基层协商制度化，建立健全居民、村民监督机制，促进群众在城乡社区治理、基层公共事务和公益事业中依法自我管理、自我服务、自我教育、自我监督。健全以职工代表大会为基本形式的企事业单位民主管理制度，加强社会组织民主机制建设，保障职工参与管理和监督的民主权利。

（二）中国特色社会主义政治制度将在推进“全面依法治国”中前行

“全面依法治国”是党的十八届四中全会做出的重要部署。2014 年 10 月召开的党的十八届四中全会审议通过了《中共中央关于全面推进依法治国若干重大问题的决定》，对全面推进依法治国、建设社会主义法治国家做出了整体规划和全面部署。该《决定》指出，依法治国，是坚持和发展中国特色社会主义的本质要求和重要保障，是实现国家治理体系和治理能力现代化的必然要求，事关我们党执政兴国，事关人民幸福安康，事关党和国家长治久安。建设法治中国，必须坚持依法治国、依法执政、依法行政共同推进，坚持法治国家、法治政府、法治社会一体建设。深化司法体制改革，加快建设公正高效权威的社会主义司法制度，维护人民权益，让人民群众在每一个司法案件中都感受到公平正义。

因此，必须维护宪法法律权威。宪法是保证党和国家兴旺发达、长治久安的根本法，具有最高权威。要进一步健全宪法实施监督机制和程序，把全面贯彻实施宪法提高到一个新水平。建立健全全社会忠于、遵守、维护、运用宪法法律的制度。坚持法律面前人人平等，任何组织或者个人都不得有超越宪法法律的特权，一切违反宪法法律的行为都必须予以追究。普遍建立法律顾问制度。完善规范性文件、重大决策合法性审查机制。建立科学的法治建设指标体系和考核标准。健全法规、规章、规范性文件备案审查制度。健全社会普法教育机制，增强全民法治观念。逐步增加有地方立法权的较大的市的数量。

此外，还应深化行政执法体制改革，确保依法独立公正行使审判权、检察权，健全司法权力运行机制，完善人权司法保障制度，等等。

(三)中国特色社会主义政治制度将在推进“全面从严治党”中发展

“全面从严治党”是习近平总书记在党的群众路线教育实践活动总结大会上的讲话中提出的战略部署，习近平总书记在讲话的开篇就明确提出了“全面推进从严治党”的重大命题。结合党的建设的实际，习近平总书记还提出了“新形势下坚持从严治党”八个方面的任务要求，即落实从严治党责任，坚持思想建党和制度治党紧密结合，严肃党内政治生活，坚持从严管理干部，持续深入改进作风，严明党的纪律，发挥人民监督作用，深入把握从严治党规律——“为政清廉才能取信于民，秉公用权才能赢得人心”[①]。

办好中国的事情关键在党。十八届三中、四中全会对“加强和改善党对全面深化改革的领导”“加强和改进党对全面推进依法治国的领导”均进行了专门论述，不论是全面深化改革，还是全面推进依法治国，都对从严治党提出了新要求，也都以党的领导作为实现目标的根本保证。

因此，必须强化权力运行制约和监督体系，形成科学有效的权力制约和协调机制，加强反腐败体制机制创新和制度保障，健全改进作风常态化制度，等等。

(四)中国特色社会主义政治制度改革将立足中国国情、积极稳妥地推进

任何国家政治发展进程都是特定历史时期和特定文化背景下政治选

---

① 《习近平总书记系列讲话精神学习读本》，中共中央党校出版社 2013 年版，第 176 页。

择的结果，脱离国情，再好的政治发展道路也会走入歧途，给国家和人民带来灾难。

改革开放以来，我国社会主义民主政治深入发展，依法治国方略扎实贯彻，人民群众政治参与积极性不断提高，民主法治及权利意识越来越强，折射出我国民主政治建设的蓬勃生机和旺盛活力。但我国仍处于社会主义初级阶段，生产力发展水平不高，民主与法制基础薄弱，政治文明发展起步较晚，社会结构、利益格局、思想观念深刻变化带来各种矛盾、风险和问题。因而，发展社会主义民主政治，不能提出过高要求，急于求成，更不能不顾国情，盲目走西方民主政治发展道路。因而，我们要始终从我国基本国情出发，积极稳妥地推进政治体制改革，对政治权力结构、政治运行机制等进行有计划、有步骤的调整和完善，优化政治体系，调整政治关系，健全民主制度，丰富民主形式，不断扩大公民有序的政治参与，使中国特色政治发展道路永葆生机与活力。

政治体制改革要求全面履行政府职能。《中共中央关于全面深化改革若干重大问题的决定》中指出："进一步简政放权，深化行政审批制度改革，最大限度减少中央政府对微观事物的管理，市场机制能有效调节的经济活动，一律取消审批，对保留的行政审批事项要规范管理、提高效率；直接面向基层，量大面广，由地方管理更方便有效的经济社会事项，一律下放地方和基层管理。"①

（五）中国特色社会主义政治制度必将实现善治

所谓善治，就是良好的治理，是政府与公民对社会的合作管理，是善政的有效化、合理化发展。追求善治被视为世界各国政府的共同目标，不同政治制度的政府都希望有更高的行政效率，更低的行政成本，更好的公共服务，更多的公众支持参与。因此，一方面，我们要始终警惕西方国家推行的、试图使中国走上资本主义民主之路的"和平演变"战略，维护以党的指导思想为核心的主流意识形态的主导地位，使我国政治发展沿着具有中国特色社会主义的道路前进；另一方面，也应吸收和借鉴人类政治文明成果，充分发挥我国政治制度和政党制度的特点及优势，不断增强我国政治体制的活力。正如党的十八大指出的：发展社会主义政治文化，要更

① 《中共中央关于全面深化改革若干重大问题的决定》，《人民日报》2013年11月16日。

加注重改进党的领导方式和执政方式，保证党领导人民有效治理国家；要更注重发挥法治在国家治理和社会管理中的重要作用。这两个"更加"的论述进一步明确了善治的发展方向。

过去，我们自立自强，提出"实现四化"。不过，我们也应认识到社会主义现代化建设是一个成龙配套的过程，其中包括国家治理体系和治理能力现代化。习近平指出："国家治理体系是在党领导下管理国家的制度体系，包括经济、政治、文化、社会、生态文明和党的建设等各领域体制机制、法律法规安排，也是一整套紧密相连、相互协调的国家制度；国家治理能力则是运用国家制度管理社会各方面事务的能力，包括改革发展稳定、内政外交国防、治党治国治军等各个方面。国家治理体系和治理能力是一个有机整体，相辅相成，有了好的国家治理体系才能提高治理能力，提高国家治理能力才能充分发挥国家治理体系的效能。"[①]

社会主义优越性的具体体现，必然需要善政和善治。相信在中国共产党的领导下，在"四个全面"战略布局的指引下，中国特色社会主义政治道路将越走越宽，中国特色社会主义政治制度将越来越完善！

必须将中国政治道路纳入"四个全面"战略布局。"四个全面"战略布局适应了时代发展和当今中国社会进步的内在需要，体现了中国特色社会主义加快发展的新要求。

正像习近平总书记所指出的那样："四个全面"的战略布局是从我国发展现实需要中得出来的，是从人民群众的热切期待中得出来的，也是为推动解决我们面临的突出矛盾和问题提出来的。因此"四个全面"战略布局是中国政治道路的实践指南。

坚持和发展中国特色社会主义政治发展道路，符合时代特征和我国基本国情，适应广大人民群众的新期盼，必将助推实现中华民族伟大复兴的中国梦。

---

① 《习近平谈治国理政》，外文出版社 2014 年版，第 91 页。

第四章　中国特色社会主义文化道路

文化建设是中国特色社会主义事业的重要组成部分。中国共产党自成立以来一直非常重视文化建设，在党的领导下，经过艰苦的探索，走出了一条具有中国特色的文化道路。中共十七届六中全会明确提出了“坚持中国特色社会主义文化发展道路”，第一次系统阐述了文化强国的中国道路。党的十八大又提出了建设社会主义文化强国，必须走中国特色社会主义文化发展道路的重要论断。改革开放30多年来，我国文化建设取得巨大成就，但我国文化发展的机遇和挑战并存。在新形势下，我国需要立足本国实际，批判地吸收我国传统文化和外来先进文化，不断创新，坚定不移地走中国特色的文化发展道路。

第一节　中国特色文化发展道路的形成和发展

中国特色的文化发展道路实质上是在中国传统文化、马克思主义和西方外来文化三者的碰撞中形成的。在马克思主义的指导下，中国共产党领导人民立足于中国传统文化和实际，取长补短，逐步形成了具有中国特色的文化发展道路。

一、中国特色文化发展道路的奠基

新文化运动和五四运动拉开了中国近代文化建设的序幕。受新文化运动和五四运动的影响，中国共产党和毛泽东开始对中国文化建设进行艰辛的探索，逐步形成了毛泽东的文化战略思想。毛泽东的文化战略思想发展可以分为三个阶段：新民主主义时期、社会主义建设时期和“文化大革命”时期。毛泽东的文化战略思想为中国特色文化道路的形成奠定了基础。

(一)新民主主义时期对文化建设的探索

十月革命给中国带来了马克思主义，为中国文化界输入了新的血液，早期的马克思主义者开始用马克思主义的观点来思考中国的文化建设，产生了一批新的文化生力军，而毛泽东无疑是这批生力军中的先行者。早在 1927 年考察湖南农民运动时，毛泽东就把办农民学校普及教育的“文化运动”作为考察农民协会的十四件大事之一[①]。为了宣传新文化、新思想，特别是马克思主义，他还创办《湘江评论》杂志、文化书社等。1934 年 1 月，他对苏区文化建设的思路和内容做过这样的概括：“实行文化教育的改革，解除反动统治阶级加于工农群众精神上的桎梏，而创造新的工农的苏维埃文化。”[②]他在 1944 年发表的《关于陕甘宁边区的文化教育问题》中也明确指出：“任何社会没有文化就建设不起来。”[③]从上述几个文件中我们可以看出毛泽东对文化建设的重要性已经有了充分的认识，并且在理论和实践上进行了有益的探索，形成了新民主主义的文化纲领，主要包括四个方面：一是要建立中华民族的新文化。1940 年 1 月，毛泽东在著名的《新民主主义论》中全面地构拟了中国共产党将要建立的新中国的蓝图，全文共 15 个部分，专谈文化问题的就有 6 个部分，系统地阐述了文化建设的重要地位。他提出：“建立中华民族的新文化，这就是我们在文化领域中的目的。”[④]二是新民主主义文化要为人民大众服务，首先为工农兵服务。毛泽东认为，“我们的文学艺术都是为人民大众的，首先是为工农兵的，为工农兵而创作，为工农兵所利用的”[⑤]。三是新民主主义文化要坚持无产阶级领导，反帝反封建。毛泽东指出：“这种文化，只能由无产阶级的文化思想即共产主义思想去领导，任何别的阶级的文化思想都是不能领导了的。”[⑥]四是坚持古为今用、洋为中用的方针。“应当以中国人民的实际需要为基础，批判地吸收外国文化。对于中国古代文化，同样，即不是一概排斥，也不是盲目搬用，而是批判地接收它，以利于

---

① 欧阳雪梅：《毛泽东对中国特色社会主义文化发展道路的探索与贡献》，《湖南社会科学》2012 第 2 期，第 5 页。

② 陈晋：《中国共产党与先进文化建设四题》，《北京日报》2011 年 11 月 14 日。

③ 《毛泽东文集》第 3 卷，人民出版社 1999 年版，第 110 页。

④ 《毛泽东选集》第 2 卷，人民出版社 1991 年版，第 663 页。

⑤ 《毛泽东选集》第 3 卷，人民出版社 1991 年版，第 863 页。

⑥ 同④，第 698 页。

推进中国的新文化。”①

(二)社会主义建设时期对文化建设的初步探索

新中国成立后,文化建设面临着严峻的挑战:一是亟须消除封建社会残余思想,建立新的文化价值体系;二是实现新民主主义文化向社会主义文化的过渡与转变。毛泽东根据当时社会主义建设的特点和环境,将文化建设提到社会主义建设的战略高度,对社会主义文化建设进行了积极的探索。

1.提出了文化现代化的战略目标

1949 年 9 月,毛泽东在中国人民政治协商会议第一届全体会议上的开幕词中指出:“随着经济建设的高潮的到来,不可避免地将要出现一个文化建设的高潮。中国人被人认为不文明的时代已经过去了,我们将以一个具有高度文化的民族出现于世界。”②1957 年 2 月,毛泽东在《关于正确处理人民内部矛盾的问题》一文谈道:“将我国建设成为一个具有现代工业、现代农业和现代科学文化的社会主义国家。”③

2.提出了用马克思主义占领文化阵线的战略思路

新中国成立后,毛泽东非常注重思想领域的建设,特别是加强马克思主义思想建设,反映在文化建设上,就是要用马克思主义思想来批判资产阶级思想的余毒,对旧知识分子进行教育和改造,用马克思主义思想来占领文化阵线。④

3.提出了“百花齐放、百家争鸣”的战略方针

新中国成立后,在继续坚持“古为今用”“洋为中用”方针的前提下,毛泽东进一步提出了“百花齐放、百家争鸣”的文化方针。1956 年 4 月,毛泽东在中共中央政治局扩大会议的总结讲话中,提出:“艺术问题上百花齐放,学术问题上百家争鸣,应该成为我们的方针。”⑤“双百”方针的提出对于中国的新文化建设有着巨大的指导作用。

---

① 《毛泽东选集》第 3 卷,人民出版社 1991 年版,第 1083 页。

② 《毛泽东文艺论集》,中央文献出版社 2002 年版,第 129—130 页。

③ 《毛泽东文集》第 5 卷,人民出版社 1999 年版,第 366 页。

④ 宋军:《中国共产党文化发展战略思想研究》,华南理工大学博士学位论文,2011 年 6 月 8 日,第 53 页。

⑤ 《毛泽东文集》第 7 卷,人民出版社 1999 年版,第 45 页。

4. 提出了发展教育事业，建立又红又专的知识分子队伍的战略任务

新中国成立初期，毛泽东意识到了教育的重要性。他指出："有步骤地谨慎地进行旧有学校教育事业和旧有社会文化事业的改革工作，争取一切爱国的知识分子为人民服务。"[①]同时，为了把我国建成一个文化国家，毛泽东又提出造就一支又红又专的知识分子队伍的历史任务：建立一支宏大的知识分子队伍"是历史向我们提出的伟大任务"[②]。

（三）"文化大革命"时期我国文化建设严重倒退

受战争年代和思维局限性的影响，加上对发展形势的错误判断，1966年至1976年的"文化大革命"使中国文化建设出现了严重倒退。"文化大革命"时期高度的政治化严重压制和阻碍了文化的正常发展，具体表现为：在文化领域以阶级斗争为纲，把两个阶级、两条道路的斗争当作文化领域的主要矛盾；经常对文化工作者和文艺作品发动急风暴雨式的群众批判，"上纲上线"；否定文化工作的主流和成绩，认为在文化思想界被一条"反党反社会主义的黑线"专了政，因而要"坚决进行一场文化战线上的社会主义大革命"，彻底搞掉这条黑线。[③] 高度的政治化也导致了唯政治化思维，造成了不务实际、追名逐利、荒弃业务、败坏风气的社会效果。更为严重的是，由于唯政治化思维的泛滥，学术问题、思想文化问题往往被"变"成政治问题，动辄采用急风暴雨式的政治斗争方式去解决，从而严重挫伤了一大批才华横溢、勇于进取，为当代中国文化批判和文化重构出谋献策的杰出人才的积极性。[④]

总体来说，毛泽东的文化战略思想对于中国的文化建设起了很大的推动作用：一是确立了以马克思主义为指导的中国文化发展战略思想，二是开辟了"古为今用、洋为中用"及"百花齐放、百家争鸣"的文化发展方针，三是确立了民主性、人民性和开放性的社会主义文化观，四是大力发展教育事业和技术革命的思想，五是建立庞大的知识分子队伍，等等。从新民主主义时期到社会主义文化时期，以毛泽东为代表的中国共产党人

---

① 《毛泽东文集》第5卷，人民出版社1999年版，第234页。

② 同上，第463页。

③ 宋军：《中国共产党文化发展战略思想研究》，华南理工大学博士学位论文，2011年6月8日，第60页。

④ 李宗贵：《当代中国文化发展道路简论》，《吉林大学社会科学学报》1992年第6期，第59页。

对中国的文化建设进行了积极的探索，为中国特色的文化道路奠定了基础。但由于时代和思维的局限性，过分注重文化领域中的意识形态功能，导致了以阶级斗争为纲的"文化大革命"，中国文化建设遭受了重大损失。

二、中国特色文化发展道路的开拓

"文化大革命"结束后，我党重新确立了实事求是的马克思主义思想路线。针对改革开放过程中出现的价值理念缺失、拜金主义等道德失范现象，邓小平提出"两手都要抓、两手都要硬"的思想，开拓了中国特色文化道路。

（一）重新确立解放思想、实事求是的马克思主义思想路线

"文化大革命"给中国的文化建设带来了巨大的灾难，如何及时消除"文革"带来的政治和思想混乱，解放人民的思想观念，成为中国共产党面临的重大问题，但是当时党的部分领导人依然坚持"凡是毛主席做出的决策，我们都坚决维护，凡是毛主席的指示，我们都始终不渝地遵循"的"两个凡是"方针，文化建设举步维艰。

为此，邓小平提出重新恢复和发展毛泽东实事求是的思想路线，并展开了真理标准问题大讨论。马克思主义思想路线的重新确立，解放了人民的思想，破除了个人迷信，纠正了"文化大革命"的错误理念。

（二）建构了物质文明和精神文明"两位一体"的总体布局

随着改革开放的推进，生活水平的提高，人们的思想观念也开始发生变化，资产阶级自由化思潮对社会主义文化造成了冲击，这引起了中共中央的高度关注。1979 年 10 月，邓小平指出："我们要在建设高度的物质文明的同时，提高全民族的科学文化水平，发展高尚的丰富多彩的文化生活，建设高度的社会主义精神文明。"①1986 年 9 月，党的十二届六中全会上通过的《中共中央关于社会主义精神文明建设指导方针的决议》明确规定："精神文明建设，包括思想道德建设和教育科学文化建设两个方面，渗透在整个物质文明建设之中，体现在经济、政治、文化、社会生活的各个方面。"②邓小平关于物质文明和精神文明两手抓的思想为中国文化的发展

---

① 《邓小平文选》第 2 卷，人民出版社 1994 年版，第 208 页。

② 中共中央文献研究室编：《十二大以来重要文献选编》（下），人民出版社 1988 年版，第 1176 页。

提供了指导。

(三)积极吸收和借鉴国外文明成果

1982年9月,邓小平在党的十二大开幕词中指出:“我们的现代化建设,必须从中国的实际出发。无论是革命还是建设,都要注意学习和借鉴外国经验”[①]。邓小平指出文化建设既要对内开放,又要对外开放,为此他还提出了一些具体办法,如“接受华裔学者回国是我们发展科学技术的一项具体措施,派人出国留学也是一项具体措施。我们还要请外国著名学者来我国讲学。同中国友好的学者中著名的学者多得很,请人家来讲学,这是一种很好的办法”[②]。邓小平关于积极吸收国外优秀文明成果的文化思想,既坚持了马克思主义的指导地位,又丰富了我国的文化,对我国文化发展起了巨大的推进作用。

(四)大力发展教育科学文化事业

邓小平非常重视科学技术的作用。1977年8月,邓小平在中央的科学和教育工作座谈会上提出:“我们国家要赶上世界先进水平……要从科学和教育着手,科学当然包括社会科学。”[③]1978年3月,邓小平又在全国科学大会上提出“科学技术是生产力”的重要论断。[④] 此外,他还非常注重教育事业,希望通过高水平的教育,把知识分子培养成有理想、有道德、有文化、有纪律的社会主义四有新人。邓小平的科技教育思想,一方面主张把科技、教育的发展与经济发展紧密联系起来,另一面特别重视人才的管理和使用,极大推动了科技与人才的发展,促进了我国文化的繁荣。

三、中国特色文化发展道路的深化

1989年党的十三届四中全会以后,以江泽民为核心的党的中央领导集体在深入分析国际国内形势的基础上,继续高举邓小平理论伟大旗帜,坚持解放思想、实事求是、与时俱进,提出了“三个代表”重要思想,创造性地回答了什么是中国特色社会主义文化、怎样代表先进文化的前进方向等一系列重大问题,深化了中国特色文化发展道路。

---

① 《邓小平文选》第3卷,人民出版社1993年版,第2页。

② 《邓小平文选》第2卷,人民出版社1994年版,第57页。

③ 同上,第48页。

④ 同上,第86页。

(一)提炼出"三个代表"重要文化思想

20世纪80年代末90年代初，东欧剧变和苏联解体，世界社会主义运动出现低潮，中国共产党也面临着巨大的执政考验。江泽民提出要坚持马克思列宁主义、毛泽东思想、邓小平理论的指导地位，"这是我们立党立国的根本，也是社会主义文化建设的根本，决定着我国文化事业的性质和方向"[①]。在不断总结实践经验的基础上，"三个代表"思想逐渐成形。2000年江泽民在广东考察工作提出："我们党总是代表着中国先进生产力的发展要求，代表着中国先进文化的前进方向，代表着中国最广大人民的根本利益。""三个代表"重要思想不仅深化了党的执政理念和对社会主义建设的认识，也赋予了中国先进文化新的内涵。

(二)确立了"政治、经济、文化"三位一体的总体布局

随着改革的深入，中国的社会主义政治、经济和文化建设联系愈加紧密。1991年7月，在庆祝中国共产党成立70周年大会上，江泽民指出："通过社会主义制度的自我完善和发展，建设有中国特色社会主义的经济、政治、文化，以适应和促进社会生产力不断发展和社会全面进步，实现社会主义现代化"，"有中国特色社会主义经济、政治、文化，是有机统一、不可分割的整体"，[②]对三位一体的总体布局进行了描述。江泽民的"政治、经济、文化"三位一体的思想，继承和发展了毛泽东的新民主主义关于经济、政治、文化三者关系的思想，为新时期的社会主义建设指明了方向。

(三)提出了"一手抓整顿，一手抓繁荣"的文化方针

在经济全球化进程加快、世界格局由两极走向多极的背景下，中国的文化领域也呈现出更加复杂的特征。1996年1月，江泽民在全国宣传工作会议上，发表了《宣传思想战线的主要任务》的重要讲话，提出文化建设要"一手抓繁荣，一手抓管理"[③]。一方面，要积极消除资本主义的腐朽思想和封建社会的落后思想，严格整顿；另一方面，要继承和发展中国传统文化，吸收国外优秀文明成果，繁荣社会主义文化。

(四)提出了科教兴国的文化战略

在科学文化建设方面，江泽民提出了科教兴国的文化战略，主张经济

---

① 《江泽民文选》第1卷，人民出版社2006年版，第158页。

② 同上，第158—161页。

③ 同上，第508页。

建设的提升要依靠科技进步和提高劳动者素质，并反复强调教育是基础，要把教育摆在优先发展的战略地位。他指出："发展教育和科学，是文化建设的基础工程。"[①]1995 年 5 月，江泽民在全国科学技术大会的讲话中指出："科教兴国，是指全面落实科学技术是第一生产力的思想，坚持教育为本，把科技和教育摆在经济社会发展的重要位置，增强国家的科技实力及向现实生产力转化的能力，提高全民族的科技文化素质，把经济建设转移到依靠科技进步和提高劳动者素质的轨道上来，加速实现国家繁荣强盛。"[②]

（五）加强廉政教育建设

我国在实现由计划经济体制向社会主义市场经济体制的转型中，由于转型中的漏洞和监管的不到位，寻租现象严重，腐败现象有蔓延之势，所以中国共产党加大了反腐倡廉的力度。2000 年 12 月，江泽民在中纪委第五次全体会议上，发表了《推动党风廉政建设和反腐败斗争深入开展》的重要讲话，提出反腐倡廉要实行标本兼治、综合治理，对绝大多数党员干部要"立足于教育，着眼于防范"，对极少数腐败分子必须严厉惩处。[③]"制定法律、法规和规章，都要把反腐倡廉作为有机组成部分考虑进去。"[④]江泽民的廉政教育思想对我国的先进文化建设有着巨大的助推作用。

四、中国特色文化发展道路的发展

党的十六大以后，以胡锦涛为总书记的党中央深刻总结我国改革开放的成功经验，广泛吸取国内外文化建设的经验教训，对我国的文化建设进行了新的探索和实践，提出了一些新的观点，促进了社会主义文化建设。2012 年十八大的召开，以及十八届三中全会、四中全会的召开使我们党对文化建设有了更为清晰的认识，以习近平为总书记的党中央的新文化战略思想也逐渐形成。

---

① 《江泽民文选》第 1 卷，人民出版社 2006 年版，第 233 页。

② 同上，第 463 页。

③ 《江泽民文选》第 3 卷，人民出版社 2006 年版，第 177 页。

④ 同上，第 188 页。

(一)以胡锦涛为总书记的党中央对文化建设的探索

1.提出了科学发展观

长期以来,我国经济发展方式主要是采取粗放型的生产方式,即依靠高投入、高消耗、低产出、低效益的方式来维持经济的增长。虽然粗放型的经济发展方式促进了中国经济的腾飞,但也带来了一系列的问题,如生产效率低下,经济效益较差,资源消耗过大,环境污染严重,经济发展缺乏后劲等。为转变发展方式,促进我国社会主义建设更好更快地发展,2003年10月,党的十六届三中全会通过了《中共中央关于完善社会主义市场经济体制若干问题的决定》,提出要“坚持以人为本,树立全面、协调、可持续的发展观,促进经济社会和人的全面发展”①的科学发展观。科学发展观作为一种发展理念,深刻地改变着中国的经济社会面貌,并有力地推进了中国文化建设的科学发展。

2.确立了中国特色社会主义“四位一体”的指导理念

科学发展观是全面的可持续发展观,包括政治、经济、文化和社会四个方面。为推动社会主义事业的全面发展,胡锦涛提出了政治、经济、文化和社会“四位一体”的指导理念。在党的十七大报告中,胡锦涛指出:“全面推进经济建设、政治建设、文化建设、社会建设,促进现代化建设各个环节、各个方面相协调,促进生产关系与生产力、上层建筑与经济基础相协调。”②文化建设作为中国特色社会主义事业“四位一体”总体布局的重要组成部分,既同经济、政治、文化相互联系,又为三者提供有力的精神动力和智力支持。“四位一体”的指导理念的提出是对江泽民的“政治、经济、文化”三位一体的思想的继承与发展,体现了党对中国特色社会主义的建设规律有了更深化的认识,是社会主义建设规律和人类社会发展规律的不断深化,丰富了中国的文化建设理念。

3.提出了构建社会主义核心价值体系的战略目标

2006年10月,十六届六中全会通过的《中共中央关于构建社会主义和谐社会若干重大问题的决定》中指出:“社会主义核心价值体系是建设

---

① 中共中央文献研究室编:《十六大以来重要文献选编》(上),中央文献出版社2005年版,第465页。

② 中共中央文献研究室编:《十七大以来重要文献选编》(上),中央文献出版社2009年版,第12页。

和谐文化的根本。”[①]明确提出了构建社会主义核心价值体系的战略目标。社会主义核心价值体系具有丰富的内涵:马克思主义指导思想,中国特色社会主义共同理想,以爱国主义为核心的民族精神和以改革创新为核心的时代精神,社会主义荣辱观,构成社会主义核心价值体系的基本内容。社会主义核心价值体系的提出为中国新世纪的文化道路指明了方向。

4.促进文化事业和文化产业的共同发展

以胡锦涛为总书记的党中央还创造性地把文化建设区分为公益性文化事业和经营性文化产业两个方面。胡锦涛在2008年纪念党的十一届三中全会召开30周年大会上的讲话中指出:“推动文化事业和文化产业不断发展、文化市场更加繁荣,使人民基本文化权益得到更好保障。”[②]公益性文化事业和经营性文化产业的区分消除了人们长期以来在文化建设上的思想迷雾,对文化建设中政府职责和市场功能进行了科学定位,明确了文化建设的基本思路,这是中国特色社会主义文化发展道路的重要理论和实践创新。

5.提升文化软实力

随着信息技术革命的推进,文化软实力的竞争在国家综合国力竞争中的作用越来越显著,文化建设的地位也愈加重要。2006年11月,胡锦涛在中国文联第八次全国代表大会、中国作协第七次全国代表大会上的讲话指出:“当今时代,文化在综合国力竞争中的地位日益重要。谁占据了文化发展的制高点,谁就能够更好地在激烈的国际竞争中掌握主动权。”[③]2007年10月,胡锦涛在党的十七大报告中又指出:“提高国家文化软实力,推动社会主义文化大发展大繁荣”。明确将提升文化软实力作为社会主义建设的一项重要任务,对于中国文化水平的提升有重要作用。提升文化软实力包括三个方面:一是提升国家形象,二是弘扬中华文化,三是提高文化的国际竞争力。对文化软实力的重视体现出我国对文化的

① 张洪江:《刍议社会主义核心价值体系是建设和谐文化的根本》,《理论经纬》2009年第12期,第146页。

② 中共中央文献研究室编:《十七大以来重要文献选编》(上),中央文献出版社2009年版,第803页

③ 中共中央文献研究室编:《十六大以来重要文献选编》(下),中央文献出版社2008年版,第752页。

战略地位和作用有了更进一步的认识，有利于我国文化的进一步发展与繁荣。

（二）党的十八大对文化建设的总结与升华

2012年11月，中国共产党第十八次全国代表大会对我国的文化建设进行了总结和升华，认为建设社会主义文化强国，必须增强全民族文化创造活力，走中国特色社会主义文化发展道路。

1.把科学发展观确立为党的指导思想，创新和发展了马克思主义理论

党的十五大把邓小平理论确立为党的指导思想，十六大把“三个代表”重要思想确立为党的指导思想，十八大把科学发展观同马克思列宁主义、毛泽东思想、邓小平理论、“三个代表”重要思想一起确立为党必须长期坚持的指导思想。这是我们党不断推进马克思主义中国化，不断在实践中创新和发展马克思主义文化的重要理论成果。科学发展观不仅是方法论，更是世界观，它是我们党在新的历史时期对于物质世界规律和人类社会规律的科学认知和把握。

2.对社会主义核心价值观进行了高度概括

培育和践行社会主义核心价值观，是我们党立足推进中国特色社会主义伟大事业，实现中华民族伟大复兴中国梦的全局做出的重大决策。党的十八大提出倡导“富强、民主、文明、和谐，自由、平等、公正、法治，爱国、敬业、诚信、友善”的24字社会主义核心价值观，对进一步推进社会主义文化强国建设具有十分重要的现实意义和长远的历史意义。

3.对如何建设社会主义文化强国进行了战略部署

关于建设社会主义文化强国，十八大报告讲了两条，一是走中国特色社会主义文化发展道路，二是增强文化创造活力。如何利用中、西、马三种不同的文化资源发展中国当代文化，建设社会主义文化强国，还需要我们作进一步的思考。结合十八大报告的论述，我们要努力做到以下四点：一是必须立足时代的生活和实践，立足时代的任务和问题来建设当代文化，从中国特色社会主义实践中开出当代中国文化发展之源；二是建设文化强国必须坚持马克思主义指导，坚持为人民服务、为社会主义服务的宗旨；三是继承和发扬中国优秀传统文化，用中国优秀传统文化的语言表达时代的新内容；四是充分吸收外来文化的优秀成果，真正做到为我所用，让外来文化成为建设和发展中国文化的养料。

4.对社会主义核心价值体系做了梳理

十七大提出了“建设社会主义核心价值体系”，十八大提出了“加强社会主义核心价值体系建设”。从“建设”到“加强建设”，体现了对社会主义核心价值体系建设的重视。经过五年的努力，社会主义核心价值体系建设取得了很大的成绩，在此基础上我们还需要进一步加强和培育社会主义核心价值体系建设。十八大报告提出四点要求：第一，要深入开展社会主义核心价值体系学习教育，用社会主义核心价值体系引领社会思潮、凝聚社会共识；第二，推进马克思主义中国化时代化大众化，坚持不懈地用中国特色社会主义理论体系武装全党、教育人民；第三，广泛开展理想信念教育，把广大人民团结凝聚在中国特色社会主义伟大旗帜之下；第四，大力弘扬民族精神和时代精神，深入开展爱国主义、集体主义、社会主义教育。

5.提出了全面提高公民道德素质的重要任务

一个社会需要硬件，更需要软件，公民道德素质就是软件。中国特色文化建设的根本任务是培养“四有”公民（有理想、有道德、有文化、有纪律），全面提高公民道德素质的落脚点也是“四有”公民。十八大报告把全面提高公民道德素质作为文化建设的重要任务，抓住了文化建设的根本。但是，公民道德的提升是一项系统工程。十八大报告主要从以下四个方面进行了部署：一是要坚持依法治国和以德治国相结合，二是要推进公民道德建设工程，三是深入开展道德领域突出问题专项教育和治理，四是加强和改进思想政治工作。

6.把丰富人民的精神文化生活作为文化建设的重要内容

实现人民群众的自由、发展和解放是马克思主义的根本任务和最终目标。这就决定了文化建设和发展必须要有正确的价值导向，这就是以人民为中心，为人民提供更好更多的精神食粮。丰富人民的精神文化生活，首先要有正确的创作导向，即坚持以人民为中心的创作导向，面向基层，服务群众。其次是要建设优秀传统文化传承体系，弘扬中华优秀传统文化。再者要广泛开展群众性文化活动，普及科学知识，提高全民科学素养。最后要加强和改进网络内容建设，唱响网上主旋律。

（三）十八届三中全会和四中全会对文化建设探索的进一步深化

1. 十八届三中全会提出要加快发展文化产业

十八届三中全会上，全会审议通过了《中共中央关于全面深化改革若干重大问题的决定》，提出要"紧紧围绕建设社会主义核心价值体系、社会主义文化强国深化文化体制改革，加快完善文化管理体制和文化生产经营机制，建立健全现代公共文化服务体系、现代文化市场体系，推动社会主义文化大发展大繁荣"①。全会将文化板块单列为15项改革之一，强调了国家对文化软实力的重视和对文化体制改革的决心，同时也再次向市场明确了文化产业的地位，文化产业也将迎来新的历史发展期。

2. 十八届四中全会提出加强社会主义文化法治建设

十八届四中全会《中共中央关于全面推进依法治国若干重大问题的决定》强调要建立健全坚持社会主义先进文化前进方向、遵循文化发展规律、有利于激发文化创造活力、保障人民基本文化权益的文化法律制度，并对制定公共文化服务保障法、文化产业促进法、互联网领域立法等提出明确要求。这一部署明确了我国文化法制建设的性质、方向和重点任务，为加强文化立法、完善文化法律制度提供了基本遵循依据。加强文化立法、完善文化法律制度，不仅是推进文化建设的题中应有之义，也是深化文化体制改革的重要内容，对推动社会主义文化大发展大繁荣，增强国家文化软实力具有十分重要的意义。

（四）以习近平为总书记的党中央的新文化战略思想

随着我国改革的全面推进，以习近平为总书记的党中央的新文化战略思想逐渐形成，科学指导了我国的社会主义文化建设。

1. 以培育社会主义核心价值观为灵魂

建设中国特色社会主义、实现中华民族伟大复兴的中国梦，既包括发展物质文明这一"硬实力"，同时也包括发展精神文明这一"软实力"。当今世界，文化软实力越来越成为民族凝聚力和创造力的重要源泉，越来越成为综合国力和国际竞争力的重要因素。谁拥有强大的文化软实力，谁就能够在激烈的国际竞争中赢得主动。文化软实力包含的内容很多，如文化传统、价值观念、民族素质、国民精神等，而社会主义核心价值观则是

---

① 娄海波等：《以社会主义核心价值观引领石家庄市城市精神建设》，《经济研究导刊》2015年第1期，第140页。

文化软实力的基本内核，离开这个基本内核，文化软实力就等于失去了灵魂。

2. 以弘扬优秀传统文化为根脉

中华传统文化是民族的根基，如果抛弃传统文化，就会割断自己的精神命脉，在世界文化潮流中迷失方向。身为中国人，当以自豪的态度对待自己的传统文化，认真汲取中华优秀传统文化的思想精华，弘扬其讲仁爱、重民本、守诚信、崇正义、尚和合、求大同的时代价值，使优秀传统文化通过创造性转化成为社会主义先进文化的不竭源泉，使民族复兴的文化根基不断得到巩固。[①]

3. 把做好意识形态工作、传播正能量作为思想阵地

宣传思想工作能点亮精神的火炬，吹响前行的号角。习近平总书记曾多次提及意识形态工作的重要性。如何在各类新闻信息蜂拥而至中，巩固壮大主流思想舆论；如何在网络、手机等传播手段日新月异中，抓好理念创新、手段创新、工作创新；如何在应对国际上不和谐的质疑声中，讲好中国故事，传播好中国声音等诸多问题，考验着我国的文化发展能力。因此，在多媒体日益发达和全球文化冷战持续升温的背景下，必须要做好意识形态工作，努力传播“真、善、美”，大力弘扬正能量。[②]

历经几代共产党人的不断努力和探索，中国特色的文化道路逐渐形成和发展。历史证明，具有中国特色的文化道路符合中国国情，适合社会主义文化建设的需求，我国要继续坚持走具有中国特色的社会主义文化道路，不断开拓创新，促进社会主义文化的大繁荣。

第二节　中国特色文化发展道路的主要内容和特点

中国特色文化发展道路具有丰富的科学内涵，掌握中国特色文化发展道路的主要内容和特点对更好地开展社会主义文化建设具有重要的意义。

一、中国特色文化发展道路主要内容

中国特色文化发展道路，是以马克思主义为指导，坚持以人为本和两

①② 谢磊：《习近平文化战略思想》，《人民论坛》2014 年 8 月 26 日。

个文明一起抓，坚持科学发展观和百花齐放的原则，践行社会主义核心价值观的文化道路。

(一)以马克思主义为指导，以建设社会主义先进文化为导向

中国特色文化发展道路是我们党在寻求先进文化的实践中探索出来的，从根本上说也就是中国建设先进文化之路。1921年中国共产党成立后，便承担起建设先进文化的历史责任。以毛泽东为核心的党中央的第一代领导集体创立了新民主主义文化理论和社会主义建设时期的文化理论，为中国文化发展指明了方向。十一届三中全会后，邓小平重新确立了解放思想、实事求是的思想路线，并提出和阐述了建设社会主义精神文明的重要论断；随着我们党对社会文化发展规律认识的不断深化，江泽民提出了"三个代表"重要思想，确立了当代中国先进文化建设的总体价值取向；伴随着社会建设过程中不断出现的新问题，以胡锦涛为总书记的党中央又提出科学发展观，建设和谐文化。胡锦涛在十七届六中全会第二次全体会议上的讲话中进一步阐明："坚持以马克思主义为指导、以社会主义先进文化为引领，是中国特色社会主义文化最鲜明的特征，也是事关文化改革发展全局的根本问题。"①中国特色文化发展道路就是坚持马克思主义指导下，建设先进文化的道路。

(二)坚持以人为本，满足人民的精神文化需求

中国特色的社会主义文化把坚持以人为本作为文化建设的指导原则，把满足人民群众的精神文化需求作为出发点和归宿。马克思主义认为，人民群众是社会物质财富的创造者，是历史的创造者，也是精神文化财富的创造者，是文化发展最深厚的力量源泉。我们建设社会主义文化，是人民大众的文化；中国特色社会主义文化发展道路，是人民群众共建共享的道路，这条道路也必然是满足人民精神文化需求，以人民为本根，坚定维护广大人民文化权益的道路。② 党的领导人也多次表述了文化要服务于人民大众的观点。如早在20世纪40年代，毛泽东就曾明确指出："我们的文化是人民的文化，文化工作者必须有为人民服务的高度的热

---

① 中共中央文献研究室编：《十七大以来重要文献选编》(下)，中央文献出版社2013年版，第587页。

② 席捷、赵华朋：《浅论当代文化发展"中国道路"的科学内涵》，《经济研究导刊》2012年第30期，第241—242页。

忧，必须联系群众，而不要脱离群众。”[①]党的十六大以后，胡锦涛在科学发展观中明确提出了“以人为本”的思想，等等。此外，党中央还积极发展教育事业，积极提升广大人民群众的科学水平，满足人民的精神文化需求。

（三）坚持物质文明和精神文明一起抓

党的十一届三中全会后，全党工作重心由阶级斗争转向经济建设，但精神文明建设却一直相对落后。伴随着改革的深入推进，精神领域也出现了一些不稳定因素，对此，邓小平审时度势，提出了物质文明和精神文明建设两手抓、两手都要硬的指导方针。两手抓的文化策略改变了精神文明建设长期不受重视的现实，提升了人们的文化素质，推进了我国精神文明建设的进程。

（四）建设社会主义核心价值体系

2006年党的十六届六中全会首次提出了“建设社会主义核心价值体系”的重要任务，这既是我党的重要理论创新，也是我国社会主义文化建设的重要成果。作为中国道路的根本任务，社会主义核心价值超越地域、血缘、种族、语言、行业、阶层等方面的差异，是增强中华民族向心力和归属感，巩固各族人民团结奋斗的精神纽带。社会主义核心价值体系内容丰富，是我国社会主义文化建设的重要成果。

（五）践行科学发展观

科学发展观是中国共产党结合实际，在认真总结以往社会主义建设经验教训的基础上逐渐形成的。党的十六届三中全会通过的《中共中央关于完善社会主义市场经济体制若干问题的决定》，提出要“坚持以人为本，树立全面、协调、可持续的发展观，促进经济社会和人的全面发展”[②]的科学发展观。科学发展观的提出改变了以往传统的旧的思维发展方式，为中国社会主义建设提供了新的发展思路。科学发展观的第一要义是发展，核心是以人为本，基本要求是全面协调可持续，根本方法是统筹兼顾。牢固树立科学发展的理念，能够优化文化发展的布局和结构，推动文化资源合理配置，实现文化又好又快的发展。

---

① 《毛泽东选集》第3卷，人民出版社1991年版，第1012页。

② 中共中央文献研究室编：《十六大以来重要文献选编》（上），中央文献出版社2005年版，第465页。

(六)坚持双百方针、博采众长

中国特色文化道路的形成是马克思主义、中国传统文化和西方文化三流合一、不断融合碰撞的过程。在文化建设过程中,中国共产党在马克思主义的指导下,努力继承和发展中国传统文化,积极吸收国外先进文明成果,走出了一条具有中国特色的文化道路。毛泽东曾提出“古为今用、洋为中用”和“百花齐放、百家争鸣”的文化发展方针,党的其他领导人也提出积极吸收国外文明成果的政策。

(七)践行社会主义核心价值观

中国特色文化发展道路也是践行社会主义核心价值观的道路。如果一个民族、一个国家没有共同的核心价值观,莫衷一是,行无依归,那这个民族、这个国家就无法前进。党的十八大以来,中央高度重视培育和践行社会主义核心价值观,并首次以“富强、民主、文明、和谐、自由、平等、公正、法制、爱国、敬业、诚信、友善”这 24 个字高度概括社会主义核心价值观的组成。践行社会主义核心价值观,我们不仅要将其融入国民教育的全过程,也要落实到经济发展实践和社会治理中,这样才能产生凝聚力和向心力,为构建社会主义和谐社会打下坚实的基础。

二、中国特色文化发展道路的特点

中国特色文化道路,将马克思主义置于指导地位,既有人民性和民主性,又与时俱进,具有在多样性中寻求统一的特点。

(一)坚持马克思主义的指导地位

我国的社会主义文化建设是以马克思主义为指导的,这是中国文化发展道路区别于国外文化道路的本质特征。中国共产党高举马克思主义伟大旗帜,结合中国自身实际,不断探索出了一条具有中国特色的社会主义文化道路,并形成了毛泽东思想、中国特色社会主义理论等马克思主义中国化形式的文化指导思想,推动了中国文化的迅速发展。在当代中国,以马克思主义为指导的社会主义意识形态发挥着支持政权、整合社会、凝聚人心、规范生活的重要作用,是保持中国社会和中国文化发展的稳定性和连续性、建设富裕文明的社会主义现代化强国的宝贵政治资源和思想资源。[1]

(二)在多样性中求统一

中国特色的文化道路经历了由破到立的过程,其实质是马克思主义、中国传统文化和西方文化三者交融的结果,这也体现出了中国特色文化道路的一个重要特点:在多样性中寻求统一。

1.思想一元化和社会思想多元化的统一

我国是以工人阶级领导的,以工农联盟为基础的人民民主专政的社会主义国家,马克思主义是我们的指导思想和立国之本,这也决定了马克思主义在我国文化领域中的决定性地位。但是由于时代和经济基础的不断变化,社会中人们的思想观念又是多种多样的,中国文化道路就是在这种指导思想一元化和社会思想多元化的过程中寻求统一。

2.传统文化和现代文化融合统一

中国特色的文化道路是在传统文化和现代文化的不断融合中形成的,传统文化和现代文化相统一是其显著特点。中国传统文化是以儒家文化为核心的博大精深的文化体系,其倡导的观念依然影响着现代人的生活方式,中国文化的发展深深根植于传统文化,也深刻反映着中国的进步和发展。如儒家所倡导的"仁""百善孝为先""信义"等观念依然对人们有着很大的启示作用,对于人们培养正确的价值观有很大作用。

3.优秀文化成果和中国文化交流统一

越是世界性的文化,越是优秀的文化,文化的共性体现在其世界性上。西方社会经过长期的发展产生了很多优秀的文明成果,对于中国文化发展有着重要的作用,中国的社会主义文化,正是在坚持自我为主的基础上,广泛吸收国外优秀文化,在中西文化交流融合中形成的。

(三)人民性及民主性特征

中国特色的文化道路以满足人民群众的精神需求为出发点,坚持以人为本,具有人民性。党的领导人一直强调社会主义的文化是人民的文化,取之于民,用之于民,在文化发展中时刻坚持人民的主体地位。百花齐放、百家争鸣的文化方针体现出我国文化建设的民主性,中国共产党主张在遵循文化发展规律的基础上,努力为人们创造自由的文化环境,激发

---

① 徐贵相:《大国策:通向大国之路的中国模式》,人民日报出版社 2009 年版,第 173 页。

人们的文化建设积极性。民主的文化环境促进了社会主义文化的发展。

(四)与时俱进的时代性

中国共产党人在马克思主义的指导下,努力结合实际,根据不同的要求和任务不断调整文化发展战略。由于每个时期的历史任务和工作重点不同,文化建设的战略和方法也不一样。回顾党的历史,我们可以清晰地发现不同时期我国文化战略的侧重点是不同的,体现出我国特色社会主义文化事业与时俱进的时代性特征。

第三节　中国特色文化发展道路的挑战和发展趋势

在互联网时代条件下,全球化进程不断加快,我国的文化发展面临着严峻的挑战。

一、中国特色文化发展道路面临的挑战

(一)全球化进程加快,对我国文化冲击巨大

随着改革的深入和全球化进程的不断加快,中国的文化建设面临着更大的挑战,中国需在全球化的浪潮中坚定不移地保持文化的民族性。全球化为中国文化发展带来了机遇,丰富了中国文化的内容,增强了发展的活力,促进了文化的繁荣,但是也给中国带来了许多不良思想和观念,如拜金主义、个人主义、享乐主义等,这些观念对社会主义文化造成了冲击,影响了我国文化正常发展的秩序。因此,如何抵制全球化带来的不良影响,保持中国文化的民族性和健康发展,成为摆在中国文化道路上的重要问题。

(二)封建残余思想依然存在,文化现代化任务繁重

中国的文化建设取得了很大成就,文化现代化进程不断加快,但不容否认的是,封建残余思想依然占有很大市场,落后的封建思想禁锢了人们的思想观念,阻碍了文化现代化建设进程。特别是“官本位”思想、特权思想对我国的廉政文化建设提出了严峻挑战。

另外,中国传统文化也面临着实现现代化的任务。中国传统文化博大精深,但也存在着很多腐朽思想,需要根据时代发展的要求不断改革和创新。以直观性和模糊性为特点的中国传统思维方式是中国文化深层结构的核心问题,它和西方通过逻辑思维方式来论证问题截然不同,这也造

成了近代中国科学的落后。充分发掘传统文化，不断发展和创新其内容，加快文化现代化进程，是我国文化建设的重要任务。

（三）社会思想多元化，给主流意识形态带来冲击

随着人们生活水平的不断提高，国外各种社会思潮的传入，国内的思想观念也开始走向多元化。人们的思想观点日益多样，每个人都在努力阐释、释放自己富有个性的观点；人们的价值观念日益多元，很难再找出一种共同的价值认同。同时，社会的深刻变革也带来了思想观念的深刻变化，一些非主流思想意识日益活跃。[①] 思想观念的多元化对马克思主义的主流意识形态造成了一定的冲击，如何引导多样的社会思潮，保证社会主流思想健康发展，是我国文化建设中面临的又一重要挑战。

（四）西方文化霸权主义，打压中国文化发展

冷战结束后，以美国为首的西方发达国家凭借其强大的经济、政治和军事力量，强制推行霸权主义、强权政治政策，觊觎把西方文明变成其他国家文明的范本，文化输出成为其对外扩张的重要途径。据统计，全世界每 100 本图书，有 85 本由发达国家流向不发达国家；全世界每 100 小时音像制品，有 74 个小时由发达国家流向不发达国家；美国生产的电影占全球影片数量的 10%，却占用了全世界一半的观影时间。[②] 在对外输出文化的同时，西方国家还通过人权等问题对中国文化进行压制，打压中国文化的发展。面对着西方文化的输出和对中国文化的压制，加大中国本土文化的传播，特别是马克思主义文化的传播受到严重的挑战。

（五）公共服务文化短缺，地区发展不平衡

中国特色的文化道路取得了很大的成就，但依然存在着公共服务文化短缺、地区发展不平衡的问题。我国在新中国成立后相当长的一段时间内非常重视意识形态的建设，强调文化为政治服务，而大众文化建设则相对落后。改革开放后党开始重视全民文化建设，取得了一定成绩，但依然不能满足广大人民群众的精神文化需求。我国的文化发展道路极不平衡，城乡之间、地区之间和各阶层之间的文化发展水平和消费水平差别很大；经济上的贫富差距也导致了文化发展的差距，城乡之间、地区之间和

① 胡建：《中国特色社会主义文化发展道路的拓展与创新》，《重庆社会科学》2012 年第 11 期，第 12 页

② 任仲平：《文化强国的“中国道路”》，《决策与信息》2011 年第 11 期，第 8 页。

各阶层之间物质和精神上的双重差距使得我国的文化协同发展面临着艰巨的任务。

(六)社会冲突时有发生,营造和谐文化环境的任务仍然艰巨

在社会主义建设新时期,我国党和政府非常重视民生建设和社会建设,人民生活水平不断提升,社会主义各项事业蒸蒸日上,总体呈现出和谐社会的良好局面,相应地,文化建设总体上也呈现出和谐向上的特征。但是,我们也应该注意到在整体和谐环境下仍存在着不稳定因素,如法轮功、万能教之类的邪教依然影响着和谐文化的建设。胡锦涛同志指出:"随着我国改革发展进入关键时期,我国社会存在的一些人民内部矛盾出现了多发多样的状况。这是我国社会深刻变革中难以完全避免的现象。"①因此,维持社会稳定,加快和谐文化建设也是我国文化建设面临的重大挑战。

(七)良莠不齐的网络文化迅速发展,引导和监管难度加大

伴随着信息技术革命的迅速开展和经济全球化的不断深入,网络技术迅速发展。网络的普及和发展让世界变成了"地球村",网络文化在文化建设中的地位变得愈加重要。从国际上看,西方国家积极利用互联网的优势加快意识形态渗透和文化扩张,中国本民族文化的发展面临着严峻考验。有资料表明,CNN(美国有线电视传播网)、ABC(美国广播公司)等西方媒体所发布的信息量是世界其他各国发布信息总量的100倍,是不结盟国家集团发布信息量的1000倍。② 从国内看,中国的网络文化发展迅速,但存在着低层次和不良文化泛滥、网络文化管理落后、部分信息真实度不高等问题。加快网络文化发展、提升网络文化水平成为中国共产党文化建设中的重要任务。

(八)文化断层和信仰危机,文化重建任务艰巨

中国特色社会主义文化还面临着文化断层和信仰危机的挑战。由于体制转型和"文化大革命"对传统文化的破坏,以马克思主义为指导的新型社会主义文化和传统文化之间出现了一定程度的断层现象,致使国内

① 中共中央文献研究室编:《十六大以来重要文献选编》(中),中央文献出版社2006年版,第714—715页

② 徐贵相:《大国策:通向大国之路的中国模式》,人民日报出版社2009年版,第173页。

部分人出现了信仰危机，没有精神寄托，思想观念混乱。大学生信仰缺失的解决则显得更加迫切，作为文化建设和发展的生力军，仍有一些大学生没有信仰，没有形成自己的价值观和世界观。大学生信仰的缺失对于我国社会主义文化的建设无疑是巨大的冲击。因此，如何更加有效的宣传马克思主义，消除部分人的信仰危机，完善社会主义文化成为我国面临的重大挑战。

(九)文化领域的法治建设滞后

改革开放以来，我国文化领域的法治建设有了长足的进展。但与其他领域相比还很滞后，文化法制体系不健全的问题十分突出。首先表现在我国文化立法数量少，在我国 240 多部现行法律中，文化类法律只有 5 部；同时也表现在立法质量偏低，有待提高，如少数法规由于脱离实际，在操作中存在着难以执行的困境，部分法规之间还存在着相互矛盾的地方，等等。

二、中国特色文化道路的发展趋势

党的十八大提出要扎实推进社会主义文化强国建设，十八届四中全会提出要全面推进依法治国，加强文化法治建设，为我国文化道路的发展指明了方向。在经济全球化不断深入的背景下，我国要结合自身实际，根据新形势和新情况，继续吸收中国传统文化和国外优秀文明成果，深化文化体制改革，不断创新和发展文化理念，坚定不移地推动中国特色文化道路的发展。

(一)继续坚持和发展马克思主义中国化的文化路线

中国特色文化发展道路是以马克思主义为根本指导思想的文化模式。由于受到封建残余思想和资本主义不良思想的冲击，马克思主义的传播受到挑战，所以，未来的文化建设要巩固和发展以马克思主义为主导的文化路线。在文化建设中，坚持以马克思主义为指导，继续贯彻毛泽东思想、邓小平理论、“三个代表思想”和科学发展观的文化建设路线，结合中国实际，不断发展和完善马克思主义中国化文化路线，促进社会主义文化的繁荣发展。

(二)继续践行社会主义核心价值观

当今世界，随着经济全球化和政治多极化的推进，思想文化的交流交锋更加频繁，思想意识呈现出多元化的特征，面对新形势、新挑战，我们要继续培育和践行社会主义核心价值观，扩大主流价值观念的影响力，提高国家文化软实力，从而巩固马克思主义在意识形态领域的指导地位，促进人的全面发展，引领社会全面进步，为全面建成小康社会，实现中华民族伟大复兴中国梦凝聚更强大的正能量。

（三）科学全面的文化发展模式

中国特色文化道路是以科学发展观为原则的发展模式，未来中国文化的发展要更加体现科学发展的要求。坚持以人为本、文化发展为人民服务的原则，科学地指导人们的行为方式，满足人民群众的精神需求；坚持全面、协调、可持续的发展模式。中国目前的文化发展是不平衡的，城乡、地区和阶层之间存在着很大的差距，未来中国文化要努力实现全面协调的共同发展，使所有人都能享受到社会主义精神文明建设的成果。

（四）加强公民道德建设，丰富人民精神生活

党的十八大提出了加强公民道德建设、丰富人民精神生活的文化建设目标。针对社会主义道德建设相对滞后的情况，我国的文化建设要努力提高公民的道德水平，坚持依法治国和以德治国相结合，加强和改进思想工作，推进公民道德建设。同时，针对信仰缺失、精神文明建设落后的局面，要做好科学的引导，努力加强文化宣传，创造出更多文化产品，为人民提供更好的精神食粮，丰富人民的精神生活。

（五）发展和规范网络文化

信息化是未来社会的发展方向，网络的迅速发展使网络文化的建设愈加重要。大力发展网络文化，提升网络文化层次成为我国文化建设过程中的重要任务。随着社会的发展和科技的进步，网络文化将具有更大的市场，我国要投入更多的精力进行网络文化建设，努力加强网络监管，清除网络文化中不利于社会主义文化建设的不良因素，保证我国文化建设的健康发展。

（六）推动中国文化走向世界

在全球化进程不断加快的时代背景下，文化的传播更加便捷，各国之间文化的碰撞日益激烈。当前，我国的文化在世界文化市场中仍处于弱势地位，与我国经济大国、政治大国的地位截然不符。此外，西方社会对中国文化也一直存在着误解。因此，我国亟须将社会主义文化推向世界，让其他国家更好地了解我国的文化，消除对我国文化的误解，形成中西文化深入交流、协同发展的良好局面。

(七)加强社会主义文化法治建设

我国文化法制体系不健全的问题十分突出,因此建立中国特色文化法治体系、依法管理文化十分紧迫。首先,要加快文化立法,做到立法先行,应加紧文化法律缺失领域或者不规范领域的立法工作。其次,还要规范文化建设,加强法制队伍的建设和培育,为立法工作提供智力支持和组织保障。最后,还要加强文化领域的监管和惩处力度,执法必严、违法必究,进一步完善中国特色文化法制体系。

经过中国共产党几代领导人的艰苦探索和实践,我国逐渐走出了一条具有中国特色的文化发展道路。历史和实践证明,这条道路符合中国实际,具有生机与活力,能够促进我国社会主义文化的发展。在日趋全球化的今天,我们要继续坚持走中国特色文化发展道路,不断发展和繁荣社会主义文化,为人类文明做出更大的贡献。

第五章　中国特色社会主义社会建设道路

社会建设是中国特色社会主义事业“五位一体”总布局中的重要内容，与人民幸福安康息息相关，是社会和谐稳定的重要保证。中国共产党在领导人民进行社会主义现代化建设的过程中，不断进行社会建设的实践和理论总结，提出了系统的社会建设理论，为加强当代中国社会建设、构建社会主义和谐社会提供了理论指南。

第一节　中国特色社会建设道路的形成

中国特色社会建设道路的形成经历了一个长期而复杂的历史过程，凝结了几代中国共产党人带领人民不断探索的智慧结晶。

一、社会建设曲折发展阶段(1919—1978年)

中国共产党建党以来，尽管社会建设的概念提出时间较晚，但是社会建设的实践却一直在进行着。早在新民主主义革命时期，中国共产党就提出了一系列社会建设思想，并进行了局部的社会建设实践。中国共产党领导的新民主主义革命，既是一场变革上层建筑的政治革命，也是一场变革生产关系的社会革命。围绕解决群众的实际生活问题，党先后在其领导的农村革命根据地、抗日根据地和解放区，进行了以“增进人民福利”[①]“保障工农利益”[②]为目的局部社会建设。新中国成立后，党在领导

① 《陕甘宁边区施政到代页》(中华民国30年5月1日中共边区中央局提出，中共中央政治局批准)，陕西省档案馆、陕西省社会科学院合编：《陕甘宁边区政府文件选编》第5辑，档案出版社1988年版，第2页。

② 《中华苏维埃共和国宪法大纲》(1931年11月7日中华苏维埃第一次全国代表大会通过)，厦门大学法律系、福建省档案馆选编：《中华苏维埃共和国法律文件选编》，江西人民出版社1984年版，第7页。

人们进行经济建设的同时，在社会建设方面也做了大量工作，包括以人民公社为载体进行的社会建设，实行平均主义分配制度，致力于建构平等的社会关系等。在建立起相对独立完整的工业体系和国民经济体系过程中，也随之建立了初步的教育、医疗和社会保障体系，基本实现了广大民众的充分就业，在生产力水平很低的条件下初步满足了人民群众的物质生活需要。[①] 在社会建设的制度层面，“基于我国经济发展状况而实行的按劳分配制度和社会福利制度，在保障人民基本生活需要方面发挥了重要作用”[②]。

“文化大革命”结束以后，以邓小平为核心的第二代领导集体逐步摒弃“以阶级斗争为纲”的错误路线，带领全国人民坚定不移地把工作重心转移到经济建设上来，我国进入改革开放和社会主义现代化建设的新时期。

二、社会建设融入经济建设阶段（1978—2002 年）

1978 年到 2002 年是改革开放和现代化建设的全新时期，其突出特点就是以经济建设为中心，以经济发展来推动社会建设，解决社会问题。因此，这一时期社会建设融入经济建设的大潮之中，没有被十分鲜明地突显出来，我们将其界定为社会建设融入经济建设阶段。

进入改革开放新时期后，邓小平提出了一系列与社会建设有关的重要思想：在坚持以经济建设为中心的同时又要坚持共同富裕的基本目标；要一手抓物质文明，一手抓精神文明；要大力发展教育科学文化事业，推动民族地区社会事业的发展，重视和维护社会稳定等。1982 年党的十二大对改善人民生活和控制人口问题给予了高度重视，强调在综合平衡的基础上发展农业、能源和交通、教育和科学，保障人民生活的改善，并提出实行计划生育的基本国策。[③]同年 12 月，五届全国人大五次会议批准了“国民经济和社会发展六五计划”，自此，国家五年计划中增添了专门的社

---

① 刘景、泉张健、伍绍勤：《中国共产党领导社会建设的实践和基本经验》，《南开学报》（哲学社会科学版），2011 年第 2 期，第 1—13 页。

② 中共中央党史研究室：《中国共产党历史：第二卷（1949—1978）》（下册），中共党史出版社 2011 年版，第 1063—1064 页。

③ 胡耀邦：《全面开创社会主义现代化建设的新局面——在中国共产党第十二次全国代表大会上的报告》（1982 年 9 月 1 日），人民出版社 1982 年版，第 14 页。

会发展内容,“国民经济和社会发展计划”也替代了以前的“国民经济发展计划”的说法。“六五计划”将控制人口增长、促进劳动就业、提高居民收入和消费能力、扩大城乡建设和社会福利事业、文体卫生事业、加强环境保护、稳定社会秩序等内容都纳入了社会发展计划,并作了全面部署。① 作为改革开放后推出的第一个五年计划,“六五”计划不仅重视经济的发展,也注重把经济和科技、教育及各项社会事业的发展紧密联系起来,互相促进。此后,与经济发展相对应的社会发展逐渐进入人们的视野,并逐步得到重视。

20 世纪 90 年代以后,随着社会主义市场经济体制的逐步确立,我国加快了从封闭半封闭型社会到全方位开放型社会的历史性转变。以江泽民为核心的第三代领导集体在建立社会主义市场经济新体制、开创社会主义现代化建设局面的同时,更加重视社会发展,并提出了一些关于社会建设的重要思想:如正确看待新的社会阶层,正确处理新形势下人民内部矛盾,维护社会稳定;正确处理经济发展同人口、资源、环境的关系;努力增加农民收入,加强扶贫开发;积极扩大就业,提高教育和医疗水平;正确处理新时期的民族问题和宗教问题等。1994 年,在可持续发展战略指导下制定的《1996—2010 年全国社会发展纲要》(以下简称《纲要》)把加快科技、教育发展,拓宽就业渠道,健全社会保障等作为社会事业的主要目标列入计划。在《纲要》的指引下,各地结合自身情况,不断加大投入,有力地促进了社会事业的不断发展。

总体说来,从 1978 年到 2002 年,尽管这一时期社会建设还融入在经济建设当中,没有被鲜明地独立出来,但社会建设还是取得了很大进展。社会建设逐步从被动走向主动,从自在走向自觉;社会建设的目标逐步明确,内容日渐丰富,包括教育、就业、医疗、住房、收入分配、社会保障等与民生息息相关的各方面建设都取得了显著成果。

三、社会建设作为相对独立领域全面推进阶段(2003 年至今)

新世纪以来,随着中国社会进入了改革发展的关键阶段,中国社会发展进程中出现了新的错综复杂的问题和矛盾,这些问题的解决,迫切需要

---

① 《中华人民共和国国民经济和社会发展第六个五年计划(1981—1985)》第五编“社会发展计划”,人民出版社出版 1983 年版,第 141—166 页。

将社会建设放到一个新的战略高度予以重视和全面开展。党的十六大报告中提出“经济更加发展、民主更加健全、科教更加进步、文化更加繁荣、社会更加和谐、人民更加殷实”的发展指标，并提出了和谐社会思想。2004年，中共十六届四中全会在社会建设上做出了两个重大理论贡献：一是提出了建设社会主义和谐社会的重大战略思想，该理论一经提出就受到全国民众的广泛关注和认同，成为我国社会主义现代化建设的战略目标；二是提出了“社会建设”的新概念，对社会组织、社会结构、社会秩序、社会事业等方面的建设做了一个高度明晰的概括，使中国特色社会主义的总布局由原来的经济建设、政治建设、文化建设“三位一体”，变为包括社会建设在内的“四位一体”的新格局。自此以后，社会建设、社会和谐逐渐成为我国经济社会发展中的关键词，社会建设作为相对独立领域被全面推进的时代宣告到来。

2006年，党的十六届六中全会通过了《中共中央关于构建社会主义和谐社会若干重大问题的决定》，深刻指出“社会和谐是中国特色社会主义的本质属性，是国家富强、民族振兴、人民幸福的重要保证”[①]，明确提出了构建社会主义和谐社会的指导思想、目标任务、工作原则和重大部署，成为指导构建社会主义和谐社会的纲领性文件。2007年党的十七大指出，社会建设与人民幸福安康息息相关，要加快推进以改善民生为重点的社会建设，强调着力发展社会事业，促进社会公平正义，建设和谐文化，完善社会管理，增强社会创造活力，努力使全体人民学有所教、劳有所得、病有所医、老有所养、住有所居，力争到2020年全面建成惠及十几亿人口的更高水平的小康社会，形成全体人民各尽其能、各得其所而又和谐相处的局面。[②] 2012年，党的十八大又进一步提出在改善民生和创新社会管理中加强社会建设，并就此提出了一系列具体的目标措施。这是我们党发展中国特色社会主义，推动科学发展观，促进社会和谐，实现中国梦做出的新的重大战略决策和部署。

在这一阶段，以胡锦涛、习近平为代表的中国共产党人从我国经济社

① 中共中央文献研究室编：《十六大以来重要文献选编》(下)，中央文献出版社2008年版，第648页。

② 刘景、泉张健、伍绍勤：《中国共产党领导社会建设的实践和基本经验》，南开学报(哲学社会科学版)，2011年第2期，第1—13页。

会发展的新趋势、新特点、新要求出发，对社会主义社会建设提出了一系列新思想、新论断，经历了从提出社会建设的战略目标与任务，到明确具体要求与工作重点，再到全面部署的过程。这一时期，党和政府为推进社会建设采取了各方面的措施，尤其在社会保障方面。一方面通过完善失业保险制度以解决国企改革中的下岗人员失业问题。另一方面通过各种具体的法律、法规、制度的建立来完善社会保障体系，如2002年建立了城市最低生活保障制度；2003年起在城市陆续建立起了医疗救助制度、法律援助制度、流浪人员乞讨救助制度，在农村建立起新型农村合作医疗制度，加强了对一些特殊群体的权利保护和救助，逐步完善了农村“五保户”制度，并试点建立了普遍性的新型农村养老保险制度；2004年开始建立城市居民廉租房制度；2007年建立了农村最低生活保障制度，并颁布了《劳动合同法》《劳动争议调解仲裁法》《就业促进法》，加强了对劳动者权益的保护；2010年开始大力推进保障房建设，以解决日益突出的普通居民住房难问题，进一步深化医疗卫生体制改革，将农民工子女教育纳入城市公共教育体系，强化了农民工参加城镇社会保险的要求，并探索将农民工纳入城市社会福利、社会救助和公共服务体系的问题，重视保护农民工权益；扩大了社会组织在扶贫济困、环境保护等方面积极作用的发挥等。[①] 十八大以后，以习近平为首的党中央持续增加民生投入，2014年财政用于民生的比例达到70%以上，采取了一系列的措施，在社会建设上取得较大成效，如2014年基本统一了城乡居民基本养老保险制度，企业退休人员基本养老金水平提高了10%；全面建立临时救助制度，城乡低保标准分别提高9.97%和14.1%；实行了义务教育免试就近入学政策，28个省份实现了农民工随迁子女在流入地参加高考；城乡居民大病保险试点扩大到所有省份，疾病应急救助制度基本建立，全民医保覆盖面超过95%等。

总体说来，现阶段的社会建设坚持以人为本，注重改善民生；并强调对社会公平的维护和对民众基本权利的保护；更加关注弱势群体，加大了对一些特殊困难群体的权利保护和救助力度；中央政府也更为明确自己在社会建设中的责任主体地位，加大了对社会建设的投入，社会建设呈现

① 李永忠、陈杰：《中共十六大以后的社会建设成就与困境》，《社科纵横》2012年第3期，第15—16页。

相对独立的态势。[①]

第二节　中国特色社会建设道路的内容

马克思主义是一种以追求人类解放、实现广大人民根本利益为目标的价值体系。中国特色的社会主义是马克思主义中国化的最新成果，它把马克思主义的价值目标具体化为以人为本，实现和维护最广大人民的根本利益，具体到社会建设领域，就是满足社会成员的基本需求，实现大多数人的利益，维护社会公平公正。正如十八大报告中所指出的，要多谋民生之利，多解民生之忧，解决好人民最关心最直接最现实的利益问题，在学有所教、劳有所得、病有所医、老有所养、住有所居的基础上持续取得新进展，努力让人民过上更好生活。

一、社会建设的内涵

社会建设是一个内涵极为丰富的概念，其界定与对“社会”的不同理解直接相关。“社会”有“大社会”“中社会”和“小社会”之分，与此对应的社会建设也有广义、中义、狭义之说。所谓“大社会”指的是国家整体，包括经济、政治、文化、社会等多方面的内容，这是最宽泛的“社会”概念。后来随着学科的发展，经济学被较早地独立出去，于是在除去经济关系和经济行为的其余部分都被纳入社会范畴，这里的社会即是“中社会”，是经济与社会两分法当中的社会（例如国家制定的五年计划都以“第 N 个国民经济和社会发展计划”命名，这里的经济发展和社会发展被鲜明地区分开来，这个“社会发展”中的“社会”就是“中社会”概念）。而“小社会”则是专属意义上的社会，即中国特色社会主义经济建设、政治建设、文化建设、社会建设、生态建设“五位一体”总布局中的社会建设。因此，社会主义和谐社会建设中的“社会”是大社会，而社会建设中的“社会”则是小社会。与此相对应，广义的社会建设是指与自然界相对的社会整体建设，中义的社会建设是指实现与经济发展相协调的社会发展，狭义的社会建设是指与经济、政治、文化、生态相并列的社会领域的建设。本文所使用的“社会

---

① 张静、关信平：《中国社会建设与发展研究》，中国人民大学出版社 2009 年版，第 24—26 页。

建设”概念主要是指狭义上的社会建设，是从一定的历史阶段出发，遵循社会发展的客观规律，动员社会各种力量，有目的、有组织、有计划地在医疗、教育、养老等社会领域从事的各种改善民生、促进社会和谐发展的活动与过程。

二、社会建设的主要内容

社会建设是一个宏大的系统工程，主要包括社会民生的改善、社会治理的创新、社会体制的改革、社会组织的发展、社会结构的优化等。这五个方面相辅相成、缺一不可，共同构筑起当代中国社会建设的有机整体。

（一）社会民生的改善

社会建设的首要方面是社会民生建设。所谓民生主要是指民众的基本生存和生活状态，以及民众的基本发展机会、发展能力和基本权益保护状况等。具体来说，主要包括就业、分配、教育、医疗、社保等现实问题。悠悠万事，民生为大，不断改善社会民生，完善群众根本利益保障机制是社会健康运行的根本。党的十七大报告强调要努力使全体人民学有所教、劳有所得、病有所医、老有所养、住有所居，这五个方面是“十一五”期间我国基本公共服务均等化的核心任务，也是对社会民生建设目标的高度概括。“十二五”规划纲要再次强调，坚持民生优先，完善就业、收入分配、社会保障、医疗卫生、住房等保障和改善民生的制度安排，推进基本公共服务均等化，努力使发展成果惠及全体人民。党的十八大报告也进一步提出了加强社会建设，必须以保障和改善民生为重点，这正是看到了在经济社会转型的关键时期，民生对社会健康发展的至关重要的作用。党的执政理念就是全心全意为人民服务，改善民生即是我们党执政理念最为直接和生动的体现。作为代表最广大人民根本利益的党，必须要多谋民生之利，多解民生之忧，解决好人民最关心最直接最现实的利益问题。为了实现社会建设的“五有”目标，十八报告提出了五个方面的战略部署，包括努力办好人民满意的教育、推动实现更高质量的就业、千方百计增加居民收入、统筹推进城乡社会保障体系建设、提高人民健康水平等。

（二）社会治理的创新

十八届三中全会《关于全面深化改革若干重大问题的决定》中，提出了创新社会治理体制。所谓社会治理，就是政府、社会组织、企事业单位、社区以及个人等诸行为者，通过平等的合作型伙伴关系，依法对社会事务、社会组织和社会生活进行规范和管理，最终实现公共利益最大化的过程。社会治理是社会建设的重大任务，是国家治理的重要内容。改革开放以来，党和政府高度重视社会管理，取得了较大成就，也积累了宝贵经验。但是也要看到，当前我国改革已进入攻坚期和深水区，社会稳定存在各种潜在风险，维护国家安全和社会稳定的任务十分艰巨，面对各种新情况、新问题，必须通过深化改革，尽快实现从传统社会管理向现代社会治理的转变。以往的社会管理已经暴露出很多的认识误区和制度缺陷，诸如一刀切、运动式、压制型、堙堵式、恩赐性、排斥性、一言堂、功利心等各种弊病。从社会管理向社会治理转变，必须在尊重个性化和多元化的基础上，通过对话沟通、协商谈判、妥协让步等互动调和的方式整合各社会阶层和群体都能接受的社会整体利益，最终形成各方都必须遵守的社会契约。

(三)社会体制的改革

社会体制是在一定社会制度下社会管理的具体形式以及组织、处理、调节公共事务的体系、法律、法规的总称，属于操作层次。“当代中国推进社会建设必须以社会体制的改革和建设作为支撑，其中最重要的是社会组织管理体制、社会动员体制和社会流动体制。通过社会组织管理体制改革，大力培育和发展社会组织，提高社会的自我管理能力，充分发挥社会组织在社会管理中的基础性作用。推进社会建设特别是加强和创新社会管理，不能沿袭传统的群众运动式社会动员思路，而要通过建立健全法治，使公民参与在一个有序框架内进行。通过社会流动体制特别是户籍制度改革，取消附着于身份差异之上的权利与福利的不平等，最大限度地促进社会成员自由流动和双向流动，优化调整社会结构。”[①]

(四)社会组织的发展

“社会组织是政党、政府之外的各类民间性组织，是为实现特定目标而建立的共同活动的社会群体。”[②]随着经济社会的快速发展，广大人民追求物质富裕、精神富有的愿望越来越强烈。然而，在社会的某些领域，

---

① 郁建兴:《当代中国社会建设的基本经验与未来》,《光明日报》2012 年 04 月 18 日。

② 邓大松主编:《中国特色社会主义社会建设研究》,武汉大学出版社 2008 年版,第 13 页。

“市场失灵”或者“政府缺位”现象越来越突出，大量社会需求得不到有效满足，而社会组织的发展一定程度上既能弥补市场的失灵，又能弥补政府的缺位。与政府行政运行相比较，它的运行方式更能降低社会的管理成本；与市场调节相比较，它的调节方式也更能保证社会公益目标的实现。可以说，社会组织在社会建设中有不可替代的作用和独特优势，必须积极培育和发展社会组织，支持和重视社会组织参与社会管理和公共服务。党的十八大报告提出要加快形成政社分开、权责明确、依法自治的现代社会组织体制，深入推进政社分开、发挥基层各类组织协同作用、鼓励引导社会力量兴办教育、鼓励社会办医、加强民间团体的对外交流、加大社会组织党建工作力度、引导社会组织健康有序发展等，这些思想理念为我国社会组织建设和发展指明了正确的方向，对于引导社会组织健康有序发展，促进其在全面建成小康社会中发挥更加积极的作用具有重要意义。

当前，深化改革开放、加快转变经济发展方式进入攻坚期，社会组织规范发展是当前和今后一段时期深化改革的重点领域和关键环节之一。探索符合中国国情的社会组织发展道路，要坚持培育发展与管理监督并重的原则，一是要加强统一指导和统一部署，从认识上更加重视、信任和接受社会组织，建立政府向社会组织转移职能和购买服务的相关制度；二是要建立健全统一登记、各司其职、协调配合、分级负责、依法监管的社会组织管理体制；三是健全社会组织发展的法律法规体系，并出台各种扶持政策和措施。

（五）社会结构的优化

社会结构状况如何决定着社会的发展空间、健康程度和安全系数。对于一个国家的社会经济发展来说，它具有基础性的意义。当前社会建设的核心任务就是优化社会结构。社会结构是指一个国家或地区占有一定资源、机会的社会成员的组成方式及其关系格局，包含人口结构、家庭结构、社会组织结构、城乡结构、区域结构、就业结构、收入分配结构、消费结构、社会阶层结构等若干重要子结构，其中社会阶层结构是核心。[①] 一个理想的现代社会结构，应具有合理性、公正性及开放性等重要特征。经济结构和社会结构是一个国家或地区最主要和最基本的结构，社会结构

---

① 陆学艺、宋国恺：《调整社会结构是社会建设的核心》，《新华日报》2010 年 09 月 14 日。

由经济结构决定，并且必须与经济结构相匹配。但是改革开放 30 多年来，我国经济结构已经发生了巨大的变化，达到了工业社会的中期水平，但社会结构却还处在工业社会的初级阶段，社会结构的调整严重滞后，社会中产阶层比例较小，农业劳动者阶层所占比例过大，社会阶层结构基本还是“三角形”，与理想社会阶层结构所呈现的中间大、两头小的“橄榄型”特征还相距甚远，这使得当前中国经济社会发展缺乏强有力的结构性支撑。因此，当前开展社会建设的重要任务就是要加快社会结构的调整步伐，构建与经济结构相适应的现代社会结构。通过深化改革，加快推进城镇化进程，逐步改变城乡二元结构；通过区域协调发展，形成分工合理、特色明显、优势互补的区域产业结构；通过逐步扩大中等收入者比重，形成合理的社会阶层结构。

第三节 中国社会建设道路面临的挑战及发展趋势

社会建设是贯穿中国特色社会主义事业全过程的长期历史任务。改革开放 30 年来，我国在社会建设工作上取得了很大的成就，人民生活水平不断提升，教育机会不断扩大，医疗卫生条件不断改善，社会保障改革逐步推进，民间组织迅速发展，基层社区建设不断加强，突发公共危机应对能力不断提高，环境保护也日益受到重视。但由于当前中国经济社会发展中的不平衡、不协调、不可持续问题突出，社会矛盾增多，社会冲突加大，与新时期的现实需求相比，我国目前的社会建设差距还很远。社会事业投入不足，社会体制改革滞后，社会管理方式落后，社会建设主体培育不足等，使当前中国的社会建设面临严重挑战。在新时期新阶段，我们应当在抓经济建设的同时更加强调社会建设，保障和改善民生，并秉持以人为本，将公平正义放在更加突出的位置，发展社会事业，改革社会体制，调整社会结构，完善社会管理，促进经济社会协调发展，推进社会主义和谐社会建设。

一、当前中国社会建设面临的挑战

我国还处在社会主义初级阶段，长期以来对经济建设的偏重，对社会建设的忽略，导致社会建设领域在很多方面还很薄弱，存在诸多问题与挑战，主要体现为以下四个方面。

(一)社会事业投入不足

改革开放以来,中国经济建设蓬勃开展,取得了巨大成就,而社会建设却踯躅不前,形成了经济建设与社会建设"一条腿长、一条腿短"的不协调现象。造成这种现象的一个重要原因就是政府财政投入的不足。在新中国成立后很长的一段时间里,为了建立完备的工业体系,国家通过农业税抽走了很高比例的民生资金,把大量财力投入到工业建设中去,而相对削减了对人们社会生活领域的投入,造成在基础设施、文化教育、医疗卫生、养老保障、环境体育等社会事业方面的历史欠账。近年来,尽管社会建设越来越被重视,但直到今天,社会建设屈从于经济建设的基本现状依然没有根本改变。现行的政府政绩考核和干部考核指标体系在总体上依然偏重于 GDP 等经济指标,也导致一些党政领导人对经济建设投入更为积极主动,而在社会建设方面往往是"谈起来重要,做起来次要,忙起来不要",财政投入相对不足。目前,全国用于教育、医疗、社保等公共服务的支出尽管已经占到了财政总支出的 30%左右,但与世界上其他人均 GDP3000 美元的国家相比,我们要少 13 个百分点;而和人均 GDP3000—6000 美元的国家相比,则低了 24 个百分点,差距依然很大。

社会建设是一个庞大的系统工程,需要国家、政府和民间团体的共同努力,任何一个方面的不足都会影响社会建设的速度与水平。作为社会建设的重要主体,一方面政府需要具备强大的财政能力,要通过提高经济与税收管理水平和科学化、法制化的管理方式以促进国家税收的稳定增长,保障国家再次分配在社会建设中的投入力度,在社会发展规划中,对于政府公共支出占财政支出的比例及逐年增长的幅度应做出刚性规定,为社会事业的发展提供强有力的财力支撑。另一方面,要清除社会资本进入障碍,改革公共服务和公共产品的供给模式,通过政府招标采购、特许经营、合约出租、政府参股等形式,将原来由政府承担的部分公共服务职能分由市场主体承担,营造有利于各类投资主体公平竞争的有序环境。

(二)社会体制改革滞后

30 多年的改革开放,我国在经济体制改革上取得了巨大成就,形成了一整套市场经济建设的理论体系、政策法规体系和体制机制,这标志着我国"经济全能政府"体制改革的任务基本完成。相比之下,我国"社会全能政府"体制改革的步伐远远落后于"经济全能政府"体制改革的步伐。我国现行的社会体制是 20 世纪 50 年代以后全国实行计划经济的产物,它是计划经济的重要组成部分，如户籍制度、城乡二元结构体制等，这些都是为计划经济体制服务的。20 世纪 90 年代以来，社会体制领域也陆续进行了一系列的改革，并取得了一定的成效，但是总体说来，社会体制改革相对滞后，整个社会体制依然没有按照社会主义市场经济体制的要求予以根本调整，还有许多亟待突破的瓶颈。如计划经济时期形成的户籍制度以及就业、人事等体制还没有得到根本性的改革，限制了社会的流动性，使该扩大的社会中间阶层没有扩大，该缩小的底层劳动者阶层没有缩小，阻碍了社会结构的正向调整；社会动员体制较多的还是政治运动式，在法治保障下的公众有序参与进展依然缓慢；社会组织中的双重管理体制使社会组织的合法性受阻，也限制了其发展的空间。另外，因为进行社会体制改革必然会触及某些人、某些群体的既得利益，难免有很大的阻力，也加大了改革的难度。

党的十七大报告指出：必须在经济发展的基础上，更加注重社会建设，着力保障和改善民生，推进社会体制改革，扩大公共服务，完善社会管理，促进社会公平正义。党的十八大报告也明确指出，加强社会建设，必须加快推进社会体制改革。实践也有力证明了，现行的社会体制不改革，社会建设就无法顺利进行。因此，必须大力推进社会体制改革，学习经济建设的经验，放手发动群众，积极调动各方面的积极性，大力发展社会组织、民间团体，形成社会建设的动力机制，推进社会建设的顺利进行。在各种困难和阻力面前，社会体制改革也是一场革命，需要周密安排、果断决策、科学策划、逐步推行。

（三）社会管理方式落后

目前，我国社会管理主体比较单一，主要是政府，而且政府具有包揽一切社会管理事务的趋向，不重视社会组织的作用。政府牢牢控制了大多数的社会事务，社会权利亦被当作了政治权利。许多社会团体和社会组织的主要负责人隶属于政府部门，办公地点直接设在事业单位，运行经费也由政府拨款。这种从负责人员、办公地点到运行经费都依赖政府的社会组织，其价值中立性也极易受到损害。另外，因为这些社会组织的主要负责人由政府公职人员兼任，而他们因为公务繁忙，难以两头兼顾，造成这些社会组织的作用难以充分发挥。而在办公场地和办公经费上对政府的依赖，也使得这些社会组织难以成为拥有独立财务核算的法人和中立工作的社会人，因而很难真正走向社会。

(四)社会建设主体培育不足

当前,人们对于社会服务产品的需求(如协作、救助、调解、维权、社会监督、扶贫、环保等)如同对经济产品的需求一样丰富多样,这需要多元的社会建设主体才能满足人们日益增长的多样的社会需求。但是,当今"社会全能政府"体制依然试图通过官僚体制将公共权力的触角深入到人们社会生活的每个方面,将绝大多数社团管理和社会服务置于政府部门和政府权力体制下,大大压缩了社会组织的生存发展空间。当前,我国社会组织发展面临着许多问题。一是我国的人均社会组织数量偏少。据统计,"我国每万人拥有的民间组织只有 2.1 个,而法国有 110 个,日本有 97 个,我国民间组织总支出约占 GDP 的 0.073%,远远低于发达国家 7%的水平,也低于 0.46%的世界平均水平"[①]。二是社会组织资金周转困难。由于政府不太愿意通过合同外包的形式把一些事务交给社会组织,导致许多慈善组织筹到的善款无权使用,而必须交给政府。所以在具体运作中,除了半官方性的组织,如妇联、工会与共青团等,大部分民间社会组织的资金难以保证,存在资金周转困难的问题。三是现行民间社会组织管理制度建设滞后。现行的社会组织是由主管单位和登记机关实行双重管理,这种管理体制严重抑制了没有主管单位的民间组织的诞生,这一方面造成了一些民间组织的"非法化"存在,难以有效管理;另一方面还迫使部分民间组织以"企业"形式出现,增加了其运作成本,造成其运营的艰难。据初步统计,中国有近九成的民间组织处于"非法状态"。而合法的民间组织"亦官亦民"的身份也使其丧失了相对独立性。

温家宝在谈到我国社会事业建设过程中存在的突出问题时曾指出:"政府责任不到位和包揽过多同时并存,该管的没有管到位,该放的没有真正放下去,发挥市场机制、社会资本和民间组织的作用不够,调动各方面积极性的体制机制不健全,社会事业发展的活力不足。这种情况制约了社会事业发展,也制约了经济发展。"[②]因此,在未来的社会事业建设过程中,必须把应该由社会和市场发挥作用的真正交给社会和市场,充分培

---

① 任怀玉:《试论当前中国社会建设面临的困难及其对策》,《生产力研究》2012 年第 10 期,第 128—131 页。

② 中共中央文献研究室编:《十七大以来重要文献选编》(中),中央文献出版社 2011 年版,第 493 页。

育社会建设的主体，大力发挥社会组织的作用，同时因势利导，发挥企业参与社区和社会建设的主人翁和主体作用，增强企业的社会责任意识。

二、中国社会建设的未来发展趋势

尽管中国社会建设存在诸多亟待突破的问题，但随着对社会建设的日益重视，中国将进入以社会建设为重点的新阶段，改善民生成为社会建设的重中之重，社会的公平正义将被放在更为突出的位置，垂直的社会管理将向双向互动的社会治理转变。

（一）进入以社会建设为重点的新阶段

在现代化的进程中，一个国家或地区在不同的发展阶段会有不同的侧重点，呈现不同的阶段性特征。在发展的初级阶段，因为生产力水平的低下，生活产品的相对不足，解决人们温饱问题和基本的物质生活需要成为社会发展的主要任务。因此，在这一时期经济发展优于社会发展，成为发展的主导方向。到了发展的中期阶段，社会生产力得到显著改善，物质产品日益丰富，人们生活水平不断提高，人们对于物质生活以外的精神文化生活及社会的公平正义的追求会越来越迫切，这时就需要调整发展的目标以满足人们的需要。

我国经过30多年的改革开放，在经济建设上取得了辉煌的成就，但社会建设却相对薄弱。在经济建设快速进行时，社会建设却进展缓慢，导致了经济社会发展的不协调，社会矛盾日益增多。如教育、医疗、住房、养老、就业、分配等与群众切身利益相关的社会问题层出不穷；贫富差距、城乡差距、区域差距持续扩大；环境污染、土地征用、房屋拆迁等容易引发不稳定事件的问题凸显，群体性事件频发；社会道德冷漠，诚信缺失；杀人、绑架、抢劫、盗窃等犯罪现象居高不下。这些问题的存在制约着我国经济社会的进一步发展，影响社会的公平与正义，并最终影响社会的稳定。

目前，我国已经走过了现代化进程中满足人们温饱的初级阶段，进入更加追求精神文化生活和人的全面发展的中期阶段。这一时期社会建设在发展进程中将发挥更为重要的作用。陆学艺指出，现在我们要从社会建设的高度来认识当今中国社会发展的新阶段。当今中国在坚持以经济建设为中心的同时，反复强调要将社会建设摆在更加突出的位置，加强社会建设，这标志着中国正在经历第二次转型，即迈入以社会建设为重点的新阶段。陆学艺的这一判断，目前也许为时尚早，但这应该成为中国战略调整的方向。随着社会建设重要性的日益凸显及社会建设实践的不断加强，以社会建设为重点的新阶段也即将到来。

（二）保障和改善民生成为社会建设的重点

民生问题是社会矛盾多发突现的主要来源，是个人安全和整体安全的连接点，是关系社会和谐、国家稳定的长远性问题。保障和改善民生，推进社会建设，是中国特色社会主义社会建设的必由之路。党的十七大报告中提出加快推进以改善民生为重点的社会建设。党的十八大报告再次强调，加强社会建设，必须以保障和改善民生为重点。这些认识是对社会建设规律的升华，也为以后的社会建设指明了基本方向。

改革开放以来，随着经济不断的发展和对社会事业投入的增大，中国在改善民生问题上取得了巨大成就。但在社会转型过程中，社会分化加剧，社会矛盾凸显，民生领域依然存在诸多问题。如被称为“新三座大山”的上学难、看病难、住房难等民生问题依然存在；尽管人民的生活水平不断提升，但是物价上涨和就业问题仍使民众压力大增；覆盖城乡的社会保障体系尽管已初步建立，但还很不健全，其防范风险能力也亟待加强；在人口老龄化进一步加速过程中，社会养老服务也表现出明显的不足；地区之间、城乡之间的发展差距以及民众的收入分配差距依然较大。当前中国的民生问题已由改革开放初期的单纯物质性问题向全面化和深刻化的社会问题转变。这些问题的存在，严重影响民众的生活和社会的稳定。努力解决民生问题成为整个社会的普遍要求和共同愿望，必须从战略高度给予重视。要从改革分配制度入手，让初次分配更加公平公正，在二次分配中加大对社会事业的投入，通过三次分配缩小贫富差距。要坚持优先发展教育，深化教育领域综合改革，促进教育公平，努力办好人民满意的教育；实施扩大就业的发展战略，加快建立覆盖城乡居民的社会保障体系和基本医疗卫生制度，加强和创新社会管理，维护社会安定团结。努力实现十八大报告中所提出的社会建设的基本要求，解决好人民最关心最直接最现实的利益问题。

（三）社会公平正义将被放在更为突出的位置

公平正义是人们从道义上、愿望上追求利益关系特别是分配关系合理性的价值理念和价值标准。它是平衡社会利益关系的根本尺度，是社会主义和谐社会的重要特征，也是社会主义的本质要求。胡锦涛在2005年2月举行的省部级主要领导干部提高构建社会主义和谐社会能力专题研讨会上就指出，维护和实现社会公平和正义，涉及最广大人民的根本利益，是我们党立党为公、执政为民的必然要求，也是社会主义制度的本质要求。只有切实维护和实现社会公平和正义，人们的心情才能舒畅，各方面的社会关系才能协调，人们的积极性、主动性、创造性才能充分发挥出来。十八届三中全会《关于全面深化改革若干重大问题的决定》曾 20 次提到“公平”二字，并鲜明指出，全面深化改革必须以促进社会公平正义、增进人民福祉为出发点和落脚点。从改革开放以来到党的十六大，“效率优先、兼顾公平”的原则一直写在党的报告中，十六届四中全会以后开始调整，十六届五中全会首次提出“更加注重社会公平”。十八届三中全会把促进公平正义作为改革的出发点和落脚点，这意味着中央将公平正义置于更加优先的地位，倡导“公平优先”。

社会的公平正义主要有四个方面的基本要求。一是权利公平，这主要表现在社会主体人格的平等上，即人是生而平等的，每个人都有做人的尊严和权利，这必须得到尊重和保护。另外，还表现在生存权和发展权的平等，这要求社会中显性或隐性的制度安排给每个社会主体的生存、发展以及保障与享受的权利是平等的，劳动的权利、受教育的机会、职业的选择权以及社会基本保障等不能因家庭背景、种族、性别以及资本占有状况等因素的区别而受到限制和影响。所有社会成员都能获得承认和尊重，并以法律的形式保护所有社会成员享有平等的社会地位。二是分配公平，社会财富的分配（包括一次分配和二次分配）是否合理直接反映了社会公平的程度，社会公平的最高层次是分配公平。分配公平要求建立合理的社会分配机制，个人消费品分配要相对公平，社会成员之间的收入差距不能过于悬殊，社会公共服务要向穷人倾斜，保障社会各阶层特别是弱势群体的权益。当然分配公平并不是平均主义，不是没有差距，而在于这种差距的合情、合理。三是机会公平，不同社会主体享受平等待遇，基本的评判标准是其在参与社会活动时，能否得到均等的机会，机会均等即机会公平也是实现权利公平的前提。从发挥和实现每个主体的潜能角度，机会公平即意味着社会能够满足不同人的需要，以及人的不同层次需要，实现一种立体状网络式的公平。这一方面要求社会开放而不是垄断各种机会，另一方面是要尽可能保证所有的机会是均等的。四是社会保障公平。要平等地尊重和保护全部个体的生存权与发展权，必须建立健全覆盖全社会所有个体的公平的社会保障体系。其中，困难群体以及缺乏参与社会选择、社会竞争能力的个体和遭遇各种灾难的人尤其要受到社会保障。

社会的公平正义是一个较高的价值目标，它并不与经济的增长成正比。经过 30 多年的快速发展，我国经济发展虽然取得了很大成就，但是随着改革进入攻坚阶段，我国在发展过程中也产生和积累了很多矛盾与问题，如上学难、就业难、看病贵、房价高、贫富差距大、社会保障不足、腐败严重等，这些问题的核心就是社会不公。因收入分配不公、教育资源配置失衡、社会保障制度不健全、社会底层向上层流动阻力不断增大、占人口绝大多数的农民和城镇低收入者弱势化趋向明显等方面所表现出来的不公平现象已成为中国经济社会进一步发展的严重阻力。

实践证明，社会公平正义是保障经济持续发展的基础。只有促进社会公平，才能维持稳定的社会环境并形成有凝聚力的社会生活，进而增进一个国家或地区的经济竞争力。今天中国要解决各种社会矛盾和社会问题，并促进经济社会的健康发展，必须将社会的公平正义放在更加突出的位置，把公平正义作为社会建设的终极目标。各级领导干部在实际工作中要牢固树立公平正义的价值理念，自觉地为追求社会公平正义承担社会责任，并逐步建立一套完善的制度体系，把公平正义的基本原则真正体现出来，促进社会和谐发展。2010 年 3 月 14 日，温家宝在答记者问时说，社会的公平正义是社会稳定的基础，公平正义比太阳还要有光辉。新时期的社会建设要求公平正义的光辉能普照社会的每一个角落，它不仅是理论的准则，更应是真切的实践。

（四）垂直的社会管理向双向互动的社会治理转变

十八届三中全会提出了“推进国家治理体系和治理能力现代化”目标，这一重要思想在社会建设方面的体现就是提出了“创新社会治理体制”。从 2004 年党的十六届四中全会“社会管理”概念的提出，直到党的十八大报告都沿用了这种提法。这次用“社会治理”取代“社会管理”。习近平指出：治理和管理一字之差，体现的是系统治理、依法治理、源头治理、综合施策。这是在总结多年来我国社会建设的基本经验上提出的，是党的社会建设理论与实践的又一重要理论成果，这不仅是术语的变化，更是一种理念的创新。

从“社会管理”向“社会治理”转变，简单地说，就是在治国理政上从传统的自上而下的“管理模式”转变为上下互动、政府与社会相结合的“治理模式”。在这种“治理模式”下，既有政府对公共事务的管理、服务与控制，也有社会对政府的监督、督促与批评；既有政府从上到下的指挥，也有社会从下到上的反馈和参与。社会治理主体将更为多元，除了政府管理外，还包括企业组织、社会组织和居民自治组织等的社会自治。其次，社会治理在性质上更多的体现协商性。在当前利益多元化的格局之下，经济社会发展中存在的各种矛盾与问题将更多通过协商民主方法来解决。[①] 第三，社会治理更强调法治理念。十八届三中全会在创新社会治理体制中特别提出了要“坚持依法治理，加强法治保障，运用法治思维和法治方式化解社会矛盾”。在以后的社会建设中，法治作为社会治理的前提、基础和保障，其地位和作用将更为凸显。总的说来，社会治理这种“双向互动”形式的、现代的、文明的、法治的治理理念将更好地引领中国未来的社会建设朝着健康、积极的方向迈进。

总体说来，新中国成立以来尤其是改革开放以来，我们党在领导人民进行社会主义现代化建设的过程中积累了宝贵经验，并在这个基础上逐步形成并提出了社会主义社会建设的理论，构成中国特色社会主义理论体系的重要内容。中国特色的社会建设道路经过曲折的发展历程，现在已步入全新的发展时代。在新的历史起点上，我们要充分认识到社会建设的重要意义，把握社会建设的主要内容，顺应社会发展的良好趋势，进一步推动社会建设的全面开展，为中国的长期繁荣稳定奠定坚实的基础。

---

① 李强：《创新社会治理体制》，《前线》2014 年第 1 期，第 14—16 页。

第六章　中国特色社会主义生态文明建设道路

生态环境问题是全球性的问题，也是建设中国特色社会主义伟大事业进程中必须面对的重大问题，生态文明是人类社会进步的重大成果，是工业文明发展到一定阶段的产物，是实现人与自然和谐发展的新要求。建设生态文明是在对传统工业文明进行深刻反思和批判的过程中所形成的认识成果，也是在不断发展物质文明的实践过程中注重保护和改善生态环境的实践成果。建设生态文明并不是要否定工业文明，而是强调先进的工业文明必须实现人与自然的和谐相处，使人类在享受现代丰富的物质文明成果的同时，也能享有良好的生态文明成果。

中共十七大首次把建设生态文明作为实现全面建设小康社会奋斗目标的新要求提了出来。党的十八大又把生态文明建设融入经济建设、政治建设、文化建设、社会建设各方面和全过程，从而建设美丽中国，努力走向社会主义生态文明新时代。

第一节　中国特色社会主义生态文明建设道路的形成

一、中国特色社会主义生态文明建设道路形成的背景

人类社会在现代发展观的指引下取得了巨大的成就，但人类在充分享受物质繁荣的愉悦时，也逐渐感受到生态环境恶化的威胁和精神荒芜的痛苦，这正是现代发展观给我们带来的现实困境。这种现实困境，一方面体现在自然生态环境的不断恶化，另一方面则体现在人类危机的不断加深。

人类的发展实践在获得巨大物质财富的同时，也对自然生态系统造成了巨大的破坏。在工业革命之前，由于科学技术不发达、生产力水平不

高,人类改造自然的能力还比较低,对自然的破坏作用并不十分明显。工业革命后,科学技术水平不断提高,人类改造自然的能力迅速提高,对自然生态的污染和破坏作用也越来越大。虽然现代社会科学技术突飞猛进,生产力水平空前提高,世界经济总量也急剧增加,但这些成就的取得绝大多数都是以损害自然环境、破坏生态系统为代价的。可以说,当今社会人类的生存与发展正日益受到自然生态环境恶化的严重威胁。这主要体现在以下几个方面。

(一)资源危机严重

人类目前面临的资源危机主要体现在土地资源危机、水资源危机、生物资源危机等。首先看土地资源危机。土地是人类生存的“命根子”,但是 20 世纪 50 年代中期以后,世界耕地面积的增长速度远远赶不上人口的增长速度,因此人均耕地面积呈现递减态势。有关数据显示,50 年代后期,世界耕地每年增长 1%,而到 70 年代、80 年代、90 年代耕地面积的增长速度分别是 0.3%、0.2%、0.15%。[①] 2001 年 11 月,联合国人口基金会发布的《2001 世界人口状况》报告说,目前世界人口正以平均每年 7500 万人的速度增长。此外,现有的耕地每年都有一部分由于各种原因沙漠化、荒化。在未来相当长一段时期,人多地少的矛盾将越来越突出。再来看水资源危机。水是生命之源,地球表面 3/4 的面积被水覆盖着。但是,能供人们利用的淡水资源并不多,大约只占地球总水量的 3%;而目前真正比较容易开发利用的淡水仅占地球淡水总量的 0.34%。根据联合国 2002 年发表的《全球环境展望》报告,大约有 80 个国家在 20 世纪 90 年代中期严重缺水;11 亿人缺乏安全的饮用水,24 亿人用水缺乏足够的卫生保证。[②] 发展中国家 80%的疾病是由饮用不干净的水造成的,水污染每年导致 2500 万人死亡。还有生物资源的日益减少。生物的多样性是维护自然生态系统平衡的关键因素,也是人类赖以生存和发展的生态基础。随着地球人口的迅速增加和人类对大自然的过度开发,地球上的物种正遭遇前所未有的毁灭性破坏。据联合国有关部门推测,地球上大约有 500 万至 5000 万种生物,目前已消失了 25%,还有 20%—30%存

---

① 刘上洋:《发展理念的新飞跃——科学发展观漫谈》,江西人民出版社 2004 年版,第 17—18 页。

② 王正平:《环境哲学》,上海人民出版社 2004 年版,第 3 页。

在灭绝的危险。平均每15分钟就有一种生物消失,平均每天就有1—2种植物消失。从科学的角度看,任何一种生命都蕴涵着丰富的信息,都在自然生态系统中发挥着独特作用,物种一旦灭绝了,对自然生态系统的损失是永远不可挽回的。

(二)生态环境危机加剧

目前,由于工业化、城市化等导致的生态环境危机已经打破了区域和国家的限制,演变成全球性的问题,对人类的生存和发展构成越来越严重的威胁。随着人类实践活动的无限制扩张,自然成为人类征服和支配的对象,人类大举向自然进攻,过度开采自然,其结果必然造成生态系统能量供需失衡、自组织功能衰退,从而引发一系列威胁人类生存的危机事件,正如前面所提到的耕地的锐减与污染、水污染等,还有全球气候的反常等等。近年来,非典、艾滋、海啸、洪水、禽流感、H1N1甲型流感等全球性的灾害越来越频繁,人类还没有从一场灾难中恢复过来,另一场灾难就又劈头盖脸而来。环境污染和生态平衡的破坏让人类尝到了自身酿成的苦果。因此,在这样的背景下,重新反思现代工业社会的发展模式,重新认识人与自然之间的关系就成为历史的必然了。

人类社会的发展除了面临上述自然生态环境危机之外,人的危机在现代工业社会也日益严重起来。按照马克思的观点,人的自由全面发展是发展的终极目标和最高价值。人的自由而全面发展包括人的物质需要和精神需要的满足、人的主体性的彰显以及人的自由度的提高等。但是,人类在发展进程中为了获取更多的物质财富所付出的各种代价,在某种程度上已经违背了人的自由而全面发展的目标和宗旨,出现了被学术界称之为“人的异化”的现象。

“人的异化”或者说人的危机,主要是指由人的物质和精神关系的紧张而导致的人的异化和人的片面发展。人的异化和人的片面发展是相对于人的自由而全面发展而言的,在现代社会,人的异化和人的片面发展主要表现在以下几个方面。

1.人的精神世界扁平化,精神需求得不到很好的满足

现代社会是一个资本社会,越来越多的人无奈地选择加入追求物质财富、物质享受的“物化的人”的行列,而出于人类本性所需的安全、审美、认知、交际、求善等精神需要却很少有人主动去追求,因而也得不到很好的满足。在市场经济的大潮中,不少人拜倒在资本的脚下,成为商品的附

庸、金钱的奴隶，失去人之所以为人的人格、尊严、价值、理性等，越来越多的人对生活的目的和意义感到迷茫和困惑，找不到心灵的寄托和归属。人们在过分追求物质财富、物质享受的同时，也导致人际关系疏远、道德沦丧以及人的精神失落和荒芜，找不到安身立命的精神家园，从而导致一系列社会问题。

2.人的主体性受到压制，人被异化了

人是社会发展的实践主体，同时也是社会发展的价值主体和最终受益者，是社会发展的手段与目的的有机统一体。然而，在现实社会中，人的主体性却受到压制，人成为发展的手段而不是目的，人的主体性得不到充分的体现。在科学技术迅猛发展的当今社会，科学技术作为创造财富的重要手段，在“科学技术是第一生产力”的激励下，科技被人们当作一种财富进行追逐和创造。与此同时，人类也把自身当作创造财富的手段，被赋予了工具性的意义。在科技发展过程中，不仅科技偏离了人类原有的目的，也使得人成了自己所创造出来的事物的工具，人被异化，人越来越成为“单向度”的人。

3.人的能力的畸形发展

人具有生产、消费、认知、交往、审美、求善等需要和潜能。实现人的自由而全面发展，就是要引导和培育人的各种潜能，使人不断超越其先天性和自在性，追求更为丰富和全面的个性，实现更充分更自由的发展。然而，人类迄今的发展进程表明，人的生产能力和消费能力虽然有了空前的提高，但人的交往能力、审美能力、求善能力等却显得有些“发育不良”。由于人们不遗余力地致力于创造物质财富，满足自身日益膨胀的物质欲望，因此人类的生产能力得到了极大提高，创造了巨大的物质财富，与生产能力密切相关的消费能力也相应大幅度提升。而人的交往、审美、求善等精神性潜能则在物本化的发展观念面前退居次要位置，造成人的能力的畸形发展。

通过分析当代人类发展面临的各种困境和危机，我们不难发现：尽管发展是人类永恒的追求，但并不一定所有的发展都是正确的和符合人性的——特别是人的自由而全面发展所需要的。也就是说，那些狭隘的、片面的、畸形的发展导致了人类的悲剧，也导致了自然的悲剧，对于这样的发展我们必须要加以反省。

回顾我国社会主义现代化历程，我们一度由于认识上的局限和理念上的偏差,导致经济发展与生态、人口、社会等方面关系失调。当然,这不是主流。从长期来看,我们党和政府高度重视生态文明建设,历代领导集体都对这一问题有过重要论述,为形成中国特色社会主义生态文明思想提供了思想基础。

二、中国特色社会主义生态文明建设道路的探索与实践

(一)毛泽东的生态思想

新中国成立以后,以毛泽东为核心的第一代中央领导集体以敏锐的战略眼光和深邃的洞察力,结合新中国的国情,理性审视中国的人口、资源与环境的实际情况,理顺经济建设、资源利用和环境保护等方面之间的关系,坚持统筹兼顾、协调发展,在生态文明建设道路上进行了有益的探索。

1. 深刻阐述人与自然的辩证关系

毛泽东认为,人与自然的关系不仅包含中国古代哲学中所论及的天人合一思想,更表现为以实践为基础的人的主观世界和包括自然在内的客观世界之间的辩证关系。其一,毛泽东指出:"人类同时是自然界和社会的奴隶,又是它们的主人。"[①]这是毛泽东关于人与自然的辩证关系的核心思想。从这句话中可以看出,他不仅从主客体关系的角度论证了人与自然的关系,更强调要成为自然界的主人,就必须掌握自然界的客观运动规律,只有这样才能实现人的主观认识由必然王国向自由王国的飞跃。其二,毛泽东在读《伦理学原理》一书时曾经写道:"吾人虽为自然所规定,而亦即为自然之一部分。故自然有规定吾人之力,吾人亦有规定自然之力;吾人之力虽微,而不能谓其无影响(于)自然。"[②]这一论述既体现了人是自然的一部分,人的实践活动受自然规律的制约和限制;同时又指出人的力量虽然有限,但仍可以发挥主观能动性对自然界进行可能的改造。归纳起来,就是人受制于自然,但还是可以充分发挥主观能动性反作用于自然,这是毛泽东关于人与自然辩证关系的主要内容。其三,毛泽东认为:"自然科学是人们争取自由的一种武装……人们为着要在自然界里得

---

① 《毛泽东著作选读》(下),人民出版社 1986 年版,第 846 页。

② 《新湘评论》编辑部:《毛泽东的青少年时代》,中国青年出版社 1979 年版,第 48 页。

到自由，就要用自然科学来了解自然，克服自然和改造自然，从自然里得到自由。”[1]也就是说，科学技术是人类改造自然、获得自由的一种有效工具，人必须充分利用这一工具。

2.提出资源开发与生态建设相结合

毛泽东时时告诫：推进社会主义建设，既要开发利用资源，又要注重生态环境建设，要协调好、处理好资源开发与生态建设之间的关系。[2] 早在新中国成立之初，毛泽东就提出了“植树造林，绿化祖国”的主张。而在农业合作化运动时期，毛泽东又强调既要重视农业、工业的发展，也要注重荒山的绿化、家园的美化。可以说，毛泽东对于植树造林和发展林业是非常重视的，他认为，发展林业也是社会主义建设过程中的一个大事业，林业发展得好，每年都能为国家创造巨大的财富，为国家做出很大的贡献。因此，积极发展和保护林业，对于促进我国工业、农业生产具有重要意义。

3.提倡厉行节约和反对浪费

毛泽东早就指出，新中国的成立、社会主义制度的建立，仅仅是万里长征的第一步，而即将起步的社会主义建设，只有起点，没有终点，任务十分艰巨和复杂。在建设社会主义的进程中，毛泽东指示，要有与天比高、与时间赛跑的信心和决心，敢于发扬吃苦在前、享受在后的精神，敢于发扬艰苦朴素、勤俭节约的精神。在技术落后、物质资源紧缺的情况下，党和国家领导人率先垂范，广大党员和干部埋头实干，帮助劳动人民树立战胜困难的信心。在国内物质生活困难的情况下，“新三年，旧三年，缝缝补补又三年”成为勤俭节约的代名词和社会的流行语，“节约光荣、浪费可耻”妇孺皆知。

当然，由于特定历史条件和主观认识上的局限，在人与自然关系处理的实际过程中，我们曾过分强调人类对自然界的改造，主张“与天斗与地斗”，忽视人与自然关系的和谐。尤其是“文化大革命”时期，“环境生态问题”被冠之以资产阶级环境理论的“反动观点”。有些人提出“环境问题”是资产阶级的不治之症，谁认为中国存在生态环境问题，认为环境污染会

---

① 《毛泽东文集》第2卷，人民出版社1993年版，第269页。

② 秦慧杰：《毛泽东生态文明建设思想的历史贡献》，《世纪桥》2014年03期，第39—41页。

引起生态破坏，谁就是搞“唯心主义”，谁就是给社会主义抹黑。因此，生态保护工作较长时期里未能被置于一个应有的重要地位，当然也未能得到应有的重视。

（二）邓小平的生态建设思想

改革开放以后，以邓小平为核心的党的第二代中央领导集体在领导全国人民进行现代化建设的过程中，对中国特色社会主义生态建设也进行了不懈的探索。

1.提出环境保护是我国的一项基本国策

“文化大革命”时期，我国的森林资源受到了十分严重的破坏，导致了土地沙化等恶劣的后果。在经济发展的同时，如何有效改善生态环境，成为以邓小平为核心的第二代中央领导集体关注的一大问题。正是基于这一历史背景，1984 年国务院颁布的《关于环境保护工作的决定》进一步强调：“保护和改善生活环境和生态环境，防治污染和自然环境破坏，是我国社会主义现代化建设中的一项基本国策。”不仅将环境保护确立为一项基本国策，同时还确立了“三统一、三同步”的环境保护工作基本方针，即“经济建设、城乡建设和环境建设要同步规划、同步实施、同步发展，做到经济效益、社会效益、环境效益的统一”。

2.重视协调经济发展与人、环境之间的关系

邓小平虽然没有对人与自然的关系发表过系统的看法，但是从他对人口问题的重视，以及对环境保护重要性问题等的认识，还是可以把握他的经济发展必须与人、环境之间协调发展的思想。一方面，以经济建设为中心，协调经济发展与生态环境之间的关系。另一方面，控制人口，使人口增长与经济发展、生态环境相协调。正是在邓小平的推动下，党的十二大正式把实行计划生育政策确定为我国的另外一项基本国策。可以说，这对我国实现可持续发展的意义十分重大。

3.重视节约资源，保护资源，提高综合利用率

我国是总量上的资源大国，又是人均占有量上的资源小国。邓小平曾经富有远见地指出了中国资源状况中的矛盾，强调要重视提高经济效益，不要片面追求产值、产量的增长。“一定要首先抓好管理和质量，讲求经济效益和总的社会效益，这样的速度才过得硬！”[①]特别是面对我国人

① 《邓小平文选》第 3 卷，人民出版社 1993 年版，第 143 页。

口多而资源有限的客观现实，要实现经济发展的战略目标，必须以提高经济效益为中心来发展国民经济，走质量效益型的发展之路，要对资源精心保护，提高资源的综合利用率。

(三)江泽民的生态建设思想

进入20世纪90年代以来，以江泽民为核心的第三代中央领导集体根据我国生态环境问题呈现出的新特点，进一步提出了一系列生态文明建设的重要思想。

1.制定可持续发展的重大战略

江泽民继承并发展了邓小平的生态建设思想，在新时期的实践中强调，要坚持不懈地增强全党和全民族的环境意识，实施可持续发展战略，努力为中华民族的发展创造一个美好的环境。江泽民在中共十五大报告中指出："在我国的现代化建设中，必须把实现可持续发展作为一项重大战略方针。"①在江泽民看来，可持续发展，就是既要考虑当前发展的需要，又要考虑未来发展的需要，不要以牺牲后代人的利益为代价来满足当代人的利益。在党的十六大报告中，江泽民更进一步用"生态良好"阐释可持续发展，并将其上升到"文明发展道路"的高度，为"社会主义生态文明"概念的提出奠定了思想基础。

2.发挥科教在生态环境建设中的作用

江泽民在邓小平提出科教兴国战略的基础上，进一步提出要实施科教兴国战略和可持续发展战略。江泽民指出，全球面临的资源、环境、生态、人口等重大问题的解决，都离不开科学技术的进步。科教兴国战略不仅仅是支持国民经济高速增长，更密切关联着支持经济、社会的可持续发展。在经济发展中，要依靠科技降低资源消耗，依靠科技减少环境污染，依靠科技手段去治理已形成的环境污染。②

3.运用国内国际"两种资源、两个市场"，搞好生态环境建设

当今的世界是一个开放的世界，全球化进程的加快使世界愈发成为一个整体。在全球化的背景下，生态环境建设已不是某一个国家的事，而是世界各国、国际社会的共同责任。江泽民针对全球化背景下我国经济

---

① 中共中央文献研究室编:《十五大以来重要文献选编》(上)，中央文献出版社2000年版，第28页。

② 同上，第27—28页。

发展和环境建设出现的新形势，提出在资源开发利用上，必须充分利用国内国际“两种资源、两个市场”，必须加大利用国外资源。要采取多种方式利用国外资源，实行多元化经营战略，以弥补我国重要资源的短缺，增强我国持续发展的能力。进入新世纪以来，以胡锦涛为总书记的党中央领导集体更加重视生态环境，把保护环境作为基本国策。中共十七大提出把建设生态文明作为实现全面建设小康社会的奋斗目标，这是中国共产党第一次把生态文明作为一项关系社会主义建设全局的重要战略任务加以明确。党的十八大进一步指出，要把生态文明建设放在突出地位，融入经济建设、政治建设、文化建设、社会建设各方面和全过程，这样就明确了中国特色社会主义事业总体布局的“五位一体”战略布局。“这标志着我们对中国特色社会主义规律认识的进一步深化，表明了我们加强生态文明建设的坚定意志和坚强决心。”①

三、中国特色社会主义生态文明建设道路的目标和意义

中共十七大明确提出了到2020年生态文明建设的目标：基本形成节约能源资源和保护生态环境的产业结构、增长方式、消费模式；循环经济形成较大规模，可再生能源比重显著上升；主要污染物排放得到有效控制，生态环境质量明显改善；生态文明观念在全社会牢固树立。

建设生态文明，是关系中华民族生存和发展的根本大计。建设生态文明有利于克服资源短缺、环境污染和生态破坏造成的矛盾，实现节约发展、清洁发展、安全发展；有利于在保护自然与生态的基础上为经济社会可持续发展创造良好条件，为人民群众的生产生活创造良好环境。

建设生态文明，就要把文明发展的理念贯彻到生产、生活、生态各个领域，依靠科技进步，探索代价小、效益好、排放低、可持续的新路子；发挥市场机制和经济杠杆的作用，增强节约能源资源的能力；倡导科学合理的消费理念和低碳生活方式，逐步形成与国情相适应的资源节约型消费模式；综合运用法律和经济手段，形成节约能源资源的体制机制；坚持保护环境的基本国策，加大保护环境的力度，逐步改善生态环境；等等。

建设生态文明，从根本上说就是要坚持走生产发展、生活富裕、生态良好的文明发展道路，促进经济社会发展与人口资源环境相协调，建设以

---

① 《习近平谈治国理政》，外文出版社2014年版，第208页。

资源环境承载力为基础、以自然规律为准则、以可持续发展为目标的资源节约型、环境友好型社会。

建设生态文明是关系人民福祉、关乎民族未来的大计，是实现中华民族伟大复兴中国梦的重要内容。习近平指出："我们既要绿水青山，也要金山银山。宁要绿水青山，不要金山银山，而且绿水青山就是金山银山。"这生动形象表达了我们党和政府大力推进生态文明建设的鲜明态度和坚定决心。①

第二节 中国特色社会主义生态文明建设道路的主要内容

中国特色社会主义生态文明建设是以党中央确立的全面协调可持续发展战略为依据，走生产发展、生活富裕、生态良好的文明发展道路，建设资源节约型、环境友好型社会，实现速度和结构质量效益相统一，经济发展与人口资源环境相协调，使人民在良好的生态环境中生产与生活，从而实现社会主义经济与社会的永续发展。

一、牢固树立生态红线的观念

生态红线，就是国家生态安全的底线和生命线，这个红线不能突破，一旦突破必将危及生态安全、人民生产生活和国家可持续发展。为此，必须加强宣传教育，不断增强民众的生态意识。蔡元培说，要有良好的社会，必先有良好的个人；要有良好的个人，必先有良好的教育。教育，是认知和学习的主要手段。社会主义生态文明建设作为我国现代化建设中的新课题，必须不断强化建设社会主义生态文明的教育，以培养全民对自然行为的自觉性、自律性与责任感、义务感。加强人们的生态伦理意识、生态知识和生态法制教育，牢固树立保护环境人人有责的社会风尚和价值观、人生观，教育人们重建自然生态的平衡、科学理性和人文情怀的平衡，推动生态文明和其他文明建设的平衡，在更深层面上推动生态文明的早日实现。

而法律是社会行为的规范，中国作为一个现代法治国家，必须以法制

① 中共中央宣传部编：《习近平总书记系列重要讲话读本》，学习出版社、人民出版社 2014 年版，第 120 页。

建设为基础，以对社会生活各个领域进行规约。因此，进行社会主义生态文明建设的立法就是建设中国社会主义生态文明的基本保证。生态文明关乎社会全体成员的利益，建设生态文明是全体社会成员的责任和义务。我国的生态环境问题已经到了很严重的程度，非采取最严厉的措施不可，不然不仅生态环境恶化的总态势很难从根本上得到扭转，而且我们设想的其他生态环境发展目标也难以实现。习近平总书记强调："在生态环境保护问题上，就是要不能越雷池一步，否则就应该受到惩罚。"对于生态红线全党全国要一体遵行，决不能逾越。[①] 生态文明通过立法的形式表现出来，就形成了统一的国家意志。因此，在现行生态保护法规的基础上，逐步健全生态保护的法律法规，进而建设生态文明立法体系，是建设生态文明的根本措施。

二、防治环境污染，增强生态产品生产能力

我国政府从 20 世纪 70 年代以来开始关注环境问题，20 世纪 90 年代开始重视环境污染防治工作，在防治环境污染、优化全国生态状况方面，做了大量的工作，也取得了一些成绩，比如：加快经济增长方式的转变，变粗放型的经济增长方式为以资源承受力为限，提高资源能源利用率，减少污染物排放的集约型经济增长方式；加强对环境产生重大影响的工业建设项目的审批；加强环境与生态立法；加快自然保护区建设；等等。但是，当前全国面临的环境问题仍然较为突出，主要包括：第一，城市空气污染向煤烟型与汽车尾气复合型污染转化，城市大气总悬浮颗粒物(PM2.5)普遍超标并且污染比较严重。第二，水污染加剧，全国主要水系水质污染程度加剧，污染面积扩大，在质和量上都存在水资源危机。第三，城市生活垃圾处理形势严峻，对环境安全与居民健康造成重大威胁。总之，从整体上来看，环境保护局部改善，但总体恶化。

2004 年 9 月，胡锦涛在《做好当前党和国家的各项工作》的讲话中指出："虽然我国环境保护和生态建设取得了不小成绩，但生态总体恶化的趋势尚未根本扭转，环境治理的任务相当艰巨。环境恶化严重影响经济社会发展，危害人民群众的身体健康，损害我国产品在国际上的声誉。如

---

① 中共中央宣传部：《习近平总书记系列重要讲话读本》，学习出版社、人民出版社 2014 年版，第 126—127 页。

果不从根本上转变经济增长方式，能源资源将难以为继，生态环境将不堪重负。那样，我们不仅无法向人民交代，也无法向历史、向子孙后代交代。”[①]因此，我们必须重视建设一个全面动态的自然生态治理系统，不断促进生态环境的优化。首先，需要实现从治理污染到预防污染的转变，主动防止污染的发生，从根本上保护人类赖以生存的环境。其次，要强调生态治理从局部到整体的转变。生态是一个整体、一个系统的状态特征，不能头痛医头脚痛医脚，而要整体规划，全面治理。再次，要多方合作，全民参与。充分发挥政府、企业、非政府组织以及人民的联动力量，形成区域合力、部门合力、全民合力，为生态文明建设提供连绵动力。最后，要时刻警惕，动态治理。生产发展、生活富裕、生态良好是暂时的、相对的、动态的，生态治理的过程也是永不间断的动态过程，必须时刻保证生态环境得到有效治理与改善。

三、狠抓食品安全与饮用水安全，切实改善民生

各种环境污染与生态破坏的后果，日益影响到食品安全与饮用水安全，从而对人民的身体健康与生命造成直接的威胁。生态文明建设必须狠抓食品安全与饮用水安全，切实改善民生，尤其是在环境污染与生态退化的过程中，自我保护能力较差的低收入群体，更是社会主义生态文明建设中应该特别予以关注的对象。

2009 年 2 月 28 日，我国第十一届全国人民代表大会常务委员会第七次会议，正式通过《中华人民共和国食品安全法》（以下简称《食品安全法》），这是我国生态文明建设中具有标志性意义的积极成果，是随着我国社会主义现代化建设的发展取得的巨大成绩，是人民生活质量日益提高的表现，也表现了国家对切实改善民生的重视。但同时也表明，我国的食品安全问题已经愈益严重，特别是由于环境污染造成的食源、食材方面的安全问题尤其突出，必须以立法强制的形式加强管理与监督，《食品安全法》对食品安全风险监测与评估、食品安全标准以及违法后果等都做出了明确的规定。

食品安全与饮用水安全作为关系到国计民生的重大问题，必然成为

---

① 中共中央文献研究室：《十六大以来重要文献选编》（中），中央文献出版社 2006 年版，第 312—313 页。

社会主义生态文明建设的重要任务之一。在城市与农村，解决好广大人民群众的食品安全与饮用水安全，尤其是贫困地区与贫困阶层的食品安全和饮用水安全，是衡量社会主义生态文明建设成效的重要标准之一。我们在此必须强调在广大工人与农民群众中解决好这个问题。在社会主义初级阶段，尤其是实行社会主义市场经济以来，社会上产生了富裕阶层与普通民众阶层的分殊。在食品选择与饮用水方面，富裕阶级自我保护意识、环境意识与生态意识较强，并且有财力支持，可以购买到较优质的产品，比如对有机食品的需求与消费的增长，就出现了富裕阶层以金钱买健康的意识。我国的生态文明建设社会主义性质的体现，就是要让普通民众都能食用有机食品，可以通过法律强制以及财政补贴低毒或无毒、生物农药以及技术的普遍采用等措施，降低食品安全风险，促进食品的有机转型，在这方面还存在很大的深入研究与探讨的空间。

四、使人口、资源、环境与经济社会协调发展

人口、资源、环境与经济社会协调发展，是保证中国社会主义生态文明建设取得实质成效的根本。在十七大明确提出生态文明建设之前，中央文件都是在人口、资源、环境协调发展的部分论及生态环境问题，这是中国国情的特别体现，从20世纪70年代中期实行计划生育政策以来，中国人口增长得到明显控制，但是由于人口基数太大，即使增长率不高，而实际的人口规模也足以使资源、环境的承受力达到极限。即便这一政策持续地受到来自西方国家和国际人权组织的批评，但它不仅对中国经济保持较高的年增长率有重要贡献，而且也是决定着中国的生态文明建设能否取得实质成效的根本所在。

伴随着经济全球化的不断深化，中国人民受西方发达国家价值观以及消费观念的影响越来越大。《中国青年报》关于气候变化与可持续消费的调查显示，大多数中国城市居民最想实现的一大愿望，集中在“大面积住房”(38%)，“出国旅游”(21%)和“拥有自己的汽车”(12%)三个方面。如果从国家资源环境的承受力来看，这种消费愿望导致的结果将是灾难性的，如果中国公民的汽车拥有率达到美国的水平，中国的所有土地都用来建设停车场与公路也不够用。丹尼斯·皮拉杰斯指出：“假如中国奇迹般地达到了美国的消费水平，那么生态的灾难将是不可避免的，在这个假设中，中国的能源消费将会达到现有国内消费的约14倍，比现有全球能

源消费高出25%，显然，如果中国人都住上复式结构的楼房，拥有可以停放两辆小汽车的车库，那么，这样的中国凭借地球上现有的可得资源是无法持续的。”[①]胡锦涛在2004年3月10日在中央人口资源环境工作座谈会上的讲话中，将可持续发展表述为“促进人与自然的和谐，实现经济发展和人口资源环境相协调，坚持走生产发展、生活富裕、生态良好的文明发展道路，保证一代接一代地永续发展”是十分确切的。[②] 在这个过程中，中国必须以社会主义为指导，培养与发展适合我国国情的消费理念与消费模式。虽然我国为了促进经济发展，尤其是受当前美国金融危机的影响，将拉动内需、促进居民消费当作一项重要措施。但我们必须清醒地认识到，鉴于我国经济发展水平以及居民生活水平的现状，更基于中国特有的人口、资源、环境条件，在消费行为中提倡节约、反对浪费，提倡俭朴、反对奢侈，仍然应该作为我们的一个基本规范。

五、完善生态文明建设的规划、管理和实施

国家机构是行使政府权力的职能部门。生态文明建设作为一项庞大的工程，必须要有一个专门的国家管理机构进行管理。这个管理机构的主要职能是：规划、组织、管理、协调、监控。协调，是指协调社会各个阶层、机构和领域等方面的利益关系，使之符合建设生态文明的要求。管理，是指按照立法的规定，引导、制约和纠正违反生态文明建设要求的行为。执法，是指依据法律规定，对于严重违反生态文明建设法规的行为，责令有关部门进行制裁。

要制订好建设生态文明的发展规划。规划是指对未来时间和空间行为的一系列的思考、蓝图、步骤与实施措施，是人类基于对研究对象变化规律的认识，根据现存条件，对未来活动有意识、有系统地安排，是对特定地域或者特定事物较大范围、较大规模和较长时间的发展方向和目标的设想蓝图，是一种战略性的全局部署方案。建设社会主义生态文明的发展规划，是指国家或地区建设社会主义生态文明的远景设想，是建设社会

---

① 黄平编选：《与地球重新签约——哥本哈根社会发展论坛论文选之一》，人民文学出版社2003版，第268—269页。

② 中共中央文献研究室编：《十六大以来重要文献选编》(上)，中央文献出版社2005年版，第850页。

主义生态文明与国民经济和社会发展的中长期规划、各项宏观政策，协调部门和地区关系的较长时期的具有指导性、纲要性的文件。发展规划是社会经济发展的框架性依据。

管理生态文明的政府部门力求将生态文明管理进行规范化的过程中，可以借鉴学术界的研究成果，比如生态文明指标体系，即设置一系列考核生态文明质量的指标，通过明确的量化，实现对生态文明建设现状的科学评价，同时对下一步的发展进行指导。当前已经有学者提出了非常明确的指标体系框架，并且和当地政府环境保护部门合作，对当地的生态文明建设状况进行评价，起到了较好的指导作用。当然，这个生态文明指标体系也处于发展与完善的过程中，但是在对生态文明建设提供科学的、整体的依据方面，的确有可供借鉴之处。

第三节　中国特色社会主义生态文明建设道路的挑战和发展前景

一、中国特色社会主义生态文明建设道路的挑战

众所周知，人类只有一个地球，共同的生存危机使得对全球生态环境问题的解决理应超越民族、国家和区域的狭隘界限，但是，在西方资本主义主导的国际政治经济秩序的框架下，生态与各国利益之间的矛盾导致了全球化视域下生态文明建设的困境。全球化视域下我们面对的生态文明建设的挑战主要包括以下几个方面。

（一）全球化视域下生态文明建设的集体行动难以统一

恩格斯认为："利益被升格为人类的纽带——只要利益仍然正好是主体的和纯粹利己的——就必然会造成普遍的分散状态……只要外在化的主要形式即私有制仍然存在，利益就必然是单个利益。"[①]在以资本主义为主导的世界里，资本主义国家的利益必然会造成普遍的分散状态，以致全球化视域下生态文明建设的集体行动难以统一。2001 年 3 月，布什政府不顾国际社会的反对，凭借自己在世界舞台上的霸主地位，宣布《京都议定书》存在致命缺陷，决定单方退出协议。同年 6 月 11 日，布什总统发

① 《马克思恩格斯文集》第 1 卷，人民出版社 2009 年版，第 94 页。

表演讲，再次重申他的政府在3月份所采取的强硬态度，绝不重返《京都议定书》。《京都议定书》的失败表明，在资本主义所主导的经济全球化背景下，生态与资本主义之间的矛盾注定了生态危机的克服还有一段漫长的道路要走。资本主义的本性是不会顾及全人类的利益的，“不会改变工业和资本积累的发展结构，而这种发展模式从长远的角度看（许多方面从短期看也是如此）对环境将产生灾难性的影响。处于快速致富的资本积累规则的背景下，生物圈很难维持平衡”①。

（二）全球化视域下生态文明建设的系统性遭到破坏

全球化视域下生态文明建设是一个复杂的系统工程，需要不同国家的各项政策的协调与融合，如果各个国家都围绕着资源而进行你死我活的争夺，全球化视域下生态文明建设的链条就会变得支离破碎。安东尼·吉登斯认为：“我们需要把所有的事情捆绑在一起，进行系统化的考虑，而不只是考虑我们应当如何来发展低碳技术，我们应当如何来减少化石燃料的使用，我们应当如何来发展风力发电。这些问题尽管重要，但把它们拆开来分析与把它们总合在一起进行系统化考虑，那是完全不同的事情。可以说，我在《气候变化的政治》中尽管提出了一系列的概念，我没有意思说这就够了，它们能够解决气候变化的问题，因为这里面的确是一个非常复杂的问题。”吉登斯主张“政治融合”和“经济融合”，“需要将政策‘打包’在一起，以便使未来气候不至出现灾难性的结果”②。

（三）全球化视域下生态文明建设的远景思维难以生成

资本主义对利润的拼命追逐，强化了资本拥有者对“当下意识”和“现在感”的倚重，导致了对“远景思维”和“长远利益”的漠视。齐美尔认为，出现“现在感”的原因之一是：“重要的、永恒的、公认的信念日渐失去力量。这样，生活中短暂和变化的因素获得了更多的自由空间。与过去的断裂……逐渐使得意识集中到现在。”“资本的拥有者在评估投资前景时，总是计算在预计的时间内（通常在很短时期内）得以回收投资以及今后长久的利润回报”，“至于那些对人类社会具有最直接影响的环境条件和因

---

① ［美］福斯特：《生态危机与资本主义》，耿建新译，上海译文出版社2006年版，第13—14页。

② 《气候变化与政治重建：安东尼·吉登斯专访》，光明网，http://theory.gmw.cn/2010-12/08/content_1449987_3.htm。

素，在发展经济过程中则需要更长远的总体规划，诸如水资源及其分配，清洁水源、不可再生资源的分配与保护，废物处理，人口影响以及与工业项目选址相关的特殊环境要求等。所有这些都提出了可持续性的问题，也就是几代人之间生存环境的均衡问题，这与冷酷的资本需要短期回报的本质是格格不入的。"[①]资本主义生产方式内部的生产体系和消费体系的"对抗性"矛盾放大了自身具有的"弱视""短视"的致命缺陷。

习近平指出："保护生态环境，应对气候变化，维护能源资源安全，是全球面临的共同挑战。中国将继续承担应尽的国际义务，同世界各国深入开展生态文明领域的交流合作，推动成果分享，携手共建生态良好的地球美好家园。"[②]

二、中国特色社会主义生态文明建设道路的发展前景

改革开放以来，我国经济社会获得了长足发展，工业化、现代化进程快速推进，人民生活总体上达到小康水平。在此基础上，党的十六大报告提出了全面建设小康社会的奋斗目标，到 2020 年，国内生产总值与 2000 年相比翻两番；十七大报告提出到 2020 年，人均 GDP 与 2000 年相比翻两番；十八大报告对于全面建成小康社会提出了新的要求，到 2020 年国内生产总值和城乡居民人均收入比 2010 年翻一番，被称为"国民收入倍增计划"。

但是，我们也要看到，在工业化和现代化进程中，资源、环境、生态问题已经成为我国经济社会进一步发展的制约因素。发达国家在上百年工业化、现代化过程中分阶段形成的资源、环境、生态问题，在我国已经集中出现。我国现在是世界上生态环境恶化最严重的国家之一，生态环境呈现了"边治理、边破坏，治理赶不上破坏""好转与恶化并存"的特征，以致"局部好转、整体恶化"的趋势迟迟得不到转变。这不仅给我国造成巨大的经济损失，而且严重威胁到人民的身体健康和人居环境安全，直接危及全面建设小康社会的进程，这不能不促使我们深入反思现代化的内涵和方向。

反思工业化、现代化的内涵和方向势在必行。

---

① ［英］戴维·弗里斯比：《现代性的碎片》，卢晖临等译，商务印书馆 2003 年版，第 94 页。

② 《习近平谈治国理政》，外文出版社 2014 年版，第 212 页。

随着时代的发展，我们对地球资源、环境、生态问题的认识越来越深入，对人与自然和谐共处的愿望越来越迫切，对人类社会的发展方向越来越明确，建设中国特色社会主义的生态文明成为中国特色社会主义的价值理念和实践追求。中国特色社会主义的发展要走新型工业化道路，即坚持以信息化带动工业化，以工业化促进信息化，走出一条科技含量高、经济效益好、资源消耗低、环境污染少、人力资源优势得到充分发挥的新型工业化路子。党的十六大报告提出了要不断增强可持续发展能力，改善生态环境，提高资源利用效率，促进人与自然的和谐，推动整个社会走上生产发展、生活富裕、生态良好的文明发展道路。十六届五中全会通过的《中共中央关于制定国民经济和社会发展第十一个五年规划的建议》中，首次把建设资源节约型、环境友好型社会确定为我国国民经济与社会发展中长期规划的重要战略任务：要把节约资源作为基本国策，发展循环经济，保护生态环境，加快建设资源节约型、环境友好型社会，促进经济发展与人、资源、环境相协调。推进国民经济和社会信息化，切实走新型工业化道路，坚持节约发展、清洁发展、安全发展，实现可持续发展。[①] 党的十七大报告进一步明确："坚持节约资源和保护环境的基本国策，关系人民群众切身利益和中华民族生存发展。必须把建设资源节约型、环境友好型社会放在工业化、现代化发展战略的突出位置。""建设生态文明，基本形成节约能源资源和保护生态环境的产业结构、增长方式、消费模式。"[②]

党的十八大报告又一次强调，到 2020 年，我国"资源节约型、环境友好型社会建设取得重大进展。主体功能区布局基本形成，资源循环利用体系初步建立。单位国内生产总值能源消耗和二氧化碳排放大幅下降，主要污染物排放总量显著减少。森林覆盖率提高，生态系统稳定性增强，人居环境明显改善"[③]。

建设生态文明，既是中国特色社会主义建设实践所提出的现实要求，

---

① 中共中央文献研究室编：《十六大以来重要文献选编》（中），中央文献出版社 2006 年版，第 1064 页。

② 中共中央文献研究室编：《十七大以来重要文献选编》（上），中央文献出版社 2009 年版，第 16、19 页。

③ 中共中央文献研究室编：《十八大以来重要文献选编》（上），中央文献出版社 2014 年版，第 14 页。

也是中国共产党敏锐地抓住人类历史发展的脉搏，适时对中国特色社会主义理论做出的深化和发展；既是对资本主义工业文明的反思，也是对苏联模式的社会主义工业化道路的扬弃。建设生态文明作为发展中国特色社会主义的新战略，具有深远的现实意义和历史意义。

这里不得不指出，生态环境问题是一个全球性的问题，单靠一个国家、一个地区的努力，只能缓解局部的环境问题。中国在全球经济政治体系中发挥着日益重要的作用，从而也应当在推进全球生态问题的解决中，做出与自身国际地位相称的贡献，这是关乎子孙后代的长远事业。在生态环境问题上，加强国际合作，同时又对发达国家生态殖民主义的行径进行有理有利有节的斗争，并且将合作与斗争结合起来，促进全世界生态环境问题以及第三世界的经济社会发展与生态环境保护朝向较优的方向发展，是社会主义中国不可推卸的责任。在合作中谋发展，以斗争来促进步，成为中国在社会主义初级阶段参与国际事务的策略安排。在这个过程中，毫不松懈地将社会主义与生态文明一致的科学理念推广开来，使中国不仅成为促进世界经济社会生态化转向的推进者，而且成为世界社会主义事业复兴的旗手，这是我们国家的历史责任。

但是我们必须对社会主义生态文明建设有一个清醒的认识。由于资本主义不仅将长期存在，而且具有经济、科技、军事和舆论上的优势，资本的逻辑还将依然在经济社会生活中占据主导地位，所以生态问题的彻底解决仍然困难重重、任重道远。而且人类对生态问题的认识、对生态规律的把握都有一个由不认识到有所认识、由自发到自觉、由浅入深的过程，通过资金投入、环保科技以及制度保障来进行的生态优化亦需要长期不懈的努力。我国长期处于社会主义初级阶段，实行社会主义市场经济体制，又处于经济全球化的激烈竞争之中，所以我国的社会主义生态文明建设必将是一个长期的、循序渐进的过程，但是，无论这个过程有多么漫长而艰难，只要我国坚持生态文明建设的社会主义性质，坚持在整个中国特色社会主义的社会文明建设中把“生态文明建设”置于突出的和应有的地位，我们必将迎来“社会主义生态文明新时代”[①]。

① 《习近平谈治国理政》，外文出版社 2014 年版，第 208 页。

第七章　中国道路与时代主题转换

马克思主义认为，时代问题是最高层次的战略判断。马克思主义政党只有“首先考虑到各个‘时代’的不同的基本特征（而不是个别国家的个别历史事件），我们才能够正确地制定自己的策略；只有了解了某一时代的基本特征，才能在这一基础上去考虑这个国家或那个国家的更具体的特点”[①]。20 世纪 70 年代末以来，党和国家依据邓小平关于时代主题的判断，逐步将工作重心转移到经济建设上来，实现了中国特色社会主义道路的历史转折。

第一节　马克思主义的时代观

马克思主义经典作家根据生产力发展的水平、生产关系的不同性质和各个阶级在历史发展某一阶段中的地位和作用等诸因素来划分历史的大时代。[②]

一、马克思恩格斯提出了人类社会发展演进的时代问题

马克思恩格斯主要从经济社会形态的角度判断人类社会大体经历了原始社会、奴隶社会、封建社会、资本主义社会和共产主义社会。马克思恩格斯在《共产党宣言》中指出，他们当时所处的是“资产阶级时代”。1859 年，马克思在《政治经济学批判》序言中指出：“大体说来，亚细亚的、古代的、封建的和现代资产阶级的生产方式可以看作是经济社会形态演

---

① 《列宁全集》第 26 卷，人民出版社 1988 年版，第 143 页。

② 《中国大百科全书·政治学卷》，中国大百科全书出版社 1992 年版，第 328 页。

进的几个时代。”[①]但由于历史的局限，马克思恩格斯没有对时代问题进行系统的论述。在马克思主义经典作家中，最早对时代问题进行全面阐述的是列宁。

二、列宁时代学说的主要内容和意义

列宁在考察了第一次世界大战和俄国革命历史条件的新变化之后，阐述了列宁主义时代学说，主要有以下几点。

其一，列宁认为，我们所说的时代，是大的历史时代，我们必须注意哪个阶级是这个或那个时代的中心，决定着时代的主要内容，时代发展的主要方向，时代的主要特征。[②]

其二，列宁认为，必须认真分析一个时代转变到另一个时代的客观条件，才能理解我们面前发生的极其重大的历史事件，也只有对时代转移的客观条件进行阶级分析，才能正确地把握时代的基本特征。因此，划分时代应以具有重大的或转折性意义的历史事件作为标志。这类历史事件的性质应当是以影响世界经济和政治格局，改变和规定历史发展的走向，成为人类历史的重要转折点。列宁对于资产阶级开辟的历史时代的三个阶段划分分别以 18 世纪末的法国大革命、1870 年的普法战争、第一次世界大战的爆发与结束等历史事件作为基本标志。[③]

其三，列宁认为，只有区别同一时代不同历史时期的基本特征，兼顾大时代与各国具体特点，才能正确地制定政策和策略。[④] 也就是说，在一个大的历史时代里，由于其性质和内容的表现形式以及发展程度不同，又可以分为若干个不同的时期，而每个时期又有不同的时代特征或时代主题，时代特征或时代主题的变换既说明了时代的推进，也说明了具体历史进程中的错综复杂性。因此，无产阶级政党需要对“大时代”与“小时期”做出科学区分，需要认清不同历史时期或发展阶段上的各自的特点。

其四，列宁根据对 19 世纪至 20 世纪初的历史客观条件的分析，认为当时的时代已经发生了根本变化，即进入了帝国主义时代。列宁关于帝

---

① 《马克思恩格斯选集》第 2 卷，人民出版社 1995 年版，第 33 页。

② 《列宁全集》第 26 卷，人民出版社 1988 年版，第 143 页。

③ 同上，第 143—144 页。

④ 同上，第 143 页。

国主义新时代的论述，是列宁时代观的核心。列宁认为，资本主义发展到帝国主义阶段后，其存在的三大矛盾（即垄断资产阶级和无产阶级的矛盾，帝国主义国家之间的矛盾，帝国主义国家和殖民地半殖民地国家之间的矛盾）日益激化，帝国主义国家为争夺世界霸权，战争不可避免，而战争必然引起革命。这个革命使目前已达到的资本主义发展阶段成为无产阶级社会主义革命的时代。基于这一判断，列宁提出战争与革命是当时世界政治的主要内容和时代的本质特征。同时，列宁也注意到，尽管十月革命已经开辟了从资本主义过渡到共产主义的新时代，但从帝国主义向社会主义过渡时代是长期的，其进程是曲折的，有时甚至会发生逆转。[①] 列宁曾明确指出："每个时代都有而且总会有个别的、局部的、有时前进、有时后退的运动，都有而且总会有各种偏离运动的一般型式和一般速度的情形。"[②]但在实践中，列宁也曾经过于乐观地估计资本主义必然加速灭亡，世界无产阶级革命必将获得胜利。在共产国际成立大会上，列宁指出："共产国际的成立是国际苏维埃共和国即将诞生的前兆，是共产主义即将在国际范围内取得胜利的前兆。""今天在座的同志们曾经看到第一个苏维埃共和国的成立，现在又看到第三国际即共产国际的成立，（鼓掌）将来他们一定还会看到世界苏维埃联邦共和国的成立。"[③]

列宁的时代学说有着重要的历史意义和理论意义。首先，列宁在马克思主义发展史上，第一次树立了在历史发展转折时期正确把握时代的本质和特征的典范。其次，列宁在全球范围内，从经济、政治等各方面来概括和界定时代概念，大大丰富和发展了马克思主义时代理论。第三，列宁敏锐地把握了时代赋予无产阶级政党的历史机遇，指出了"战争引起革命"和无产阶级有可能冲破帝国主义统治的薄弱环节，提出了"首先在一个或几个国家中获得胜利"的著名论断，从而鼓舞了世界无产阶级的革命斗志。俄国十月革命的胜利、20 世纪两次世界大战的爆发、战后欧亚一系列人民民主国家的诞生和民族解放运动的风起云涌等重大事件充分说明，在整个 20 世纪的上半期，是以战争与革命为主题的时代，在这 30 来年的时间里，世界的各种矛盾主要是通过战争与暴力革命的手段来解决

① 《列宁全集》第 35 卷，人民出版社 1985 年版，第 255 页。

② 《列宁全集》第 26 卷，人民出版社 1988 年版，第 143 页。

③ 同上，第 506、511—512 页。

的。当然，随着人类经济社会的变迁，列宁的时代学说也暴露出一定的历史局限性。[①] 马克思主义者需要根据新情况对时代问题做出新回答和新概括。

三、列宁时代学说在苏联的变形

第二次世界大战以后，特别是20世纪50年代初至70年代初的20多年时间里，随着现代军事技术的发展、核武器的出现与日益增加，随着科技的革命蓬勃发展，也随着世界人民觉悟的日益提高，解决当代世界的各种矛盾的手段发生了重大变化，传统的战争与和平的理论受到挑战，这就要求人们对其进行一番全面的反思和重新估计。但是，在战后很长一段时间里，苏共领导人没有遵循列宁时代学说中特别强调的“必须分析一个时代转变到另一个时代的客观条件”的原理，没有对战后新的客观条件、新的变化进行认真反思和思考，继续强调战后的时代主题仍然是战争与革命。斯大林还进一步提出了“世界资本主义体系总危机”的理论。

斯大林关于资本主义总危机和世界资本主义体系的危机理论有一个发展过程。1924年4月，斯大林在《论列宁主义基础》一文中，根据列宁对帝国主义时代问题的分析，把列宁的时代概念概括为“帝国主义和无产阶级革命的时代”[②]，后来则又通称为“战争与革命时代”，其主要内容就是：资本主义制度和世界资本主义体系发生了总危机；帝国主义就是战争；战争必然引起革命；革命推翻资本主义世界，这也是斯大林总危机理

① 布成良认为，列宁的帝国主义论是符合当时客观实际的，从历史发展看，帝国主义只是垄断资本主义发展的最初阶段和某种条件下的资本主义本质的特殊体现形式。列宁低估了垄断资本主义的调节能力和发展的极大潜力。参见《当代世界与社会主义》2003年第6期，第53页。薛汉伟认为，把垄断归纳为腐朽、反动和垂死，这是把政治革命和道义的判断放在首位，也违背了基本事实。历史事实表明，垄断形成和发展，促进了生产力的更快发展、科技的巨大进步和社会财富的极大增长。在20世纪，进入垄断阶段的资本主义生产方式，创造了远远高于19世纪的劳动生产率和无比巨大的社会生产力，再一次用经济革命证明，资本主义仍有很大的扩展力，世界历史远没有成熟到可以铲除资本主义生产的程度。参见《社会科学研究》2003年第2期，第3页。肖枫认为，由于世界情况已发生了很大变化，关于“帝国主义和无产阶级革命的时代”的提法虽然不恰当了，但其核心思想仍然有效。我们仍然处在由资本主义向社会主义过渡的大时代。参见《两个主义一百年》，第351页。

② 《斯大林选集》上卷，人民出版社1979年版，第185页。

论的核心。

斯大林认为，第一次世界大战特别是十月革命的胜利开始了资本主义世界总危机的第一阶段，而1929—1933年的大危机则是这种总危机的表现。

1925年12月，斯大林在联共（布）十四大政治报告中不仅承认了资本主义的稳定发展状况，而且对资本主义生产和贸易的恢复与发展，以及资产阶级政权在一定程度上的巩固做出了分析。他认为："资本主义正在摆脱或者说已经摆脱它在战后所陷入的那种生产、贸易以及财政方面的混乱状态。党把这种情况叫作资本主义的局部稳定或暂时稳定。"斯大林解释道："这就是说，各资本主义国家在战后危机时期（我指的是一九一九年至一九二〇年）曾一度一落千丈的生产和贸易已经开始向前发展，而资产阶级政权已经在一定程度上巩固起来。这就是说，资本主义暂时已经摆脱它在战后所陷入的那种混乱状态。""总的情况是：欧洲的战后经济危机正在消失，生产和贸易正逐渐达到战前水准。"[①] 但是，斯大林又强调，由于殖民地半殖民地出现的世界政治经济形势发展的不平衡状况，"被压迫国家的革命运动在逐步增长"，有些地方甚至"采取直接同帝国主义作战的形式……殖民地危机却已经达到顶点"[②]，从而严重影响了资本主义的局部稳定，因而出现了资本主义总危机。

1927年12月，斯大林在联共（布）十五大上指出，资本主义"销售市场觊觎者的数量在增多，生产能力在增长，商品供给量在增加，而市场的规模和势力范围仍旧相当固定。""世界资本主义最深刻的危机和日益加剧的不稳定状态的一切征象已经出现了。如果可以认为1920年至1921年在各资本主义国家发生的引起内部紊乱和外部关系破裂的暂时的战后经济危机已经过去，并接着来了一个局部稳定时期，那么，由于十月革命胜利和苏联脱离世界资本主义体系而形成的资本主义的总的和根本的危机不仅没有过去，反而日益加深，使世界资本主义生存的基础本身发生动摇。"[③]1929年4月，斯大林在《论联共（布）党内的右倾》一文中又强调了这一观点。他指出："资本主义的稳定每月每日都在毁坏，都在动摇。争

① 《斯大林全集》第7卷，人民出版社1958年版，第219—220页。

② 同上，第224页。

③ 《斯大林全集》第10卷，人民出版社1954年版，第235—243页。

夺国外市场和原料的斗争的尖锐化，军备的扩充，美英之间对抗的加剧，苏联社会主义的发展，资本主义国家工人阶级的左倾，欧洲各国罢工和阶级搏斗时期的到来，殖民地（包括印度在内）革命运动的发展，世界各国共产主义运动的发展，——所有这些事实都毫无疑问地说明：在资本主义国家里，促成新的革命高潮的因素正在增长。”①斯大林强调：“资本主义的稳定是不巩固的，而且不可能是巩固的；由于世界资本主义危机的尖锐化，这种稳定正被事变的进程动摇着，而且以后还会被动摇。”②

接着，斯大林在1930年的联共（布）十六上，将1929年爆发的资本主义经济危机看成是总危机。斯大林认为这次大危机的直接后果是“资本主义的稳定就要终结”，“群众革命运动的高潮将更加猛烈地增长起来”，“世界经济危机在许多国家里必定会转为政治危机。第一，这就是说，资产阶级在对内政策方面将从进一步法西斯化中寻找摆脱现状的出路……第二，这就是说，资产阶级在对外政策方面将从新的帝国主义战争中寻找出路。最后，这就是说，无产阶级在反对资本主义剥削，制止战争危险时将从革命中寻找出路”③。

1938年9月，斯大林在《论辩证唯物主义和历史唯物主义》一文中，进一步指出：“资本主义把生产力发展到巨大的规模以后，便陷入它解决不了的矛盾中……生产过程的社会性要求有生产资料的公有制，而生产资料的所有制却仍然是同生产过程的社会性不相容的私人资本主义所有制。生产力性质和生产关系之间这种不可调和的矛盾，通过周期性的生产过剩的危机暴露出来，在危机时期，资本家由于自己使居民群众遭受破产而找不到有支付能力的需求，不得不烧掉产品，毁坏成品，停止生产，破坏生产力；千百万居民则被迫失业挨饿，而这并不是由于商品不够，却是因为商品生产太多。这就是说，资本主义的生产关系已不再适合社会生产力状况，它同社会生产力发生了不可调和的矛盾。”④

第二次世界大战后，斯大林认为，第二次世界大战的爆发开始了资本主义总危机的第二阶段，在这个阶段，“各主要资本主义国家（美、英、法）

---

① 《斯大林选集》下卷，人民出版社1979年版，第123页。

② 同上，第127页。

③ 《斯大林全集》第12卷，人民出版社1955年版，第222—223页。

④ 同①，第448页。

夺取世界资源的范围，将不会扩大而会缩小，世界销售市场的条件对于这些国家将会恶化”[①]，资本主义经济危机已经将国际政治、殖民地斗争以及国内阶级斗争形势联动起来，资产阶级已经不能依靠资本主义制度自身来解决总危机了。

斯大林关于资本主义总危机的一些看法，在当时的历史条件下虽然有一定的道理，如在第一次世界大战期间，世界资本主义出现了经济和政治的全面危机，这种危机还导致了第二次世界大战。其后果是在统一的资本主义体系上打开了缺口，建立了一批人民民主国家，形成了与资本主义阵营相对立的社会主义阵营，社会主义阵营的存在加剧了资本主义的内部矛盾；在两次世界大战前后的这半个世纪的时间里，时代的主题是战争与革命。

但是，帝国主义在走向衰亡的历史过程中，有危机时期也有相对平稳的发展的时期。而斯大林的资本主义总危机理论却把资本主义世界的灭亡看成是迫在眉睫的事情，这不符合“二战”后资本主义发展的实际。“二战”结束后50多年的历史表明，斯大林的观点是站不住脚的，斯大林对资本主义世界的这种认识是片面的，列宁关于资本主义的发展比以前要快得多的论点并未失效。“二战”结束以来，随着第三次科技革命的兴起和扩展，各主要资本主义国家的生产力获得巨大的发展，经济增长较长时期保持较高速度。发达资本主义国家生产力的高速发展，是同以原子能技术、电子计算机技术、空间技术为标志的第三次科技革命分不开的，这表明，资本主义仍有一定的发展余地。当然，这种发展余地不是没有限度的，它始终受到资本主义社会的基本矛盾所制约。但是，随着新的科技革命的兴起，我们决不能无视资本主义国家的生产力已经取得和还要取得的巨大进步的事实。一句话，当代资本主义已不是斯大林的资本主义总危机概念所描述的那种全面危机的情况。[②] 当然，更为严重的是，斯大林对外部世界的这种判断的后果是使苏联认识不到与资本主义国家建立正常关系的重要性，长期把推进世界革命作为自己的发展战略，在主观上恶化了苏联的国家安全环境，使自己陷入了国际孤立的不利的境地。

斯大林认为，帝国主义国家之间争夺廉价的原料和销售市场的斗争

---

① 《斯大林文集》，人民出版社1985年版，第621页。

② 肖枫：《两个主义一百年》，当代世界出版社2000年版，第262页。

仍是不可避免的，因而资本主义国家之间的战争依然是不可避免的。他预言英、法、西德、日、意等资本主义国家必将摆脱美国的控制而走上独立发展的道路并与美国发生冲突。这种冲突在实践中将超过社会主义国家与资本主义国家之间的矛盾。他还认为和平运动只能推迟战争，使和平暂时得以维持，而不能根本上消除避免资本主义国家之间的战争。[①] 斯大林的这些理论对世界社会主义运动影响很大。尽管战后世界历史也证实了斯大林上述论断的某些方面的正确性，如西欧、日本等发达资本主义国家先后在不同程度上摆脱了美国的控制走上了独立发展的道路，发达资本主义国家依然存在着争夺销售市场和原料产地的斗争，等等。但从总体上来看，斯大林的估计是错误的。事实上，战后发达资本主义国家之间虽然仍旧有争夺市场、原料产地的激烈竞争，但迄今为止没有发生过严重的战争危机。这说明，对当代战争与和平问题的观察，必须在马克思主义的指导下，从战后历史事实出发做出科学判断，而不能停留在列宁在“一战”前后根据当时历史事实所做的论断上，更不能简单搬用斯大林在战后初期提出的“世界资本主义体系总危机”的观点。

第二节　毛泽东对时代问题的认识

一、毛泽东对时代性质问题的认识

列宁认为，帝国主义是资本主义的最高阶段，也是开始向社会主义、共产主义过渡的时代；从资本主义过渡到社会主义、共产主义是一个大的历史时代；这一过渡时代是长期的、曲折的和复杂的。[②] 毛泽东在长期革命斗争实践中，注意把列宁的时代学说与世界局势和中国实际相结合，坚持列宁关于时代的性质和时代划分的阶级标准，强调人类社会历史发展的总趋势不可逆转，从而为中国共产党制定正确的新民主主义革命和社会主义革命战略和策略提供了理论基础。

早在抗日战争时期和第三次国内革命战争时期，毛泽东就对我们所

① 《斯大林选集》下卷，人民出版社 1979 年版，第 561—566 页。

② 《列宁全集》第 26 卷，人民出版社 1988 年版，第 143—144 页；第 35 卷，人民出版社 1985 年版，第 255 页；第 43 卷，人民出版社 1987 年版，第 389—390 页。

处的时代性质问题做过精辟的论述。1937 年毛泽东在《矛盾论》中指出："十月社会主义革命不只是开创了俄国历史的新纪元，而且开创了世界历史的新纪元，影响到世界各国内部的变化。"①1940 年 1 月，毛泽东又在其著名的《新民主主义论》中指出："第一次帝国主义世界大战和第一次胜利的社会主义十月革命，改变了整个世界历史的方向，划分了整个世界历史的时代。"又说："现在的世界，是处在革命和战争的新时代，是资本主义决然死灭和社会主义决然兴盛的时代。"②1945 年 4 月，毛泽东进一步强调："十月革命后的新的历史方向，就是取消人剥削人的制度。"③1947 年 12 月，在《目前形势和我们的任务》报告中，毛泽东满怀信心地告诉全党和全军："现在是全世界资本主义和帝国主义走向灭亡，全世界社会主义和人民民主主义走向胜利的历史时代，曙光就在前面，我们应当努力。"④

新中国成立后，毛泽东把马克思主义基本原理创造性地运用于新中国的实际，开辟了一条具有中国特色的社会主义改造道路，实现了从新民主主义到社会主义的过渡。随后，毛泽东根据社会主义制度建立后社会生产力迅速发展的事实，以及"社会制度与人的相互关系"发生深刻变动的现实状况，于 1957 年 2—3 月间明确指出："只有社会主义能够救中国。社会主义制度促进了我国生产力的突飞猛进的发展。""社会主义是中国的唯一出路。"⑤毛泽东的这个重要论断既反映了中国社会的发展规律，也表达了中国共产党人坚持社会主义方向的决心。

在对时代本质问题的认识上，毛泽东基本上坚持他在民主革命时期提出的判断。1957 年 11 月，毛泽东《在苏联最高苏维埃庆祝十月革命四十周年会上的讲话》指出："苏联的道路，十月革命的道路从根本上说来，是全人类发展的共同的光明大道……无产阶级必然能够战胜资产阶级，社会主义必然能够战胜资本主义，被压迫民族必然能够战胜帝国主义。当然，在人民前面还有困难和曲折……但是，社会主义制度终究要代替资本主义制度，这是一个不以人们自己的意志为转移的客观规律。"⑥1961

① 《毛泽东选集》第 1 卷，人民出版社 1991 年版，第 303 页。
② 《毛泽东选集》第 2 卷，人民出版社 1991 年版，第 667、680 页。
③ 《毛泽东文集》第 3 卷，人民出版社 1996 年版，第 289 页。
④ 《毛泽东选集》第 4 卷，人民出版社 1991 年版，第 1260 页。
⑤ 《毛泽东文集》第 7 卷，人民出版社 1999 年版，第 214,267 页。
⑥ 同上，第 314—315 页。

年11月，毛泽东在祝贺十月革命44周年的电报中再次强调："十月社会主义革命是人类历史上的一次最伟大的革命，它开辟了人类从资本主义过渡到社会主义、共产主义的新时代。十月革命的胜利，对世界历史的发展产生了无可估量的影响。十月革命的道路是全世界无产阶级、一切被压迫人民和被压迫民族争取彻底解放、走向社会主义和共产主义的康庄大道。世界上没有任何力量能够阻止各国人民沿着这条光辉的道路胜利前进。"[①]

从长远的历史进程来说，毛泽东关于时代性质的判断反映了人类社会发展的规律和共产党人的历史信念，因为只要资本主义、帝国主义依然存在，无产阶级的历史使命就不可能终结。尽管和平与发展成为当今世界的主题，但是，时代的性质和决定时代的阶级内容并没有发生根本性的变化，当今的时代仍然是资本主义向社会主义、共产主义过渡的时代。

当然，受列宁、斯大林世界革命理论的影响，抑或受世界革命和民族解放运动形势的鼓舞，在毛泽东的时代思想中，在如何认识资本主义和社会主义的问题上，毛泽东确实存在低估世界资本主义和帝国主义力量及其发展潜力，而高估无产阶级力量和社会主义革命形势发展的问题。比如，1947年12月，他在《目前形势和我们的任务》中就认为："美国帝国主义在第二次世界大战期间所增强起来的经济力量，遇着了不稳定的日趋缩小的国内市场和国际市场……美国的战争景气，仅仅是一时的现象。它的强大，只是表面的和暂时的。"他强调："全世界反帝国主义阵营的力量超过了帝国主义阵营的力量。优势在我们方面，不是在敌人方面。"[②]1957年11月，毛泽东再次强调："国际形势到了一个新的转折点……社会主义的力量对于帝国主义的力量占了压倒的优势。"[③]进入60年代后期，毛泽东更是把正在蓬勃发展的全世界民族解放运动的政治景观吸收到时代范畴。毛泽东认为，美帝国主义和其他一切害人虫已经准备好了自己的掘墓；社会主义在全世界的胜利指日可待了。[④]

① 《建国以来毛泽东文稿》第9册，人民出版社1996年版，第598页。

② 《毛泽东选集》第4卷，人民出版社1991年版，第1259页。

③ 《毛泽东文集》第7卷，人民出版社1999年版，第321页。

④ 《建国以来毛泽东文稿》第12册，人民出版社1998年版，第152—153、487页；第13册，第96—97页。

二、毛泽东对当代世界战争与和平问题的认识

列宁认为，当资本主义发展到帝国主义阶段，由于帝国主义国家重新瓜分世界的斗争，必然导致帝国主义战争，而帝国主义战争必然引起无产阶级革命。因此，战争与革命是那个时代的主题。列宁的这一结论对毛泽东的战争与和平观影响是很大的。综观毛泽东一生对当代世界战争与和平问题的认识，可以归结为：世界战争是否爆发，存在着两种可能性，要努力争取和平的可能性。但毛泽东在不同的历史阶段，强调的侧重点是不同的。

在抗日战争时期，毛泽东认为："我们是处在战争与革命的新时代。"[①]并强调，第二次世界大战将是世界资本主义和帝国主义的最后一次战争，战争将引起许多国家的无产阶级革命爆发，其结果必将导致世界资本主义和帝国主义的末日来临。而"人类一经消灭了资本主义，便到达永久和平的时代，那时候便再也不要战争了"[②]。由于帝国主义发动第二次世界大战，无产阶级革命是不可避免的；因此，我们"目前还应该利用帝国主义战争，目前是世界革命的前夜"[③]。

第二次世界大战结束至20世纪60年代初期，毛泽东对阻止新的世界大战爆发，争取和平持比较乐观的态度。他认为，经过斗争新的世界战争是能够制止和避免的，世界的前途是光明的，道路是曲折的。[④]

早在抗日战争胜利后不久，针对是不是要打第三次世界大战的问题，毛泽东明确指出："不会的。试想第二次世界大战刚刚打完，怎么就可能打第三次世界大战呢？资本主义国家和社会主义国家在许多国际事务上，还是会妥协的，因为妥协有好处。"[⑤]1946年4月，针对冷战开始后国际国内社会出现的所谓"第三次世界大战必然爆发"和"美苏必战"的议论，毛泽东在其起草的《关于目前国际形势的几点估计》一文中指出："世界反动力量确在准备第三次世界大战，战争危

① 《毛泽东文集》第2卷，人民出版社1993年版，第291页。

② 《毛泽东选集》第2卷，人民出版社1991年版，第475页。

③ 同上，第289页。

④ 《毛泽东外交文选》，中央文献出版社、世界知识出版社1994年版，第53页。

⑤ 同上，第53页。

险是存在着的。但是，世界人民的民主力量超过世界反动力量，并且正在向前发展，必须和必能克服战争危险。”[①]同年8月，毛泽东在《和美国记者安娜·路易斯·斯特朗的谈话》中指出：“美国和苏联中间隔着极其辽阔的地带，这里有欧、亚、非三洲的许多资本主义国家和殖民地、半殖民地国家。美国反动派在没有压服这些国家之前，是谈不到进攻苏联的。”因此，毛泽东认为，当时政治斗争的中心是美国反动派；世界人民的民主力量一定能克服战争危险。[②] 继1947年底毛泽东提出“全世界反帝国主义阵营的力量超过了帝国主义阵营的力量”，全世界民主力量一定能够阻止帝国主义发动第三次世界大战，战争是可以避免的结论[③]之后，1948年9月，毛泽东再次强调，世界战争危险确实存在着，但战争危险必须而且必能克服。[④]

人民共和国成立初期，毛泽东对世界总局势的分析没有改变。针对国民党散布的第三次世界大战的谣言，毛泽东再次强调：“新的世界战争是能够制止的。”[⑤]朝鲜战争结束后，毛泽东对实现世界和平是满怀信心的，毛泽东认为，世界的主要矛盾是战争与和平问题，而反对战争，争取和平是世界各国的主要倾向。为此，毛泽东提出了一系列重要观点：其一，中国需要一个和平的国际环境进行建设，中国要同一切愿意和平的国家团结合作、和平共处，共同努力防止战争，缓和对社会主义国家和资本主义国家的人民都有利。[⑥] 其二，美国和苏联之间隔着广阔的中间地带，整个亚洲、非洲、拉丁美洲的人民都反对美帝国主义，欧洲、日本等发达资本主义国家也反对美国的控制。这些国家都是反对第三次世界大战的。[⑦]其三，反对美国通过建立所谓的“安全条约”等侵略性的军事集团来控制欧洲和亚洲，倡议各国建立世界集体安全体系或与美国签订和平条约，

---

① 《毛泽东外交文选》，中央文献出版社、世界知识出版社1994年版，第55—56页。

② 同上，第59页。

③ 同上，第64—67页。

④ 同上，第68—70页。

⑤ 同上，第136页。

⑥ 同上，第160—161、168、173—174、178、204、206、225、387页。

⑦ 同上，第337、342、385、506—509页。

建立友好关系。[①] 其四，如果爆发第三次世界大战，以美国为首的资本主义世界将要遭受严重的打击，其统治范围将大大缩小，灭亡的可能是帝国主义，因此以美国为首的帝国主义国家比社会主义和民族主义国家更害怕战争；战争打起来对美国这样的国家是不利的，更何况美国还没有做好在军事上发动战争的准备。[②] 其五，我们对战争的态度是：第一条是反对，第二条是不怕；我们要做好反侵略的战争准备，要有一个保险系数，要警惕和做好帝国主义发动战争的坏的方面的准备。[③]

在20世纪60年代中后期至20世纪70年代初期的这一段时期里，毛泽东一方面充分注意到了中国国际环境的不利变化：一是中、苏由党的分歧发展到国家关系的严重对抗，二是美苏在全球争霸的国际形势日趋严重。但是，另一方面，毛泽东却忽视了世界格局发生变化条件下涌动的经济社会发展与科技进步的巨大浪潮，从而加重了对世界战争的危险性的估计，并期望出现世界革命形势的新高潮。

毛泽东对世界战争危险性的估计越来越严重，甚至一度认为，现在这种既不打世界大战，又无世界革命的状态不会维持很久；要准备打仗，准备美苏在世界上闹事；不相信持久和平，或者说所谓一代人的和平。[④] 但是，通观公开出版的有关毛泽东的文献资料，毛泽东并没有断言世界大战不可避免的结论。

需要强调的是，毛泽东只是由于中苏两国的关系日趋紧张，苏联在中苏边境陈兵百万，苏联正从战略上准备对中国进行一场核战争时，毛泽东才逐渐感到中苏战争的危险性，认为中苏战争不可避免，已迫在眉睫，要立足于大打、早打、打核大战；要做好小、中、大打的各种准备。后来的事实证明，正是由于中国做好了必要的战争准备，才促使苏联当局最终放弃对中国发动大规模战争和进行所谓的核袭击计划。

即使在这种情况下，毛泽东仍然这样认为："关于世界大战问题，无非是两种可能：一种是战争引起革命，一种是革命制止战争。"[⑤]而为了遏制

---

① 《毛泽东外交文选》，中央文献出版社、世界知识出版社1994年版，第159、162、213、246、440、467页。

② 同上，第342—343、386页。

③ 同上，第284、299、347、385、470页。

④ 《建国以来毛泽东文稿》第13册，人民出版社1998年版，第32、380页。

⑤ 同上，第32页。

世界大战，毛泽东一度热情赞赏并主张中国要全力支持世界革命。他指出，“当前，世界革命进入了一个伟大的新时代”，“当前世界的主要倾向是革命”，革命者要用革命制止战争，中国应坚决支持世界革命运动，“可以肯定，殖民主义、帝国主义和一切剥削制度的彻底崩溃，世界上一切被压迫人民、被压迫民族的彻底翻身，已经为期不远了”[①]。国际形势的发展变化的事实证明，毛泽东关于世界革命形势的判断不仅失之偏颇，而且也使我们在国际事务中陷于被动的境地。

70 年代头 6 年，毛泽东的认识又有所发展，他认为，世界还不安定，世界大战的危险性依然存在，要有所准备，但大战一时还打不起来；在外交实践中，毛泽东还逐渐地放弃了通过广泛支持世界革命斗争来改善我国国际安全的做法。[②]

总之，毛泽东对战争与和平的分析尽管有许多独到之处，但如何准确地把握战后特别是 70 年代后期国际形势继续变化中显现出来的根本问题，进一步转换观察国际问题的新视角，明确时代主题的任务，便留给了邓小平。

第三节　时代主题转换与中国特色社会主义道路

一、邓小平关于时代主题变化的思考

邓小平在探索中国特色社会主义道路过程中，如何把握时代主题的变化是他重点思考的问题之一。邓小平坚持判断时代问题的阶级标准，认为“历史总趋势不可逆转”。他指出，马克思主义“运用历史唯物主义揭示了人类社会发展的规律。封建社会代替奴隶社会，资本主义代替封建主义，社会主义经历一个长过程发展后必然代替资本主义。这是社会历史发展不可逆转的总趋势，但道路是曲折的”[③]。1989 年 5 月，他在会见

① 《毛泽东外交文选》，中央文献出版社、世界知识出版社 1994 年版，第 578、584、578—579 页。

② 同上，第 592—594、600—601 页、606 页；《建国以来毛泽东文稿》第 13 册，人民出版社 1998 年版，第 383、417—418、524 页。

③ 《邓小平文选》第 3 卷，人民出版社 1993 年版，第 382—383 页。

戈尔巴乔夫时指出："世界形势日新月异，特别是现代科学技术发展很快。""马克思去世以后一百多年，究竟发生了什么变化，在变化的条件下，如何认识和发展马克思主义，没有搞清楚。绝不能要求马克思为解决他去世之后上百年、几百年所产生的问题提供现成答案。列宁同样也不能承担为他去世以后五十年、一百年所产生的问题提供现成答案的任务。"[①]他认为，必须从世界背景中去考察中国的新问题及其出路，使社会主义理论具有鲜明的时代特征，才能使马克思主义重新焕发生机；在社会主义在全世界代替资本主义的长期的曲折的复杂的历史过程中，世界的形势并不能总是用"战争与革命时代"来概括；随着国际形势的发展变化，和平与发展逐渐成为时代主题。

1977年底，再次复出的邓小平分析了苏美关系的新变化，提出了"可以争取延缓战争的爆发"的论断，从而改变了我们坚持多年的关于战争不可避免性，而且迫在眉睫的观点。邓小平提出这一新观点的理由，一是"我们有毛泽东同志的关于划分三个世界的战略和外交路线，可以搞好国际的反霸斗争"，二是"苏联的全球战略部署还没有准备好。美国在东南亚失败后，全球战略目前是防守的，打世界大战也没有准备好"[②]。1978年至1985年中期，邓小平逐步提出了世界和平力量的增长，在较长时间内不发生大规模的世界战争是有可能的，战争是可以避免的，维护世界和平是有希望的观点。[③] 1987年邓小平在接见外宾时回忆说："对于总的国际局势，我的看法是，争取比较长期的和平是可能的，战争是可以避免的……一九七八年我们制定一心一意搞建设的方针，就是建立在这样一个判断上的。"[④]邓小平的判断对中国特色社会主义道路的发展起到了非常重要的作用。

20世纪80年代中期，邓小平在科学分析世界各种矛盾和观察国际战略形势过程中，敏锐把握时代变化的脉搏，提出了和平与发展是当代世界两大问题的著名论断。1984年5—10月邓小平明确地提出了现在世界上和平问题和南北问题比较突出，而这两个问题带有全局性、战略性和

---

① 《邓小平文选》第3卷，人民出版社1993年版，第291页。

② 《邓小平文选》第2卷，人民出版社1994年版，第77页。

③ 同①，第127页。

④ 同①，第233页。

关系全局的意义。[①] 次年3月,邓小平在《和平与发展是当代世界的两大问题》一文指出:“现在世界上真正大的问题,带全球性的战略问题,一个是和平问题,一个是经济问题或者说发展问题。和平问题是东西问题,发展问题是南北问题。概括起来,就是东西南北四个字。南北问题是核心问题。”[②]由此可见,邓小平根据20世纪70年代末以来国际形势的变化,在两次对战争问题判断的基础上,深入思考了当代世界格局的各种矛盾及其相互关系变化的状况及其原因,逐步形成了和平与发展是世界主题的思想观点。

20世纪80年代后期至20世纪90年代初期,邓小平在国际关系发生重大变化,特别是苏联解体、东欧剧变,世界社会主义运动遇到重大挫折的情况下,邓小平对和平与发展问题进行了深入的分析和思考,进一步深化了对和平与发展这两大问题的认识。1990年3月,他再次重申:“现在旧的格局在改变中,但实际上并没有结束,新的格局还没有形成。和平与发展两大问题,和平问题没有得到解决,发展问题更加严重。”[③]1992年1—2月,邓小平告诫全党同志:“世界和平与发展这两大问题,至今一个也没有解决。社会主义中国应该用实践向世界表明,中国反对霸权主义、强权政治,永不称霸。中国是维护世界和平的坚定力量。”他还强调:“我坚信,世界上赞成马克思主义的人会多起来的,因为马克思主义是科学。它运用历史唯物主义揭示了人类社会发展的规律。封建社会代替奴隶社会,资本主义代替封建主义,社会主义经历一个长过程发展后必然代替资本主义。这是社会历史发展不可逆转的总趋势,但道路是曲折的。资本主义代替封建主义的几百年间,发生过多少次王朝复辟?所以,从一定意义上说,某种暂时复辟也是难以完全避免的规律性现象。一些国家出现严重曲折,社会主义好像被削弱了,但人民经受锻炼,从中吸收教训,将促使社会主义向着更加健康的方向发展。因此,不要惊慌失措,不要认为马克思主义就消失了,没用了,失败了。哪有这回事!”[④]

---

① 《邓小平文选》第3卷,人民出版社1993年版,第56、96页;《邓小平年谱(1975—1997)》第3卷,中央文献出版社,1998年版第282页。

② 《邓小平文选》第3卷,人民出版社1993年版,第105页。

③ 同上,第353页。

④ 同上,第382—383页。

应该说明的是，邓小平在论述和平与发展时，一直用的是问题而不是主题。但我们也要注意到，邓小平提出这一论断之后，党的十三大至十八大文献连续六次都做出了关于时代主题的同一结论。党的代表大会这种结论和邓小平的论断是一致的，对此，我们没有理由表示怀疑。

二、和平与发展成为当代世界主题的依据

和平与发展之所以成为当代世界的主题，从邓小平的一系列论述来看，主要根据有以下几点。

(一)维护世界和平已成为当代世界最大的问题

和平问题主要是维护世界和平，防止发生新的世界大战。这是当代人们最为关注的重大问题。

首先，邓小平阐述了维护世界和平的迫切性、必要性。邓小平认为当时世界上能打世界大战的国家只有美苏两个超级大国，他们拥有世界上95%以上的核武器，都有毁灭对方40—60次的能力，打起核大战来，不会有胜利者。正如邓小平揭示的那样，“现在有核武器，一旦发生战争，核武器就会给人类带来巨大的损失”[①]。战争条件的变化，确实会给战争与政治关系带来很大影响。正是由于这样，美苏谁也不敢贸然先发动战争。此外，邓小平还强调了和平环境对经济发展的重要性：要建设，没有和平环境不行，争取和平是发展的条件，更是我们建设的需要。“我们诚心诚意地希望不发生战争，争取长时间的和平，集中精力搞好国内的四化建设。”[②]

其次，邓小平还论述了世界和平的现实可能性。1988年9月，邓小平在会见李光耀时谈到，国际政治领域出现了新特点，即由对抗转为对话，由紧张转向缓和趋势明显。特别是20世纪80年代以来，美苏关系已经有所改善，东西方谈判也已取得实质性效果。而今天，苏联已不复存在，俄美双方已签订了一系列关于限制和削减核武器的军控协议，所以发生世界大战的可能性更小了，维护世界和平更有希望了。

此外，邓小平还揭示了世界和平力量的增长超过了战争力量的增长。他认为，第三世界各国正致力于国内的经济建设，他们希望发展起来，因

---

① 《邓小平文选》第3卷，人民出版社1993年版，第56页。

② 同上，第57页。

而不愿意战争；而刚刚摆脱第二次世界大战灾难的日本和欧洲国家，也正致力于新科技革命，他们的主要注意力在于发展生产力，参与国际性的经济技术竞争。这些国家的人民更是要求和平、反对战争。据此，邓小平指出，“制约战争的力量有了可喜的发展”[①]。

（二）谋求发展已成为当今世界的潮流

邓小平认为，无论是发达国家，还是发展中国家，都面临发展经济的任务，但就其严峻性与迫切性而言，广大发展中国家则显得尤为突出。发展问题不仅关系到亚非拉亿万人民的生存和温饱，以及众多新兴民族国家的兴衰，而且也关乎西方发达国家的经济增长速度。同时，发展问题还是左右全球持久和平局面能否维持的重要因素，因为贫穷、饥饿、内乱与动荡往往是诱发军事冲突和局部战争的根源。邓小平强调：“应当把发展问题提到全人类的高度来认识，要从这个高度去观察问题和解决问题。只有这样，才会明了发展问题既是发展中国家自己的责任，也是发达国家的责任。”[②]邓小平还强调：“现在世界上北方发达、富裕，南方不发达、贫困，而且相对地说，富的愈来愈富，穷的愈来愈穷。南方要改变贫困和落后，北方也需要南方发展。南方不发展，北方还有什么市场？资本主义发达国家遇到的最大问题是发展速度问题，再发展问题。”[③]

邓小平对发展的可能性进行了深刻分析。首先，他认为，在当代历史条件下，科学技术的新发展，已使其成为第一生产力，为经济发展灌注了强大的动力。他指出：“现代科学技术正在经历着一场伟大的革命。近三十年来，现代科学技术不只是在个别的科学理论上、个别的生产技术上获得了发展，也不只是有了一般意义上的进步和改革，而是几乎各门科学技术领域都发生了深刻的变化，出现了新的飞跃，产生了并且正在继续产生一系列新兴科学技术。现代科学为生产技术的进步开辟道路，决定它的发展方向。”[④]可以说，任何一个国家在未来国际社会中的地位，在很大程度上直接取决于它面对新技术革命所做出的反映和决策以及运用高新技术所获得的成果。其次，邓小平从当代世界经济一体化的趋势中，揭示出

① 《邓小平文选》第 3 卷，人民出版社 1993 年版，第 105 页。
② 同上，第 282 页。
③ 同上，第 96 页。
④ 《邓小平文选》第 2 卷，人民出版社 1993 年版，第 87 页。

全球发展的新动力。他指出："很难说这十一二亿人口的继续发展能够建筑在三十多亿人口的继续贫困的基础上……南方得不到适当的发展，北方的资本和商品出路就有限得很，如果南方继续贫困下去，北方就可能没有出路。"[①]由此可见，邓小平关于解决南北经济社会发展的巨大差距应该依靠下列办法：一是在思想上要把发展问题提到全人类的高度来认识，要从这个高度去观察问题和解决问题。他认为，发展问题不只是发展中国家自己的责任，更是发达国家的责任，因为发达国家同样面临着一个再发展问题，不解决发展中国家的问题，发达国家的再发展问题也解决不了。[②] 二是要加强南北对话。南北双方要相互沟通，北方发达国家有责任帮助发展中国家，南方发展中国家也应积极与发达国家建立联系。为此，邓小平要求我国加强同美国、日本和欧洲等发达国家的联系与合作。[③] 三是第三世界的发展关键要依靠自己的努力，靠第三世界国家间的"南南合作"。[④]

三、时代主题转换与中国特色社会主义

邓小平关于"和平与发展"是当今时代主题的科学论断既有重大的理论意义，又有重要的现实意义。

其一，和平与发展是当今时代主题的科学判断，是我国坚持工作重心转移，以经济建设为中心不动摇信念的理论基础。邓小平强调："现在世界发生大转折，就是个机遇。"[⑤]"抓住时机，发展自己，关键是发展经济。"[⑥]

其二，和平与发展是当今时代主题的科学判断，是我国实行社会主义对外开放政策的理论依据。邓小平指出，社会主义要取得与资本主义相比较的优势，就必须大胆吸收和借鉴人类社会创造的一切文明成果，包括资本主义发达国家的一切反映现代社会化生产规律的先进经营方式和管理方法，吸收国外资金，扩大外贸，引进智力，加快我国现代化建设进程。

---

① 《邓小平文选》第3卷，人民出版社1993年版，第106页。

② 同上，第281—282页。

③ 同上，第79页。

④ 同上，第282页。

⑤ 同上，第369页。

⑥ 同上，第375页。

其三，和平与发展是当今时代主题的科学判断，是我们党和政府调整外交战略和策略的理论依据。改革开放以来，我国调整了过去以社会制度和意识形态画线的做法；主张从国家战略利益出发处理国与国之间的关系，超越社会制度和意识形态的异同，不计较历史的恩怨，不搞意识形态的争论，按照国际关系准则发展同所有国家的关系。

其四，和平与发展是当今时代主题的科学判断，是指导我国积极参与建立国际经济政治新次序的理论依据。邓小平认为，要实现世界的持久和平与各国的共同发展，就必须以和平共处五项原则为基础，建立和平稳定、公正合理的国际经济政治新秩序。这样一个国际经济政治新秩序是符合时代潮流的，是符合世界人民的利益和愿望的。

其五，和平与发展是当今时代主题的科学判断，是邓小平提出“一国两制”构想的理论依据。邓小平提出的“一国两制”的构想，体现了用和平共处五项原则解决国家内部问题的时代精神。用和平方式解决台湾、香港、澳门问题，既有利于世界的和平与稳定，又有利于国内建设的大局。[①]他相信，为了台、港、澳保持繁荣、稳定和发展，“在小范围内容许资本主义存在，更有利于发展社会主义”[②]。这对整个国家、民族和人民来说都是有利的。

四、国际局势虽然复杂多变，但和平与发展仍是时代主题

20 世纪 80 年代，邓小平根据国际形势的深刻变化，形成了可以争取相当长一段时间的和平与世界大战是可以避免的判断，并进而提出了“和平和发展是当代世界的两大问题”的著名论断。党的十三大报告将邓小平思想概括为“和平与发展是当代世界的主题”。党的十四大报告继续概括为“和平与发展仍然是当今世界两大主题”。党的十五大报告进一步提出了“和平与发展已成为当今时代的主题”。党的十六大报告又一次强调指出：“和平与发展仍是当今时代的主题。维护和平，促进发展，事关各国人民的福祉，是各国人民的共同愿望，也是不可阻挡的历史潮流。”“不管国际风云如何变幻，我们始终不渝地奉行独立自主的和平外交政策。中国外交政策的宗旨，是维护世界和平，促进共同发展。我们愿同各国人民

① 《邓小平文选》第 3 卷，人民出版社 1993 年版，第 59 页。
② 同上，第 103 页。

一道，共同推进世界和平与发展的崇高事业。”党的十七大报告强调：“当今世界正处在大变革大调整之中。和平与发展仍然是时代主题，求和平、谋发展、促合作已经成为不可阻挡的时代潮流。”党的十八大报告继续强调：“当今世界正在发生深刻复杂变化，和平与发展仍然是时代主题。”“人类只有一个地球，各国共处一个世界”，“要和平不要战争，要发展不要贫穷，要合作不要对抗，推动建设持久和平、共同繁荣的和谐世界，是各国人民共同愿望。”这些论述表明我党对时代问题的认识具有继承性。和平与发展的时代主题观既是中国共产党对世界发展进程和基本走向的总体判断，也是我国对外工作的战略部署。正如习近平所指出的，“走和平发展道路，是我们党根据时代发展潮流和我国根本利益做出的战略抉择”；“和平发展道路对中国有利、对世界有利，我们想不出有任何理由不坚持这条被实践证明是走得通的道路”。[①]

综观冷战后世界格局的变化，一方面，“和平、发展、合作、共赢成为时代潮流，旧的殖民体系土崩瓦解，冷战时期的集团对抗不复存在，任何国家或国家集团都再也无法单独主宰世界事务”。“各国相互联系、相互依存的程度空前加深，人类生活在同一个地球村里，生活在历史和现实交汇的同一个时空里，越来越成为你中有我、我中有你的命运共同体”。但另一方面，“这个世界，人类依然面临诸多难题和挑战，国际金融危机深层次影响继续显现，形形色色的保护主义明显升温，地区热点此起彼伏，霸权主义、强权政治和新干涉主义有所上升，军备竞争、恐怖主义、网络安全等传统安全威胁和非传统安全威胁相互交织，维护世界和平、促进共同发展依然任重道远”[②]。南北矛盾更加突出，发展方面出现了许多新情况和新问题。世界和平面临着新的威胁。和平与发展这两大课题，至今一个也没有解决。特别是“9·11”事件以来，国际形势变得更加复杂多变、扑朔迷离，但透过历史的表象，我们看到“9·11”事件没有改变国际社会的力量对比，没有改变国际关系的总体格局和社会发展的基本规律，“9·11”后的世界，和平与发展作为时代的两大主题没有改变。恐怖主义、民族分裂主义、极端宗教主义等三股势力不能代表世界各种文明的主流。因此，无论形势如何变化，只要抓住和平与发展两大问题，就抓住了当今世界最

---

① 《习近平谈治国理政》，外文出版社 2014 年版，第 247、267 页。

② 同上，第 272 页。

突出的矛盾、最根本的变化和最主要的特征，我们就有了观察和解决世界各种问题的基本着眼点，就不至于在复杂多变的世界形势面前迷失方向。继续坚持和平与发展的时代主题观，必将继续有利于党和国家制定国际战略和发展战略，必将有利于胜利完成新世纪的三大历史任务，必将有利于实现全面建成小康社会目标和中华民族伟大复兴的中国梦。

第四节　建立新型国际关系，不断推进世界和平与发展

"互相尊重主权和领土完整、互不侵犯、互不干涉内政、平等互利、和平共处"五项原则符合《联合国宪章》的宗旨和原则，是我国处理同各国关系的基本准则。邓小平指出，这五项原则"非常明确，干净利落，清清楚楚"，应当"作为指导国际关系的准则"。[①] 邓小平强调，不同社会制度、不同意识形态的国家将在世界上长期存在，为了维护世界和平与稳定，应该本着和平共处五项原则的精神发展国家关系。20 世纪 80 年代以来，我党从促进维护世界和平与发展的宗旨和目标出发，提出了一系列处理国家间关系的基本方针。

一、要努力发展和构建新型大国关系

大国是影响世界和平的决定性力量。为了改善我国在国际中的处境，扩大中国的回旋余地，20 世纪 80 年代以来，我们党积极运筹中俄、中美、中欧、中日等主要大国关系。江泽民指出，我们改善和发展同发达国家的关系，坚持"以各国人民的根本利益为重，不计较社会制度和意识形态的差别，在和平共处五项原则的基础上，扩大共同利益的汇合点，妥善解决分歧"。目前，中国与大国之间正致力于建立一个稳定的合作伙伴关系或框架。

（一）发展中俄全面战略协作伙伴关系

俄罗斯既是我国周边最大邻国，也是世界大国，中俄两国拥有广泛的共同利益。中俄关系一直保持着良好的发展势头，20 世纪 90 年代建立和发展了两国"平等信任、面向 21 世纪的战略协作伙伴关系"；2001 年 7 月，中俄战略协作伙伴关系以《中俄睦邻友好合作条件》的形式固定下来，

---

① 《邓小平文选》第 3 卷，人民出版社 1993 年版，第 283 页。

中俄这种结伴不结盟的新型关系，既符合国际关系发展的潮流，也符合中俄两国人民的根本利益。中俄关系发展良好，中俄边界划界完成，中国北部12000多公里边境线处于军事信任状态，每年进行反恐军事演习。

习近平指出："中俄关系是世界上最重要的一组双边关系，更是最好的一组大国关系。一个高水平、强有力的中俄关系，不仅符合中俄双方利益，也是维护国际战略平衡和世界和平稳定的重要保障。经过双方20多年不懈努力，中俄建立起全面战略协作伙伴关系，这种关系充分照顾对方利益和关切点，给两国人民带来了实实在在的好处。我们两国彻底解决了历史遗留的边界问题，签署了《中俄睦邻友好合作条约》，为中俄关系长远发展奠定坚实基础。"①

（二）从全局出发，发展中美建设性战略合作伙伴关系

中美两国是世界最大的发展中国家和最大的发达国家，两国虽然社会制度根本不同，但双方在经济、政治、文化、社会、地区安全等方面有共同的利益，中美两国对世界和平与发展负有重要责任，中美两国关系成为世界上最主要的双边关系之一。2013年6月，习近平在《构建中美新型大国关系》讲话中指出，中美关系的走向为世人瞩目，中美两国合作好了，就可以做世界稳定的压舱石、世界和平的助推器。面对经济全球化迅速发展和各国同舟共济的客观需求，中美可以也应该走出一条不同于历史上大国冲突对抗的新路，共同努力构建不冲突不对抗、相互尊重、合作共赢的新型大国关系。②

早在1988年邓小平就指出，中美两国关系需要发展，要把这一发展提到一个更高的角度，提到维护世界和平和全人类利益的角度。30多年来，中美关系保持了较长时期的稳定，经济、政治、文化、军事、金融等领域的关系，都在不断发展；中美两国元首就发展达成了一系列共识；中美两国在反恐、防扩、环保和解决地区热点等一系列问题上，相互支持与配合。高层（包括军事高层）互访不断；人员交流频繁，留学生数量巨大；经贸不断增加，1979年中美贸易总额仅仅24亿美元，2013年中美贸易总额达5210亿美元，中国对美国贸易顺差超过2000亿；中国购买美国巨额国债、证券。

---

① 《习近平谈治国理政》，外文出版社2014年版，第275页。

② 同上，第279页。

(三)全面改善和发展同欧盟的关系,建设更具全球影响力的中欧全面战略伙伴关系

欧洲是多极化世界的重要一极,是维护世界和平、制约战争的力量。欧洲是中国的全面战略伙伴,中国同欧洲国家之间存在着许多共同利益,在一些重大国际问题上有着相同或近似的看法,建立和保持长期稳定的中欧战略伙伴关系,不仅符合中国和欧洲各国人民的根本利益,对整个世界的和平、安全和繁荣也将产生不可忽视的影响。中国与欧盟的政治、经贸和文化交流与合作全面发展,中欧在重大国际和地区问题上共识增多、协调加强。2014 年 4 月,习近平在题为《在亚欧大陆架起一座友谊和合作之桥》演讲中指出:"我们希望同欧洲朋友一道,在亚欧大陆架起一座友谊和合作之桥。我们要共同努力建造和平、增长、改革、文明四座桥梁,建设更具全球影响力的中欧全面战略伙伴关系。""无论国际风云如何变幻,中国始终支持欧洲一体化进程,始终支持一个团结、稳定、繁荣的欧盟在国际事务中发挥更大作用。"①

(四)努力发展中日睦邻友好关系

中国与日本是一衣带水的近邻。1981 年 9 月 8 日,邓小平就指出,发展中日友好合作关系不是 10 年 20 年的事情,要从长远的战略的眼光来看待,为不断加强和发展这种关系而努力。次年 7 月 29 日,邓小平再次强调,在中日友好的长久历史中,只有一段短暂时间不愉快。问题是要对这段历史有个正确的认识和对待,不能也不允许进行歪曲。只有如此,中日两国关系才能按正常轨道前进,中日两国友好愿望才能真正实现。

目前中日经贸关系基本正常,中日在经贸领域的合作有新进展。中日友好是大势所趋,人心所向。2014 年 11 月初,两国政府就改善中日关系达成四点原则共识,为改善中日关系迈出重要一步:双方确认将遵守中日四个政治文件的各项原则和精神,继续发展中日战略互惠关系;双方本着"正视历史、面向未来"的精神,就克服影响两国关系政治障碍达成一些共识;双方认识到围绕钓鱼岛等东海海域近年来出现的紧张局势存在不同主张,同意通过对话磋商防止局势恶化,建立危机管控机制,避免发生不测事态;双方同意利用各种多双边渠道逐步重启政治、外交和安全对话,努力构建政治互信。2015 年 5 月 23 日,习近平出席中日友好交流大

---

① 《习近平谈治国理政》,外文出版社 2014 年版,第 282—283 页。

会并发表讲话，他指出，历史证明，中日友好事业对两国和两国人民有利，对亚洲和世界有利，值得我们倍加珍惜和精心维护，继续付出不懈努力。

二、坚持亲、诚、惠、容的理念，做好周边国家外交工作

“发展同周边国家睦邻友好关系是我国周边外交的一贯方针。”[①]但由于历史等原因，我国与周边国家存在一些领土争端。对此，邓小平指出：“有些国际上的领土争端，可以先不谈主权，先进行共同开发。这样的问题，要从尊重现实出发，找条新的路子来解决。”“南沙群岛，历来世界地图是划到中国的，属中国，现在除了……菲律宾占了几个岛，越南占了几个岛，马来西亚占了几个岛。将来怎么办？一个办法是我们用武力统统把这些岛收回来；一个办法是把主权问题搁置起来，共同开发，这就可以消除多年积累下来的问题……我们中国人是主张和平的，希望用和平方式解决争端。”[②]

1996年12月，江泽民出访巴基斯坦时提出的发展同南亚各国友好关系的五项原则，实际上成为与广大周边国家进行友好合作的指导方针。20世纪90年代以来，中国与邻国关系进入了一个睦邻友好合作的时期，我国大周边外交成果显著，在北面有以上海合作组织为依托的与俄罗斯和中亚国家的区域合作，由于中俄两国的良好合作，上海合作组织已成为维护地区稳定和促进共同发展的重要力量；在南面有以东盟加中国和东盟加中日韩三国为龙头的东亚区域合作机制，由于中国对东亚区域经济的拉动力增强，周边国家对中国发展信任增加，更多地认同“中国机遇论”。这种南北“两翼齐飞”的放射状区域合作对该地区的和平与发展产生了深远的影响。党的十六大报告中指出：“我们将继续加强睦邻友好，坚持与邻为善、以邻为伴，加强区域合作，把同周边国家的交流和合作推向新水平。”

2013年9、10月，习近平提出共同建设“一带一路”战略构想，努力打造中国—东盟命运共同体、亚洲命运共同体。习近平强调：“我国周边外交的战略目标，就是服从和服务于实现‘两个一百年’奋斗目标、实现中华民族伟大复兴，全面发展同周边国家的关系，巩固睦邻友好，深化互利合

---

① 《习近平谈治国理政》，外文出版社2014年版，第297页。

② 《邓小平文选》第3卷，人民出版社1993年版，第49、87—88页。

作，维护和用好我国发展的重要战略机遇期，维护国家主权、安全、发展利益，努力使周边同我国政治关系更加友好、经济纽带更加牢固、安全合作更加深化、人文联系更加紧密。”“我国周边外交的基本方针，就是坚持与邻为善、以邻为伴，坚持睦邻、安邻、富邻，突出体现亲、诚、惠、容的理念。”①

三、坚持正确的义利观，加强与发展中国家团结合作的方针

中国属于第三世界，是世界上最大的发展中国家，加强同发展中国家的团结与合作，是我国外交政策的基本立足点。我党历来十分重视第三世界，强调中国永远站在第三世界一边。这是由我国社会主义制度的性质和处于发展中国家地位决定的，这也是我国在国际舞台上的政治优势。正如习近平所指出的：“历史告诉我们，中非从来都是命运共同体，共同的历史遭遇、共同的发展任务、共同的战略利益把我们紧紧联系在一起。我们都把对方的发展视为自己的机遇，都在积极通过加强合作促进共同发展繁荣。”②

进入 21 世纪以来，我党继续坚持与发展中国家的团结合作。党的十六大报告在强调继续增强同第三世界的团结和合作的同时，指出要“增进相互理解和信任，加强相互帮助和支持，拓宽合作领域，提高合作效果”。党的十七大报告又提出要继续“深化传统友谊，扩大务实合作，提供力所能及的援助，维护发展中国家的正当要求和共同利益”。党的十八大报告再次强调：“我们将加强同广大发展中国家的团结合作，共同维护发展中国家正当权益，支持扩大发展中国家在国际事务中的代表性和发言权，永远做发展中国家的可靠朋友和真诚伙伴。”

习近平认为，对周边和发展中国家，一定要坚持正确义利观。他指出，要找到利益的共同点和交汇点，坚持正确义利观，有原则、讲情谊、讲道义，多向发展中国家提供力所能及的帮助。只有坚持正确义利观，才能把工作做好、做到人的心里去，这是中国外交得道多助的一个重要基础。政治上要秉持公道正义，坚持平等相待，遵守国际关系基本原则，反对霸权主义和强权政治，反对为一己之私损害他人利益、破坏地区和平稳定。经济上要

---

① 《习近平谈治国理政》，外文出版社 2014 年版，第 297 页。

② 同上，第 305 页。

坚持互利共赢、共同发展。对那些长期对华友好而自身发展任务艰巨的周边国家和发展中国家，要更多考虑对方利益，不要损人利己、以邻为壑。

四、继续坚持发展党际关系的方针

我党历来十分重视党的对外工作。十一届三中全会以后，邓小平总结了国际共产主义运动历史上党际关系中的经验教训，阐述了正确处理和发展新型党际关系的四项原则，党的十五大报告完整表述为，“要坚持在独立自主、完全平等、互相尊重、互不干涉内部事务原则的基础上，同一切愿与我党交往的各国政党发展新型的党际交流和合作关系，促进国家关系的发展”。党的十六大报告再次强调：“我们将继续坚持独立自主、完全平等、互相尊重、互不干涉内部事务的原则，同各国各地区政党和政治组织发展交流和合作。”加强党际关系的主要目的是推动国家关系的发展，提高党自身的建设水平和国际声望。

1984 年 5 月，邓小平先生同访华的德国社民党主席勃兰特进行了具有历史意义的会谈，决定本着“超越意识形态差异，谋求相互了解与合作”的精神建立党际关系。2015 年 7 月 16 日，习近平在接见德国社民党主席、副总理加布里尔时强调，中国共产党高度重视与德国社民党的关系。30 多年来，两党间的理解与互信不断深化，交流合作成果丰富。展望未来，我们应谋求从求同存异升华到聚同化异，聚利益、责任、挑战之同，化意识形态、政治制度、发展阶段之异，打造顺应时代发展的新型党际关系；密切高层交往和各层级人员往来，加强战略规划，巩固政治互信；在国际事务特别是重大全球性问题上加强沟通协调，推动中德关系和中欧关系平稳健康发展。[①]

目前，中国共产党已经同 147 个国家和地区的 418 个政党和政治组织建立了不同形式的联系与交往，一个全方位、多渠道、宽领域、深层次的政党外交新格局已经形成，它必将有利于发挥政党外交的独特作用，促进国家关系健康发展，推进世界和平与发展，促进改革开放和现代化建设。

---

① 《习近平会见德国社会民主党主席加布里尔》，央广网，http://china.cnr.cn/news/20150716/t20150716_519223311.shtml。

五、积极参与多边事务，推动国际秩序和国际体系改革

党的十八大以来，习近平重视多边主义[①]，积极参与多边事务，支持联合国、二十国集团、上海合作组织、金砖国家等发挥积极作用，推动国际秩序和国际体系朝着公正合理的方向发展。

（一）重申积极参与多边事务，推动国际秩序和国际体系改革的重要性和必要性

2013年3月，习近平在金砖国家领导人第五次会晤时的主旨讲话中指出："不管国际格局如何变化，我们都要始终坚持平等民主、兼容并蓄，尊重各国自主选择社会制度和发展道路的权利，尊重文明多样性，做到国家不分大小、强弱、贫富都是国际社会的平等成员，一国的事情由本国人民做主，国际上的事情由各国商量着办。不管全球治理体系如何变革，我们都要积极参与，发挥建设性作用，推动国际秩序朝着更加公正合理的方向发展，为世界和平稳定提供制度保障。"习近平强调："我们要共同参与国际发展议程的制定，充分利用人类积累的生产力和物质资源，完成联合国千年发展目标，缩小南北发展差距，促进全球发展更加平衡。"[②]所以，"要继续加强在联合国、二十国集团、国际经济金融机构等框架内的协调和配合，维护共同利益"[③]。

（二）继续支持联合国这一全球性国家组织发挥作用

联合国是当今世界上最具普遍性、代表性和权威性的国际组织，我们高度重视联合国在国际多边机制中的地位与作用，积极发挥联合国及其他多边机制的重要作用。2015年9月3日，习近平在会见联合国秘书长潘基文时指出，中国愿同联合国一道，维护以《联合国宪章》为基础的国际秩序；坚持多边主义，加强联合国作用；平衡推进联合国在和平与发展两大领域工作；支持联合国在气候变化领域发挥重要作用。习近平强调，中华民族注重"和"的理念，主张和平、和谐、和而不同。联合国193个会员

---

① 所谓多边主义是指三个或三个以上国家之间发生联系的方式，其主要特征是协调与合作，多边主义是有效解决国际争端的重要手段，是促进国际关系民主化的最佳途径。

② 《习近平谈治国理政》，外文出版社2014年版，第324页。

③ 同上，第325页。

国要相互尊重、团结和睦、同舟共济，携手努力构建以合作共赢为核心的新型国际关系。

(三)发挥二十国集团、上海合作组织等多边机构以及地区性合作机制作用

20世纪90年代以来，我国积极参与世贸组织、二十国集团、上海合作组织、金砖国家等其他多边国际组织的活动，不断拓宽国际活动的空间，提高国际合作和区域合作的水平。

1.希望二十国集团走得更稳、更好、更远

2013年9月，习近平在二十国集团领导人峰会上关于世界经济形势的发言中指出，为了使二十国集团走得更稳、更好、更远，要努力塑造各国发展创新、增长联动、利益融合的世界经济，坚定维护和发展开放型世界经济。而要塑造这样的世界经济，就需要二十国集团各成员建设更加紧密的经济伙伴关系，肩负起应有的责任：一是采取负责任的宏观经济政策，二是共同维护和发展开放型世界经济，三是完善全球经济治理，使之更加公平公正。习近平强调，我们要继续改革国际金融机构，各有关国家要进一步抓紧落实好国际货币基金组织份额和治理改革方案。要制定反映各国经济总量在世界经济中权重的新份额公式。要继续加强国际金融市场监管，使金融体系真正依靠、服务、促进实体经济发展。要建设稳定、抗风险的国际货币体系，改革特别提款权货币篮子组成，加强国际和区域金融合作机制的联系，建立金融风险防火墙。①

2.弘扬“上海精神”，促进共同发展

上海合作组织已经成为加强成员国睦邻互信和务实合作的重要纽带，成为促进地区安全、稳定和发展的有效机制，成为国际和地区事务中的建设性力量。2013年9月，习近平在上海合作组织成员国元首理事会上指出，当前，上海合作组织发展既面临难得机遇，也面临严峻挑战。“三股势力”、贩毒、跨国有组织犯罪威胁着本地区安全稳定。受国际金融危机影响，各国经济发展都不同程度遇到困难，进入调整期和恢复期。对这些挑战，任何一个国家都难以独自应对。我们必须加强合作，联合自强。基于上述情况，习近平建议上海合作组织加强合作：一是弘扬“上海精

① 《习近平谈治国理政》，外文出版社2014年版，第335—338页。

神”，二是共同维护地区安全稳定，三是着力发展务实合作。[①]

3. 加强同金砖国家合作是我国外交政策的优先方向之一

2013 年 3 月，习近平在金砖国家领导人第五次会晤时阐述了金砖国家合作的必要性。其要点有：不管国际风云如何变幻，我们都要始终坚持和平发展、合作共赢。不管国际格局如何变化，我们都要始终坚持平等民主、兼容并蓄，一国的事情由本国人民做主，国际上的事情由各国商量着办。不管全球治理体系如何变革，我们都要积极参与，发挥建设性作用，推动国际秩序朝着更加公正合理的方向发展，为世界和平稳定提供制度保障。在经济全球化深入发展的时代条件下，金砖国家发展不能独善其身，必须在谋求本国发展的同时促进各国共同发展。我们要推动各国加强宏观经济政策协调，改革国际货币金融体系，推动贸易和投资自由化便利化，促进全球经济更加强劲发展。我们要共同参与国际发展议程的制定，充分利用人类积累的生产力和物质资源，完成联合国千年发展目标，缩小南北发展差距，促进全球发展更加平衡。[②]

4. 积极树立亚洲安全观

习近平论述了树立亚洲安全观的重要性，他说，亚洲，拥有全世界 67%的人口和 1/3 的经济总量，是众多文明、民族的汇聚交融之地。亚洲和平发展同人类前途命运息息相关，亚洲稳定是世界和平之幸，亚洲振兴是世界发展之福。习近平主张应该积极倡导共同、综合、合作、可持续的亚洲安全观，创新安全理念，搭建地区安全和合作新架构，努力走出一条共建、共享、共赢的亚洲安全之路。共同，就是要尊重和保障每一个国家安全。综合，就是要统筹维护传统领域和非传统领域安全。合作，就是要通过对话合作促进各国和本地区安全。可持续，就是要发展和安全并重以实现持久安全。习近平强调，中国一贯致力于通过和平方式处理同有关国家的领土主权和海洋权益争端，已经通过友好协商同 14 个邻国中的 12 个国家彻底解决了陆地边界问题。中国积极参与地区安全合作，同有关国家发起成立上海合作组织，倡导互信、互利、平等、协作的新安全观，支持东盟、南盟、阿盟等在地区事务中发挥积极作用。中国同俄罗斯共同提出亚太安全与合作倡议，为巩固和维护亚太地区和平稳定发挥重要作

① 《习近平谈治国理政》，外文出版社 2014 年版，第 339—341 页。

② 同上，第 323—326 页。

用。中国推动六方会谈进程，支持阿富汗和平重建，为通过对话谈判解决国际和地区热点问题而不懈努力。中国同地区国家和国际社会合作应对亚洲金融危机和国际金融危机，为促进地区和世界经济增长做出了应有贡献。中国和平发展始于亚洲、依托亚洲、造福亚洲。[①]

六、坚决维护国家核心利益

中国坚定不移走和平发展道路，始终不渝倡导合作共赢理念。但中国走和平发展道路、倡导合作共赢是有底线的，这就是坚决维护国家核心利益。[②]

20世纪80年代，邓小平就明确地提出以国家利益作为中国外交的出发点。1989年10月26日，邓小平会见泰国总理差猜·春哈旺时明确地使用了国家利益的概念，他指出，中国要维护自己国家的利益、主权和领土完整，中国同样认为，社会主义国家不能侵犯别国的利益、主权和领土。[③] 1989年10月31日，在与美国前总统尼克松的谈话中，他又对国家利益做了进一步阐述。他指出，“我非常赞赏你的看法，考虑国与国之间的关系主要应该从国家自身的战略利益出发。着眼于自身长远的战略利益，同时也尊重对方的利益，而不去计较历史的恩怨，不去计较社会制度和意识形态的差别，并且国家不分大小强弱都相互尊重，平等相待。这样，什么问题都可以妥善解决。用这样的思想来处理国家关系，没有战略勇气是不行的。……我们都是以自己的国家利益为最高准则来谈问题和处理问题”[④]。我们国家核心利益是什么？在我党看来，中国最高的国家利益可以概括为中国的发展或中国的现代化。

2013年1月，习近平指出：“我们要坚持走和平发展道路，但决不能放弃我们的正当权益，决不能牺牲国家核心利益。任何外国不要指望我们会拿自己的核心利益做交易，不要指望我们会吞下损害我国主权、安全、发展利益的苦果。”[⑤]

---

① 《习近平谈治国理政》，外文出版社2014年版，第353—359页。

② 《习近平总书记系列重要讲话读本》，学习出版社、人民出版社2014年版，第155页。

③ 《邓小平年谱》（下），中央文献出版社2004年版，第1292—1293页。

④ 《邓小平文选》第3卷，人民出版社1993年版，第330页。

⑤ 《习近平谈治国理政》，外文出版社2014年版，第249页。

第八章 全球化视域下的中国道路与中国共产党

改革开放30多年来，伴随着中国GDP的增长、国家综合国力的提高和人民生活水平的改善，中国发展道路获得了更多世界性的认可。尤其是2008年当西方国家经济发展陷入低迷状态时，中国成功地应对亚洲金融危机，中国发展道路受到了更多关注，国外研究中国发展道路的文章和著述也日益增多。“中国模式”“中国道路”等话语充斥于媒体和杂志上。[①] 由国外《时代周刊》前编辑库柏·雷默提出的北京共识成为国外热议中国发展道路的话语。国外学者在关注中国发展道路的时候，集中于关注“中国模式”的经济维度，强调市场经济对中国转型的贡献。但也有部分学者关注中国道路的政治之维，即中国共产党与中国道路之间的关系。许多学者甚至指出，如果存在所谓的“中国模式”，那么中国共产党领导的多党合作和政治协商制度就是“中国模式”的特色。狄忠蒲在《更新中国模式》一文中对“中国模式”从经济和政治两个维度进行了定义，在他看来，“中国模式”首先是指经济自由化，包括引入市场机制取代苏联式的高度集中的计划经济体制，引入外资和技术，严重依赖出口。此外，“中国模式”还包括威权政体指导经济发展，限制对决策的参与，防止利益集团的形成。[②] 狄忠蒲进一步指出，中国共产党正在努力提高治理能力，其原因之一是中国共产党的总体目标维持政治稳定，改善治理的目的是增强

---

① 2010年海外中国研究重要刊物《中国季刊》发表了系列关于“中国模式”的文章。另见 Halper S. The Beijing Consensus: How China's Authoritarian Model Will Dominate the Twenty-First Century[J]. Journal of Third World Studies, 2010,(728):267—268.

② Dickson B J. Updating the China Model[J]. The Washington Quarterly, 2011,34(4):39—58.

政权的受欢迎程度和减少民众抗议的发生率。① 在对中国道路的研究中，阿列克谢·舍甫琴科提出要把对党的研究带回到对中国的研究当中，探讨中国共产党在中国市场转型的轨迹中所扮演的角色。② 这实际上表明中国共产党在中国发展道路中所扮演的角色可以说是举足轻重的。

因此，对中国道路成功的原因追索，回避了对中国共产党所起的作用的探讨将是研究中的一个严重的缺陷。为此，本章关注改革开放后中国道路的政治之维，主要从三个层面来解读中国道路与中国共产党。首先，本章将梳理总结国外学者关于中国道路与中国共产党之间关系的观点，从而把握国外学者看中国道路政治之维的基本观点；其次，本章将对中国共产党自身建设的现状做出恰如其分的分析；最后，在上述分析的基础上，本章将指出中国道路成功的关键在党，在于转型期中国共产党成功地实现自身的现代转型，关键在于与时俱进党的执政理念，加强党的自身建设，提高党的执政能力，增强民众对执政党的政治认同。

第一节　中国共产党与中国道路的成功

从政治之维探讨中国发展道路，国外学者主要聚焦于改革开放后中国共产党对中国特色社会主义制度的坚持与中国共产党在中国发展中的作用两个层面上。

一、中国共产党对中国特色社会主义道路的坚守

改革开放以来，中国建立了社会主义市场经济体制，进行了包括经济、政治、文化、社会等多领域的全方位的改革和对外开放，走出了一条有特色的社会主义建设道路，取得了令世界瞩目的中国奇迹。而在整个道路过程中，中国共产党的领导始终围绕着坚持社会主义的基本制度进行。一方面大胆借鉴利用资本来发展经济，同时又采取了多种方式来克服资

① Dickson B J. Updating the China Model[J]. The Washington Quarterly, 2011,34(4):39—58.

② Shevchenko A. Bringing the Party Back in: The CCP and he Trajectory of Market Transition in China[J]. Communist and Post-Communist Studies, 2004,37(2):161—185.

本的弊端,跳出了单纯资本的发展逻辑。邓小平在改革初期就指出了市场导向的改革必须坚持社会主义的取向,表现在坚持公有制的主体地位和共同富裕作为改革的基础。叶险明指出:“在当前研究中,有一种倾向,即极力证明中国当代社会发展道路与资本主义无关,似乎这样就可以规避中国特色资本主义之嫌了。”[①]实际上,中国道路的成功在很大程度上与“资本主义”息息相关。那么如何认识中国道路的资本逻辑?这个资本逻辑又如何与社会主义统一?众所周知,改革开放以来,中国道路的成功很大程度源于中国进行了市场化的改革,政府逐步放松了对经济的直接掌控,将社会主义市场经济体制的建立与完善作为整个改革的核心内容。党的十八届三中全会进一步明确了市场在资源配置中的决定性作用,同时提出要更好地发挥政府的作用。可见,大力发展市场经济,发挥资本的作用,是中国道路的成功的重要因素。中国道路的资本逻辑在于,不仅运用资本发展经济,而且在改革的过程中我们将资本改造为公有资本使其为社会主义服务,这就保证了在国民经济的构成中,公有制仍是我国的经济基础。中国改革对资本的承认、利用和借鉴资本主义的文明,并在此基础上对私有资本进行了改造,究其实质而言,公有资本其实是对资本(私有资本)的扬弃与发展。中国特色社会主义呈现多彩纵深。

国外视角的中国特色社会主义认识具有代表性的观点有:后社会主义、实用社会主义、民粹威权主义等。童燕齐指出:中国经济的快速增长已经引起了多领域的重要变化,但这并不意味着中国已经离开了共产主义政治体系。目前,中国仍坚持中国共产党领导的多党合作和政治协商制度,马克思主义仍是中国官方意识形态,中国经济被称为中国特色社会主义市场经济,中国媒体仍严格受到审查。所有这些表明,社会主义体系仍然存在。[②] 尽管中国不再是一个典型的列宁主义国家,但中国的政治性质仍保持不变。后毛泽东时代,中国共产党的变化,不是政治体系,而是经济措施和政治策略发生了巨大的变化。日本学者不破哲三关注中国如何既坚持社会主义方向又

---

① 叶险明:《驾驭“资本逻辑”的中国特色社会主义初论》,《天津社会科学》2014年第3期第19—26页。

② Tong Y. Transitions from State Socialism: Economic and Political Change in Hungary and China[M]. New York: Rowman & Littlefield, 1997.

不被资本主义所取代，如何使社会主义核心经济部分在市场经济中发挥作用来与资本主义展开竞争。[①]

国外部分学者虽然认同中国共产党领导的发展道路坚持了社会主义的基本原则，但却不同于过去毛泽东时期的社会主义，而是进入了所谓的"后社会主义时期"。有代表性的是美国杜克大学阿里夫·德里克。在他看来，中国虽已经成为资本主义世界体系的一部分，却仍然坚守着社会主义的未来。[②] 而对社会主义的定义，阿里夫·德里克则指出："不应当从一种不管时空变化而定义都不变的一般社会主义来理解那些遗产，反而应当把它们理解为一种为了适应具体历史环境而需要加以重组的思想。"[③]同时，他也指出："在小康社会、和谐社会、生态文明等术语的传播中，社会主义本身获得了新的维度。这些术语试图保持对超越过去和现在理想主义信念的活力，但又不落入正统语言的陷阱。与这些概念创新相伴的是试验新的治理形式。"[④]阿里夫·德里克质疑了将"中国模式"视为其他东亚国家发展模式的变种的新威权主义的观点。他认为，区分中国和其他东亚国家的标志是被中国人和国外的"中国模式"推动者所忽视的中国的革命经验。[⑤]

实用社会主义论的学者们认为，中国道路实质是践行了邓小平的实用主义改革路线。而邓小平的"猫论"是典型的实用主义表述。实用主义社会主义改革道路，表现在经济发展道路上的资本主义与社会主义并存，意识形态上的包容性。举例来说，日本学者渡边利夫总结中国道路认为，邓小平改革最显著的特征是实验性的实用主义。[⑥]托马斯·海贝勒认为："中国共产党一党领导体制的特征是意识形态逐渐为务实所取代，即经济上从计划经济到市场经济的转型；政治上，已经从一个阶级党发展成为一

---

① 《世界聚焦中国特色社会主义——徐觉哉研究员访谈》，《国外理论动态》2008年第10期，第1—7页。

② Drilik A. Post-sociolism? Reflections on "Socialism with Chinese Characteristics"[J]. Critical Asian Studies, 1989, 21(1): 33—34.

③ 王新颖主编：《奇迹的建构——外国学者论中国模式》，中央编译出版社2011年版，第152页。

④ 同上，第168页。

⑤⑥ Dirlik A. The Idea of a 'Chinese Model': A Critical Discussion[J]. China Information, 2012, 26(2):129—137.

个人民党；意识形态上，政府的目标不再是一个遥不可及的共产主义，而是一个不太遥远的和谐社会。他认为，中共政权的合法性不再基于意识形态，而是基于对现代化、增强国力、维护安定、建立社会主义民主等的承诺。"[①]俄罗斯科学院院士季塔连科认为在社会主义处于深刻危机和战略撤退的情况下，"邓小平提出的建设中国特色社会主义理论避免了社会主义被撤出历史舞台的危险。""中国不仅为发展中国家提供了切实可行的现代化模式，更避免了社会主义危机。"[②]

也有学者提出中国道路是民粹威权主义。持这种观点的学者认为，为了适应不断变化的经济和社会环境，中国共产党创造了各种各样的新的政治参与渠道，并提供了国家和社会之间的互动的桥梁。[③]

二、中国共产党的调试与中国道路的成功

国际上对"中国模式""中国道路"的争论，其实质并不在于在中国进行的市场经济改革，而在于中国经济改革背后的政治制度。有学者认为"中国模式"的特点是"专制"与"市场经济"的完美融合，也有学者认为"中国模式"是威权体制下的混合市场经济。可以说，"中国模式"的政治之维是国外学者尤为关注的重心。不管这些学者如何定义中国的政治制度，绝大多数的学者和民众都不否认中国道路的成功可以归功于中国共产党的领导。评价中国共产党的有力领导是中国道路成功的关键的学者的研究维度主要聚焦于下列层面：首先，中国共产党在理论探索上具有较强的自觉性，并能够将这种自觉性与民众的诉求较好地进行结合；其次，中国共产党在意识形态的调整上能够与时俱进，在不放弃马克思主义作为意识形态的前提下，意识形态更为开放和包容；再次，中国政治制度的独特性决定了政府拥有有力的领导能力和强大的凝聚力；最后，执政党在改革的策略上选择的渐进式的路线是中国道路成功的重要原因。改革开放后，国外学者对中国共产党的关注特别体现在如下层面：威权政体的韧

① Dirlik A. The Idea of a 'Chinese Model': A Critical Discussion[J]. China Information, 2012, 26(2):129—137.

② 徐崇温:《国外有关中国模式的评论》,《红旗文稿》2009 年第 8 期,第 27—30 页。

③ Dickson B J. Populist Authoritarianism: The Future of the Chinese Communist Party[J]. Occasional Papers, 2005.

性，执政党执政理念的与时俱进、中共对执政合法性的关注。尤其是对执政合法性的关注的在国外关于中国共产党和中国道路的研究中是一个不容忽视的层面。[①] 早在毛泽东时期，就已经有学者开始关注“中国模式”的政治之维，即中国共产党在中国发展中所起的作用。如1963年哈佛大学中国问题研究专家麦克法夸尔在其《中国模式与发展中国家》的文章中就指出：高层领导的凝聚力是发展中国家的一个主要优势。毋庸置疑，中国的这种凝聚力非常强，这是这个共产主义国家在经济上取得巨大成就的一个关键因素。[②] 国外著名的中国问题研究学者本杰明·史华兹在研究毛泽东思想时，曾特别强调中国革命获胜的一个重要原因是马克思主义中国化的自主性。他提出了“毛主义”的概念，用以表达早期中共在探索民族救亡的道路上所具有的理论自主性。改革开放后，制度性原因越来越成为西方研究中国成功的重要原因。

德国学者赫尔姆特·彼得斯在其著作中具体论述了中国在新时期所发生的战略的转变。尤其是中国共产党在执政理念上所进行的转型。他特别强调指出：“胡锦涛和温家宝上任后追求了一种新的、务实的并且透明的工作方式。科学发展观的提出，是从过去的发展阶段中总结出的一个决定性的教训，这是党和国家的新一代领导层所采取的第一个根本性的战略修正。”[③]国外布鲁金斯学会高级研究员沈大伟在其著作《中国共产党：调整与适应》一书中，特别强调中共

---

① 关于执政合法性的文献如：Holbig H, Gilley B. Reclaiming Legitimacy in China[J]. Politics & Policy, 2010,38(3):395—422.

Gilley B,Holbig H. In Search of Legitimacy in Post-Revolutionary China: Bringing Ideology and Governance Back in[J]. General Information, 2010.

Gilley B, Holbig H. The Debate on Party Legitimacy in China: A Mixed Quantitative Aanalysis[J]. Journal of Contemporary China, 2009,18(59):339—358.

Holbig H. Ideological Reform and Political Legitimacy in China: Challenges in the Post-Jiang Era[J]. Social Science Electronic Publishing, 2006.

Nathan A J. Authoritarian Resilience[J]. Journal of Democracy, 2003,14(1):6—17.

② The China Model and the Undeveloped World. International Affairs, vol. 39, No. 3 ,1963.

③ 王新颖主编：《奇迹的建构——外国学者论中国模式》，中央编译出版社2011年版，第201—202页。

在理论建设上具有一定的调整和适应能力，经常发动意识形态运动，提出新的政策主张。[①] 新加坡的郑永年也对中国共产党在中国发展道路中的作用给予了肯定。他指出："在中国，中国共产党是唯一领导中国的政治组织，这个政党深深立基于中国的土地，经过各种重大历史事件的考验，具有了很强大的学习与适应能力，能够深刻理解中国的现实国情，所以成为中国经济起飞的基石。"[②]拉美许多国家的政党认为，中国之所以取得举世瞩目的发展成就，是因为坚持了中国共产党的领导。国外研究中国问题的专家沈大伟、牛津大学教授亚当·罗伯茨等认为：为中国指引前进方向的是中国共产党，中共不同于苏共，中国的改革不同于苏联，中国坚持社会主义道路和中国共产党的领导，是改革开放取得成功的重要保证。[③] 宋鲁郑指出，从全球比较的视野下就会发现中国行之有效的政党制度才是中国经济成功的真正原因。在他看来，中国政党制度的优势，表现在六方面，即："优势之一，在于可以制定国家长远的发展规划和保持政策的稳定性，而不受立场不同、意识形态相异政党更替的影响""优势之二，在于高效率，对出现的挑战和机遇能够做出及时有效的反应，特别是在应对突发灾难事件时""优势之三，在于社会转型期这一特殊时期内可以有效遏制腐败的泛滥""优势之四，在于这是一个更负责任的政府""优势之五，在于人才培养和选拔机制以及避免人才的浪费""优势之六，在于它可以真正地代表全民。"[④]法国汉学家西里尔·加瓦里曾评价过"中国两千多年来，被单一政党领导"，以前中国的领导层是通过选拔产生的"文人儒臣"，现在是通过选拔产生中共领导层。[⑤] 但也有许多中国观察家在西方认为中共的政权缺乏政治合法性，中国目前的政党制

---

① Shambaugh D L. China's Communist Party : Atrophy and Adaptation[J]. Chinas Communist Party Atrophy & Adaptation, 2008.

② 郑永年：《大历史大视野下的中国道路》，《人民论坛》2012 年 S2 期，第 5 页。

③ 孔根红：《全球视野中的中国道路》，《求是》2012 年第 21 期，第 52 页。

④ 宋鲁郑：《中国的政治制度何以优于西方》，《马克思主义文摘》2010 年第 6 期，第 44—48 页。

⑤ 张维为：《在国际比较中解读中国道路》，《求是》2012 年第 21 期，第 42—46 页。

度的政治稳定系统是非常脆弱的。

中国共产党的高层领导在中国发展中起到的作用也受到了学者们特别关注，如对邓小平在中国道路中所起的作用的认识。举例来说，吉尔伯特·艾蒂安认为中国经济的成功与其说由于其威权体制，不如说更多的应归因于邓小平的领导。[①] 哈佛大学傅高义在其新书《邓小平与中国转型》中对邓小平在中国转型中起的作用给予了深刻的阐述。[②] 在改革路线的选择对中国道路成功的意义上，国外学者普遍比较认同中国共产党领导的渐近改革路线，认为在僵硬的威权的官僚的环境下，中国的政策试验对中国道路的成功起到了重要的作用。[③]

在探讨中国共产党能够领导中国探索道路取得成功的原因时，有相当部分的国外学者将中国共产党重视政绩与执政合法性二者之间紧密联系在一起。迈克尔·罗斯金的研究认为中国的政权机关通过爱国主义和绩效获得合法性。[④] 布鲁斯·吉列等的研究认为经济增长和民族主义用于解释中共的执政合法性并不十分充分，中共对执政合法性的关注已经从关注全国的经济增长转向了更加注重意识形态建设上面来。他们认为理解中共执政合法性的关键在于分析说明中共对影响民众评价其绩效的主观价值构建的能力。[⑤]

从中共制度体制上来探讨中国道路成功的原因的学者，提出了中国体制具有弹性的观点。这一观点的先驱提出者黎安友的研究表明，中共政权具有弹性源于其制度化。[⑥] 可以毫不夸张地说，黎安友对中共体制的认识，在西方学界引发了不小的震动，拓展了对中国共产党研究的视

---

① Etienne G. Exploding the Myth of the Beijing Consensus[J]. Business Standard, 2011(19).

② Vogel E F. Deng Xiaoping and the Transformation of China[J]. Europe Asia Studies, 2011, 41(1):1085—1093.

③ Heilmann S. Policy Experimentation in China's Economic Rise[J]. Studies in Comparative International Development, 2008, 43(1):1—26.

④ Roskin M. Countries and Concepts: Politics, Geography, Culture[M]. New York: Pearson Longman, 2009: 426

⑤ Gilley B, Holbig H. In Search of Legitimacy in Post-Revolutionary China: Bringing Ideology and Governance Back In[J]. General Information, 2010.

⑥ Nathan A J. Authoritarian Resilience[J]. Journal of Democracy, 2003, 14(1):6—17.

野。深受这一影响，许多西方学者开始认识到，在对中国发展的研究中，必须较为客观地认识中国共产党，才能全面理解中国的政治生态和经济成就。深受黎安友研究的影响，一些学者在对中国共产党的研究中，提出了中共的适应性等观点，较为客观地分析了中国道路成功的政治层面的原因。杨大利在《重塑中国利维坦：中国市场转型和治理的政治》一书中提出：和一个流行的主流的认识即中国的政治改革已经降到最小，并没有跟上经济的变化相反的观点，实质上中国进行了重大改革，以改善经济治理的制度框架。[①] 黄亚生也持相同的观点。他认为中国在 20 世纪 80 年代的经济腾飞与其积极的政治体制改革是同步进行的，改革结束了干部终身制，农村进行了基层选举等，积极有效的政治体制改革带动了整个国家的繁荣和稳定。[②] 当然也有学者仍沿用敌对意识来认识中国共产党在中国发展中的作用。如裴敏欣在《中国共产党的统治是脆弱的还是具有韧性的?》一文中认为中国共产党执政的三个关键因素是压制、经济国家主义和政治补选。[③]

国内学者在研究这一主题时，也对中国共产党与中国道路之间的关系进行了探讨。如韩毓海指出了中国特色社会主义道路分别是对中国传统、传统理论和世界现代经验的承继与超越。[④]在闫志民看来，中国共产党成立 90 年来的最大历史成就，一是完成了新民主主义革命；二是完成了社会主义革命；三是进行了改革开放新的伟大革命，开创、坚持、发展了

---

① Yang D L. Remaking the Chinese Leviathan : Market Transition and the Politics of Governance in China[M]. Stanford University Press, 2004.

Meyer P F. Remaking the Chinese Leviathan: Market Transition and the Politics of Governance in China[J]. Canadian Journal of Political Science 2006,39(02):452—454.

② 黄亚生:《中国模式到底有多独特:基于中国、印度、巴西经济数据的比较分析》,《深圳大学学报(人文社会科学版)》2012 年第 1 期,第 57—61 页。

③ Pei M. Is CCP Rule Fragile or Resilient? [J]. Journal of Democracy, 2012, 23(1):27—41.

④ 韩毓海:《超越中国传统——中国道路与中国共产党(之一)》,《毛泽东邓小平理论研究》, 2011 年第 6 期,第 11—17 页;《超越西方现代经验——中国道路与中国共产党(之三)》,《毛泽东邓小平理论研究》2011 年第 8 期第 46—53 页;《百年中国道路与中国共产党——写在中国共产党成立九十周年之际》,《国外理论动态》2011 年第 7 期,第 7—14 页。

中国特色社会主义。[①] 宣兴章的文中指出：中国共产党是建立在国内各群体之上的纵向结构，是一种“超利益集团”。党对所有集团的渗透，保持其开放性，使得所有集团服从于国家整体的利益。这种结构，不同于西方的政党体系，在西方政党体系中，政党更多代表部分选民的利益，确切地说，这种党只是一“派”，而中国共产党通过思想、组织等方式领导政府、军队、其他党派及重要社会团体等，从而在没有“法人制度”传统的国家中塑造了一个稳固的法人结构，可以凝聚国内的发展意志，在中国这样一个一直为私人政治、军阀政治所困扰的国家中，很大程度上排斥了私人及大集团对政治的干涉。尤其是“党对军队的绝对领导”这一原则，“消除了以往的集团化军队的排他性和自保性，形成了统一的武装力量，使军队由附属于一定个人或派别转向了服从组织严密、具有统一意识形态、纪律严格的政党，拥有了一个恒久忠诚对象和组织控制核心”。新中国成立以来，从未陷入中国历史上经常发生的，至今仍在拉美一些国家中为害甚烈的军阀当政的局面。[②] 张维为的研究指出了中国的执政党与西方竞争性政党之间的区别，在于中国的执政党是历史上长期存在的统一的儒家执政集团，“这种传承源于中国人口众多、地域辽阔、国家统一的特点，源于中国长期历史演变过程中所形成的‘民心向背’和‘选贤任能’的理念和传统。这种历史传承体现了中华民族治理一个超大型国家的政治智慧，这种理念和传统使得中国可以在自己历史的大部分时间内明显领先于同时期的西方国家，并构成了中国今天超越西方模式的重要政治资源”[③]。总之，中国共产党不断地进行意识形态调试、政策调试，并能够主动从过去的经验错误中学习，是其能够实事求是领导中国道路成功的重要因素。

第二节　中国共产党面临的挑战

在中国道路取得巨大成就的同时，也必须看到执政的中国共产党自

① 闫志民：《中国共产党与中国道路的选择》，《红旗文稿》2011 年第 13 期，第 8—12 页。

② 宣兴章：《中国道路与中国共产党》，中国共产党新闻网，http://cpc.people.com.cn/GB/68742/187710/191094/12464610.html。

③ 张维为：《在国际比较中解读中国道路》，《求是》2012 年第 21 期，第 42—46 页。

身的建设仍存在诸多不足的地方。主要表现在当前腐败问题严重,已严重影响了民心,影响到党的执政合法性。另外,权力和资本的结合,导致已经出现了部分权贵资本。

一、开放社会下利益分化严重,政府政治信任度降低

首先,伴随着 GDP 的增长,中国居民的收入差距在逐年增大。国际上通用的反应收入差距的基尼系数为意大利经济学家基尼于 1922 年提出,旨在定量测定居民收入分配差异程度。其值在 0 和 1 之间,越接近 0 就表明收入分配越趋向平等,反之收入分配越趋向不平等。按照国际一般标准,0.4 以上基尼系数表示收入差距较大,当基尼系数达到 0.6 时,则表示收入悬殊。国家统计局局长马建堂 2013 年 1 月 18 日在国务院新闻办的新闻发布会上首次披露由该局测算的基尼系数,从 2003 年到 2012 年,全国居民基尼系数在 0.47 到 0.49 之间,2008 年达到最高的 0.491 后,开始逐步回落。2012 年的基尼系数为 0.474。[①] 利益失衡也导致了近年来社会抗争频发。但哈佛大学教授怀默霆的研究却表明:尽管中国不平等在增长,但这并未成为民众抗议或不满的源头。[②] 陈希在论述中国社会稳定的成本时指出,现行的维稳花费不仅是极其昂贵的,而且也往往产生非法的国家力量和鼓励普通民众采用不守规矩的行为。[③]

其次,政府的政治信任度有很大的降低。改革开放使人民生活日益富裕,却也出现了一边吃肉,一边放下筷子骂娘的现象。中国共产党在 30 多年的改革中,带领中国人民走出了贫穷,但由于腐败等问题,民心受到极大的影响,民众对政府的政治信任度降低。随着互联网的发展,我们不难发现网络已经成为民意表达的主渠道。网络时代,每个人面前都有一个麦克风,在各种论坛里,都不难发现民众的声音。从网络事件的回帖

---

① 《0.47—0.49 统计局首次发布十年基尼系数略高于世行计算的数据》,人民日报网,http://paper.people.com.cn/rmrb/html/2013-01/19/nw.D110000renmrb_20130119_2-04.htm。

② Whyte M. Myth of the Social Volcano: Perceptions of Inequality and Distributive Injustice in Contemporary China[J]. Contemporary Sociology A Journal of Reviews, 2011, 40(1):245—247.

③ Chen X. The Rising Cost of Stability[J]. Journal of Democracy, 2013, 24(1):57—64.

来看，网民对政府的回应常常持怀疑的态度。可见，民众的政治认同有一定的下降。国外政治学家威尔特·A.罗森邦在1976年出版的《政治文化》一书中认为："政治认同，是指一个人感觉他属于什么政治单位（国家、民族、城镇、区域）、地理区域和团体，在某些重要的主观意识上，此是他自己的社会认同的一部分，特别地，这些认同包括那些他感觉要强烈效忠、尽义务或责任的单位和团体。"[①]对于执政党而言，增强民众对其的制度认同、政党认同对于维系其执政合法性、维护社会稳定至关重要。中共十七届四中全会上提出：过去先进不等于现在先进；现在先进不等于永远先进；过去拥有不等于现在拥有；现在拥有不等于永远拥有。可见，执政党对于执政合法性的认识已经非常深刻。中共的领导是中国政治软实力的重要组成部分。

二、党领导下的人民民主有待进一步发展

从改革开放的进程来看，政治民主建设是经济发展的必然要求，而中国尚未完成的经济改革问题仍然突出，必须进一步明确产权关系，完善市场规则，建立一个公开、公平、透明、非垄断的市场经济。推进公平平等原则，尤其是在劳动力市场要尊重与保护人权。充分发挥市场在资源配置中的有效作用。政府职能转变尚未彻底完成，各级政府因既得利益惯性而不断扩大对原本应该由市场配置的资源的占有，在重大问题或关键时刻，传统的命令和指挥的方式依然占有较大的比重。

萧公秦将中国体制视为"后全能主义型的技术专家治国型的新权威主义体制"，即从全能主义计划经济体制中演化过来的现代化的权威体制。改革开放30年来，中国政治中心的权威合法化资源已经有了新的来源，政府也在社会利益分化过程中获得了新的社会基础与支持者，实际上具有相当强韧的政治稳态性与持续性。在未来某一个时候，在经济上发展到一个更新的阶段，在内部社会结构发生相当的变化以后，它才能向一个具有中国特点的新型民主政治形态转变。[②]

与现实世界中的政治冷漠相反，网络政治参与热火朝天，尤其以青年

① 罗森邦：《政治文化》，陈鸿瑜译，台湾桂冠图书有限公司1984年版，第69页。

② 萧功秦：《中国的大转型：从发展政治学看中国变革》，新星出版社2008年版，导言第3页。

人为代表。这就足以说明，中国民众政治参与的需求在现实政治生活中得不到充分满足，才分外地表现在网络政治参与的热情高涨。虽然在开放性、平民性和匿名的网络特征下，网民敢于说真话，关于国家政策方面，网络上不乏真知灼见。但是，应该注意的是网民能够表达或发泄，却可以不用负责任，这促发了大量非理性的网民参与网络论坛讨论，积极制造舆论，并在竞争话语霸主的过程中走向偏执，产生无节制的个人狂热，对不同己见者采取攻击性言论，网络品行十分恶劣。这样的情况大大违背了民主社会开放、宽容、理性和妥协的精神，反而背离了社会主义民主建设培育理性公民的初衷。

网络的分权、平等、便捷、低廉等特征，在削弱传统政治控制的同时，明显拓宽了政治参与的内涵，有益于矫正精英民主和金钱民主的倾向，增强民主的平民性、人民性。中国网民中占大部分的是青年人，现实世界的等级制权力结构无法满足他们政治参与的要求，所以他们在网络上便表现出了较强的主动性。但是，网络时代青年政治参与应给予规范和制度引导，进一步提高参与质量，鼓励理性、建设性地交流和辩论。北京大学教授姚洋指出，中共如果希望鼓励经济增长和保持社会稳定，除了扩大民主化外别无选择。[①]

三、执政党自身建设面临考验

建党九十周年时，胡锦涛在“七一”讲话中指出，中共面临“四个危险”和“四个考验”。“四个危险”即精神懈怠的危险、能力不足的危险、脱离群众的危险、消极腐败的危险；“四个考验”分别是执政考验、改革开放考验、市场经济考验、外部环境考验。要有效地消除这“四个危险”和顺利度过“四个考验”，中共必须加强党自身的建设，加强党的执政能力建设。习近平也指出：“实现中华民族伟大复兴的中国梦，必须坚持党要管党，从严治党。”[②]然而，当前中国共产党在自身队伍扩大的同时，在建设方面也存在

---

① Yao Y. The End of the Beijing Consensus：Can China’s Model of Authoritarian Growth Survive? [J]. Foreign Affairs Report，2010，2010：26—30.

② 《习近平谈治国理政》，外文出版社 2014 年版，第 390 页。

着诸多有待改善的地方。[①] 主要表现在党的思想建设、作风建设和制度建设上。

在思想建设上，目前存在的突出问题，是部分党员干部对党的信仰度降低，少数党员理想信念动摇，丧失马克思主义和共产主义信仰，精神萎靡不振。习近平曾形象地做了如下比喻："理想信念就是共产党人精神上的'钙'，没有理想信念，理想信念不坚定，精神上就会'缺钙'，就会得'软骨病'。"[②]他进一步指出："在我们的干部队伍中，有的不信马列信鬼神，从封建迷信中寻找精神寄托，热衷于算命看相、烧香拜佛；有的是非观念单薄、原则性不强、正义感退化，糊里糊涂当官，浑浑噩噩过日子；有的甚至向往西方社会制度和价值观念，对社会主义前途命运丧失信心。"[③]坚持马克思主义的基本信仰是一名中共党员的基本要求，也是共产党人安身立命的根本。而随着市场经济的深入发展，物质利益的思想深入人心，不少党员干部出现了到处"向钱看"的思想，对为人民服务这一中共执政的基本理念已有所忽视。利用权力和资本的结合，不少党员干部率先走向了富裕。从近年来查处的贪污腐败事件来看，这些被查处的干部基本上已经把马克思主义的信仰放在了一边，金钱至上，利用权力为自己谋福利已经成为他们的座右铭。也有很多干部提出这样一个问题：市场经济条件下，马克思主义是不是已经过时了？我们还需要信仰马克思主义吗？有些党员干部脱离群众、脱离实际，不能够深入基层、了解群众疾苦，把为人民服务的宗旨当成空洞的口号，官僚主义、形式主义严重。

在作风建设上，存在的突出问题是部分党员干部的作风不正派。十八大以后，党中央反腐的力度加大，仅十八大之后，就相继有多名厅级干部落马。最高人民检察院检察长曹建明在第十二届全国人民代表大会第一次会议上指出：五年来，最高人民检察院共立案侦查各类职务犯罪案件165787件218639人，其中县处级以上国家工作人员13173人（含厅局级950人、省部级以上30人）。加大惩治行贿犯罪力度，对19003名行贿人

---

① Dickson B J, Rublee M R. Membership has its Privileges the Socioeconomic Characteristics of Communist Party Members in Urban China[J]. Comparative Political Studies, 2000, 33(4):87—112.

② 《习近平谈治国理政》，外文出版社2014年版，第15页。

③ 同上，第414页。

依法追究刑事责任。[①] 近年来落马的“大老虎”如徐才厚、周永康、令计划等利用职务之便，贪污数额之大，令人震惊。并且诸多落马的干部中，都存在着作风不正派的现象。

党内腐败会严重危害民心。法国历史学家托克维尔在其著作《旧制度与大革命》中探讨了法国大革命的影响，原有的封建制度由于腐败和不得人心而崩溃，但社会动荡却并未带来革命党预期的结果，无论是统治者还是民众，最后都被相互间的怒火所吞噬。任何国家都存在腐败，但如何有效地治理腐败却是世界上各国执政党必须认真面对的问题。我国在制约权力方面，存在的问题是内部权力制约机制不健全，并且缺乏来自社会的制约。民众对腐败的容忍度已经到达了无法再继续容忍的程度。现在一提起领导干部，就有相当多的老百姓认为没有一个是不腐败的。

和以往的显性腐败相比，当前消极腐败比较严重。消极腐败具有一定隐蔽性，与直接的贪污受贿、买官卖官等直接腐败不同，例如公款吃喝、铺张浪费、官僚作风、形式主义等等。虽然没有表现为具体的违法犯罪，却对行政效率和机关风气造成了严重的消极影响，极大损害了执政党和政府的公信力和公共形象。而且腐败的蔓延在慢慢侵袭党的执政合法性，引发民众对党的政治信任度发生变化。因此，从制度层面入手，加强党自身建设的当务之急是增强民众对党的政治认同，增强党的执政合法性。

第三节　中国道路持续关键在于中国共产党

中国改革开放30多年走出了一条特色的社会主义道路。中国不仅实现了短时期内经济的快速发展，人民生活水平显著提高，而且正朝着中华民族伟大复兴的目标迈进。但在看到成就的同时，我们不能不意识到中国发展道路仍存在着诸多有待进一步改善的问题。解决目前中国发展中存在的这些问题，关键还在于加强中国共产党的建设。具体而言党在执政理念上要与时俱进、党自身建设的完善和执政能力的提高。

---

① 《张本才：五年来检察机关共立案侦查各类职务犯罪案件165787件》，新华网，http://news.xinhuanet.com/2013lh/2013-03/10/c_124438708.htm。

一、党的执政理念的与时俱进

每个执政党都有其自身的执政理念。中共也不例外。党的执政理念是我们党长期执政经验的科学总结，中共要始终坚持为人民服务的宗旨，坚持立党为公、执政为民的理念。习近平当选总书记后的首次公开讲话提出了“人民对美好生活的向往，就是我们的奋斗目标”，彰显了新时期中国共产党执政为民的执政理念。强调始终把人民放在心中最高位置。执政为了谁，执政依靠谁，这是摆在执政者面前一个置顶位置的头号问题。作为执政党的党员，要始终把人民放在心中最高的位置，牢记责任重于泰山，时刻应把人民群众的安危冷暖放在心上，兢兢业业，与人民同甘共苦、与人民团结奋斗。

发展的执政理念应与时俱进。改革30多年的高速发展在带给中国奇迹的同时，也带来了许多中国问题。如何实现发展的目的，使发展的成果由人民共享是考验执政党智慧的难题。党的十六大以来，我们提出了科学发展观，强调发展的目的是以人为本，强调统筹兼顾的发展理念。如今面对国际经济的复杂环境和国内改革的现状，我们必须认识到经济新常态的到来不可避免。因此，从发展理念角度而言，必须转变观念，从过去粗放型的发展模式转变为强调经济增长必须是实实在在和没有水分的增长。我国经济增长速度很快，但快而不优。主要依靠资源要素等投入推动经济增长和规模扩张的粗放型发展方式是不可持续的。为此，加快从要素驱动、投资规模驱动发展为主向以创新驱动发展为主的转变，应成为执政党的新的发展理念。着力解决当前的社会矛盾，提高民众的生活满意度，首要的是要大力改善民生，尤其是要解决收入分配差距过大的问题。

二、党自身建设的完善

改革开放走到今天，因政治改革和社会改革的滞后，所产生的“上层享受特权，下层分配贫穷”情况不容忽视，权贵相继暴富，百姓承担风险，贫富差距与社会不公日渐一日地严重，政权将面临新一轮的合法性危机。在传统政治权威失效的情况下，通过制度保障与权力制衡保持改革稳步前进是较为明智的选择。

十八大以来，以习近平为首的新一届国家领导人，加强了反腐的力度，对腐败的危害认识更为深刻。习近平在十八届中央政治局第一次集体学习的讲话中指出："近年来，一些国家因长期积累的矛盾导致民怨载道、社会动荡、政权垮台，其中贪污腐败就是一个很重要的原因。大量事实告诉我们，腐败问题越演越烈，最终必然会亡党亡国！"为了应对这一客观形势，习近平表示："要以踏石留印、抓铁有痕的劲头抓下去，善始善终、善做善成，防止虎头蛇尾。"[①]"要坚持'老虎''苍蝇'一起打。既坚决查处领导干部违纪违法案件，又切实解决发生在群众身边的不正之风和腐败问题。要坚持党纪国法面前没有例外，不管涉及到谁，都要一查到底，绝不姑息。"[②]这表明，新一届中央领导集体已经认识到腐败的危害性，树立了坚决反腐的决心和意志。新一届政府坚定了以制度反腐的决心，提出了把权力关进制度的笼子里。而制度反腐是中国遏制权力滥用，保障公民权利的根本出路。具体而言，要加强惩治和预防腐败体系建设，加强反腐倡廉教育和廉政文化建设，健全权力运行制约和监督体系，加强反腐败国家立法，加强反腐倡廉党内法规制度建设，深化腐败问题多发领域和环节的改革，确保国家机关按照法定权限和程序行使权力。从制度方面，要形成不敢腐败、不能腐败的防范机制，不易腐败的保障机制。新加坡《联合早报》评论说："尤其是提出'把权力关进制度的笼子'，可谓切中腐败顽疾的要害。"动真格、出实招、认真彻底反腐败，既是中国民众的期待，也是中国共产党提高民众对其信任度的关键。在根治腐败问题上，不能搞运动式反腐，要依靠制度来反腐。为此，国家需要完善相关的法律制度来反腐，同时拓宽民众监督的渠道，实现制度反腐和民众参与反腐相结合。

三、实现治理的转型

"治理"在国家发展中的作用不言而喻。从管制走向协商治理，能够满足人们政治参与的需要，部分扩大了公民的民主权利，增强公民的政治效能感。党的十八届三中全会提出了全面深化改革的总目标是推进国家治理体系和治理能力的现代化，以适应新形势发展的要求。因此，对于执政的中国共产党而言，提高党的治理能力，实现执政党治理模式的转型，

① 《习近平：要以踏石留印、抓铁有痕的劲头抓作风》，中国新闻网，http://www.chinanews.com/gn/2013/01-22/4510334.shtml

② 《习近平谈治国理政》，外文出版社，2014 年版，第 388 页。

直接决定着中国发展道路的成功与否。实现治理模式的转型，需要走出运动治理模式，大力发展有中国特色的社会主义协商民主，形成决策的科学化、民主化，治理的法制化。在民主层面，以党内民主带动人民民主的发展至关重要。党内民主表现为全体党员拥有直接或间接地决定党内一切重大事务的权力。这就要求国家在制定政策过程中，广开党内言路，鼓励党员发表意见和看法，提高党员的参政意识，扩大决策过程中的公开性，增加透明度。具体而言，要求党内重大政策的制定必须广泛征求党员的意见，使决策建立的基础具有广泛的代表性。

此外，还要大力发展社会主义协商民主。社会主义协商民主是中国社会主义民主政治的特有形式和独特优势，它是代议制民主的有益补充。中国特色的协商民主不同于西方的选举民主，它能够在最大程度上凝聚民众的意见，形成决策的共识，从而有利于制定科学的政策，使决策和工作更好顺乎民意、合乎实际。加强协商民主建设，有助于推进国家治理体系和治理能力现代化；有利于化解矛盾冲突，促进社会和谐稳定；有利于保持党同人民群众的血肉联系，巩固和扩大党的执政基础；有利于发挥我国政治制度优越性，增强中国特色社会主义道路自信、理论自信、制度自信。当前推进协商民主广泛多层制度化发展，需要从以下几方面着手：首先，积极开展人大协商；其次，开展政协协商；再次，开展政府与民众之间的协商，稳步推进基层协商。总之，执政党要营造协商民主建设的良好氛围。各级党委要自觉把协商民主建设贯穿于各领域，坚持有事多协商，遇事多协商，做事多协商。健全协商民主的形式，采取提案、会议、座谈、论证、听证、公示、评估、咨询、网络、民意调查等多种协商方式。只有完善协商制度，才可能制定科学的决策，才能更好地保证权为民所用，利为民所谋。

执政党治理转型需要实现在科学民主执政的基础上依法执政。党的十八届四中全会已经提出全面实施依法治国的战略。在依法治国的方略下，坚持依法执政，首先要加强党对立法工作的领导，善于使党的主张通过法定程序成为国家意志，从制度上、法律上保证党的路线、方针、政策的贯彻实施，使这种制度和法律不因领导人的改变而改变，不因领导人的看法和注意力的改变而改变。1982 年党的十二大首次将“党必须在宪法和法律的范围内活动”原则写入了《中国共产党章程》，从而在党章中明确了党依法活动的原则。在依法治国的今天，我们党要加强对立法工作的领导，就需要领导制定适应市场经济发展的法律法规，从法制的角度保证经济的健康运行。

党的干部要牢固树立法制观念，坚持在宪法和法律范围内活动，带头维护宪法和法律的权威。党的干部是人民群众的表率，党要求广大人民群众遵纪守法，自己首先必须带头维护宪法和法律的权威，带头依法行政。同时还要支持和保证国家机关依法行政，在法制的轨道上推动各项工作的开展。党的各级领导干部必须提高依法行政、依法办事的能力，要善于运用法律的手段来解决社会主义市场经济发展与完善过程中出现的一系列问题，切实用法律手段维护广大人民群众的合法权益。

当前依法执政的关键是要加强对权力的监督，使党的活动民主化、规范化、制度化。权力的运行一旦失去了监督，就会形成“人治”。绝对的权力必然导致绝对的腐败，这是现代政治学的一条规律。因此，坚持从严治党，运用法律促进权力规范运行，使任何党员都必须在宪法和法律允许的范围内活动，在法律允许的范围内行使权力为人民服务。

莫里斯·迈斯纳曾指出：在中华人民共和国的绝大部分历程中，中共遭遇的是最为恶劣的国际封锁，但在1952—1978年的26年间，中国却是世界上现代化速度最快的国家，国民收入（以不变价格计算）增加了4倍，自1952—1972年，每10年的经济增长率达到64.5%，大大超过了德国、日本和苏联在发展高峰期的增长速度。[①] 而改革开放以来的30多年的发展道路让世界看到了一个崛起中的中国。“中国模式”的热议就是中国发展道路成功的最好证明。党的十八大报告中指出：“道路关乎党的命脉，关乎国家前途、民族命运、人民幸福。”“中国特色社会主义道路，就是在中国共产党领导下，立足基本国情，以经济建设为中心，坚持四项基本原则，坚持改革开放，解放和发展社会生产力，建设社会主义市场经济、社会主义民主政治、社会主义先进文化、社会主义和谐社会、社会主义生态文明，促进人的全面发展，逐步实现全体人民共同富裕，建设富强民主文明和谐的社会主义现代化国家。”改革开放以来中国30多年的发展道路并非十全十美，但却是中国人民选择的适合中国国情的发展道路，而百年中华民族复兴的担当者中国共产党在实现中华民族伟大复兴的征程中任重而道远。

① [美]莫里斯·梅斯纳：《毛泽东的中国及其发展——中华人民共和国史》，张瑛等译，社会科学文献出版社1992年版，第487页。

第九章 中国梦的理论建构与实践探求

党的十八大以来，以习近平为总书记的党中央对中国梦进行了深刻阐述。中华民族伟大复兴的中国梦一经提出，就释放出强大的号召力和感染力。老百姓热议中国梦，社会舆论聚焦中国梦，海外华人述说中国梦，国际社会关注中国梦。中国梦成为中国走向未来的鲜明指引，成为激励中华儿女团结奋进、开辟未来的一面精神旗帜。

第一节 中国梦的理论建构

在国际国内对中国未来发展新思路的期待中，习近平于 2012 年 11 月 29 日带领新一届中共领导集体参观中国国家博物馆“复兴之路”展览，并在展览现场颇有感触地将我国实现现代化宏伟目标的理想和长期不懈的探索以及为实现这一理想而进行的实践和理论创新概括为中国梦。他满怀信心地表示，新一届中央领导核心有“一定能够实现”这个梦想的决心和能力。

无论在何种语境中，“梦”都具有相一致的语义：“都表达着人类最天真最无邪最美丽最可爱的愿望，都表达着人类为实现美好愿望而付诸行动的渴望，都表达着人类心中的愿景和对未来的追求。”[①]中国梦是中国人民对未来美好愿景的集中表达。2013 年，在第十二届全国人民代表大会第一次会议闭幕式上，习近平在发表讲话中，再次论述中国梦，并赋予其时代发展所应有的新内容、新认识和新理念。他说，中国梦归根到底是人民梦，必须紧紧依靠人民来实现，必须不断为人民造福。

中国梦有着深厚的历史渊源，并在历史的追溯中积淀出丰厚的理论，从而生发出鲜明的时代意义。

---

① 中国梦是什么编写组：《中国梦是什么》，广东人民出版社 2013 年版，第 4 页。

一、中国梦的历史追寻

实现中国梦需要精神力量，这种精神力量贯穿中国近现代史，连接中国共产党和中国人民 90 多年团结奋斗的历史。

(一)实现国家独立和民族解放的中国梦(1840—1949 年)

中华民族的昨天，可以说是“千磨万击还坚韧”。但是，农民起义、封建改良或资产阶级革命均无法实现中国梦，实现中华民族复兴的梦想最终破碎。

1840 年鸦片战争，腐败无能的清政府被西方列强用坚船利炮击溃，被迫签订了辱国丧权的中国近代史上第一个不平等条约——《南京条约》。中国开始步入半殖民地半封建的境地，从此开始了屈辱的历史，也开启了中华民族在失败挫折中反思、努力实现伟大复兴的发展历程。

在封建专制集权和帝国主义压迫之下，人民深深陷入水深火热之中。这就激起无数的抵抗和变革——“救亡图存!”“富国强兵!”“振兴中华!”“再创辉煌!”由此引发了中国近代社会风云变幻的大潮。以洪秀全为首的太平天国反清农民起义沉重打击了清政府的统治。然而，旧式的农民起义和反抗斗争终在内外势力的夹攻下惨败，留下了历史的启示：实现中国梦必须有先进的阶级领导，必须有正确科学的理论武器，必须有为大众谋幸福的精神气概。以李鸿章为代表的洋务派试图在清政府现存格局下，搞“洋为中用”的洋务运动。在取得短暂的“同治中兴”后，招致甲午中日战争的败局，洋务运动以失败而告终。这就启发世人：国家富强不能光靠产业变革，更需要制度革新。在沉痛的反思中，戊戌变法出笼。风气大开，法令重颁。然而在顽固派的强烈抵制下，终成“百日维新”。变法的失败启示我们：不推翻传统的落后势力，不进行彻底的制度重建，民族复兴的梦想只能昙花一现。之后有一段历史小插曲：义和团运动以刀枪不入的神术妖法，提出“反清灭洋”；后来被清政府利用，又打起“扶清灭洋”的口号；最后在封建统治者和外国势力夹击下，走向失败。

历史向何处去？民族向何处去？以孙中山为代表的民族资产阶级革命派，提出“驱除鞑虏，恢复中华，建立民国，平均地权”的民主革命口号，奉行“民族、民权、民生”三民主义。发动“辛亥革命”，取得划时代意义的伟大胜利：结束了两千多年的封建帝制，建立了民主共和国，使民主共和观念深入人心。但是革命成果被袁世凯所窃取，之后军阀割据、国内混战、生灵涂炭。

历史和实践表明:只有中国共产党的领导,才使中华民族日益发展,探索适合本国国情的强国富民之路,从而走近中国梦。

俄国十月革命一声炮响,给中国送来了马克思主义,中国革命面貌从此焕然一新。中国共产党成立开始了民族复兴的伟大征程。其间经过北伐战争、土地革命战争、抗日战争、解放战争,铸就红色江山。

1949 年 10 月 1 日,中华人民共和国宣告成立,梦想花开。

(二)实现社会主义现代化的中国梦(1949 年—21 世纪中叶)

新中国成立初期,在当时世界局势以及国际关系背景下,我国主要是学习苏联"老大哥"经验。然而实践表明,照抄照搬"苏联模式"不符合中国国情,必需积极探索适合中国特点的社会主义建设道路。从那时起,中国第一代中央领导集体带领中国人民开启了新的"追逐梦想"之路。

新中国成立初期,百废待兴。毛泽东说:"现在我们能造什么?能造桌子椅子,能造茶碗茶壶,能种粮食,还能磨成面粉,还能造纸,但是,一辆汽车、一架飞机、一辆坦克、一辆拖拉机都不能造。"①在第一个 30 年,中国迅速医治战争创伤,实行五年计划,建立完整的工业体系,构建社会主义制度。尤其是确立"实现四化"的宏伟蓝图。然而,社会主义现代化建设因为"大跃进"以及后来的"文化大革命",遭受严重挫折。中华民族的伟大复兴事业再一次到了历史关口,中国梦濒临破碎。

惨痛的教训告诉我们:搞建设不能光靠热情,社会主义建设不同于革命。而不论革命还是建设,都必须实事求是,从国情出发。认清中国的国情,也是认清一切建设问题的基本的依据。邓小平指出:"我们过去照搬苏联搞社会主义的模式,带来很多问题。我们很早就发现了,但没有解决好。我们现在要解决好这个问题,我们要建设的是具有中国自己特色的社会主义。"②只有走出中国特色社会主义道路,才能脚踏实地追逐梦想。

1978 年底召开的党的十一届三中全会,是中国人实现中国梦的里程碑。

伴随着改革开放,伴随着中国特色社会主义道路的成功实践,中国人从来没有像现在这样"敢做梦""能做梦",从来没有想今天这样不断"超越

① 《毛泽东文集》第 6 卷,人民出版社 1999 年版,第 329 页。

② 《邓小平文选》第 3 卷,人民出版社 1993 年版,第 261 页。

梦想”，实现自己的“中国梦”。以习近平为总书记的党中央，规划了实现中国梦的宏伟蓝图，让每位中国人都为之兴奋、欣然向往。“青年梦”“科技梦”“航天梦”“幸福梦”“富强梦”……正在汇聚成异彩纷呈的中国梦。经过了艰难曲折、斗转千回的奋斗，中国人现在快到梦想成真的时候了。

由上可见，中国梦是在总结我国近现代实现国家富强、民族振兴、人民幸福百年历程的经验基础上提出来的。正如有学者指出：“从危亡到复兴，从古老到现代，从封闭到开放……中国共产党成立 90 年来，新中国成立 60 多年来，改革开放 30 多年来，中国共产党和中国人民学习和弘扬孙中山先生‘吾志所向，一往无前，愈挫愈奋，再接再厉’的奋斗精神，完成了近代以来中国人民和无数仁人志士梦寐以求的民族独立、人民解放的历史任务，开启了中华民族发展进步的历史新纪元，取得了举世瞩目的现代化建设成就，谱写了中国发展的辉煌篇章。”[①]现在，我们比历史上任何时期都更接近中华民族伟大复兴的目标，比历史上任何时期都更有信心、有能力实现这个目标。到新中国成立 100 年时，建成富强民主文明和谐的社会主义现代化国家的目标一定能实现！

二、中国梦的思想内涵

中华民族伟大复兴的中国梦，包含着丰富的思想内涵，其中最核心的内容是国家富强、民族振兴、人民幸福。

（一）国家富强：中国梦的主题

国家富强是指我国综合国力进一步增强，中国特色社会主义事业进一步发展和完善。经济更加发达，科技创新在经济发展中的驱动力更加强劲，政治更加民主，文化更加繁荣，社会更加和谐，生态更加美好。

国家富强是民族复兴的基础和保障，追求民族国家的繁荣富强，是近现代国家的世界性现象。较之古代之强盛，近代之沦落，中华儿女实现国家富强的梦想尤为迫切。以毛泽东为核心的第一代领导集体，深刻认识到中国实现富强的必要性和紧迫性。回顾中国近代的百年屈辱史，中国之所以多次在近代对外战争中失败，其原因：一是社会制度腐败，二是经济技术落后。毛泽东等领导人认识到：为了实现民族复兴以及中国人民

① 许海清：《中国梦不遥远——新盛世论》，中共中央党校出版社 2013 年版，第 268 页。

的彻底解放,必需创造一个繁荣富强的新中国。新中国成立初期的"一化三改",相当程度上是为了国家富强打下基础,社会主义中国和富强的中国紧密相连。

十一届三中全会以来,和平与发展成为时代主题,国家富强具有了崭新的时代内涵。邓小平指出:"中国人民有自己的民族自尊心和自豪感,以热爱祖国、贡献全部力量建设社会主义祖国为最大光荣,以损害社会主义祖国利益、尊严和荣誉为最大耻辱。"[①]邓小平及以后的党中央从政治、经济、文化和军事等多维角度,建构了中国走向富强的实践步骤:努力将我国建设成为一个统一的社会主义国家,建设成为一个民主的社会主义强国,建设成为一个经济与科技强国,建设成为一个军事强国,建设成为一个各民族兴旺发达的强国。最终归结为:带领人民把我国早日建设成为一个真正的富强国家。

实现中华民族伟大复兴的中国梦,不仅是为了中国的发展,而且也是为了对世界做出更大的贡献。中国梦是和平、发展、合作、共赢的梦,不仅造福中国人民,而且造福各国人民,与各国人民的美好梦想是相通的。

(二)民族复兴:中国梦的依托

民族复兴,是通过自身的不断发展与强大,继承并创造中华民族的优秀文化以及先进的文明成果,并将其传递给全世界,从而影响世界、改变世界,进而使中华民族再次处于世界领先的地位,再次以高昂的姿态屹立于世界民族之林。

顾名思义,民族复兴是相对于中华民族历史上的辉煌与曲折而言的。"只有创造过辉煌的民族,才懂得复兴的意义;只有历经苦难的民族,才对复兴有如此深切的渴望。"[②]中华民族历史上曾经取得过骄人的辉煌,也曾经陷于弱肉强食的悲惨境地。在"汉唐盛世"等盛世时期,我们的先祖创造出灿烂的文明,成为其他国家民族竞相仿效的"偶像"。那种"万方来朝""夷狄臣服"的盛况,载于史册,不胜枚举。然而,到了近代,中国却"落后挨打",中国历史进入了屈辱、抗争和探索时期。无数仁人志士呕心沥血、血洒神州,终于迎来了民族复兴的前景,"东亚睡狮"已然觉醒。

---

① 《邓小平文选》第3卷,人民出版社1993年版,第3页。

② 中共中央宣传部编:《习近平总书记系列重要讲话读本》,学习出版社、人民出版社2014年版,第26页。

昔日的“辉煌”，是小农经济、农耕文明基础上的“辉煌”；今日的“落后”，是相对于已经工业化几百年的世界发达国家的“落后”。从纵向的历史进程来看，中华民族的发展水平，早就不能与往昔同日而语。邓小平曾经讲道：“贫穷不是社会主义，发展太慢也不是社会主义。”[①]中国当代的经济发展水平，已经远远超越历史上的任何朝代。但是毋庸讳言，在激烈国际竞争的世界背景下，国与国之间的较量不仅是“硬实力”的比拼，而且是“软实力”的较量。著名英国历史学家汤因比在研究过数种文明后得出结论：文明的死亡无一例外都不是“他杀”，而是“自杀”。其根源在于“软实力”的衰落导致了“人的衰落”，最终国家“硬实力”也失去承载——精神消亡，财富丧失。

因此，文化是民族的家园，民族复兴是中国梦的依托，民族文化之精神血脉是中国梦的“精气神”。换言之，“文化软实力”作为民族复兴的“精气神”殊为重要。谁有资格把握中国文化的发展方向？答案是：中国共产党。这样讲是有历史与现实的根据的——中国共产党始终代表着中国先进文化的前进方向。因此，中华民族之复兴，必是在中国特色社会主义文化的涵摄下，清除了此前导致衰落之各种因素的复兴，也就是必然要实现中华文明体的品性造，融入现代民主元素。

因此，民族复兴是广义中华文化经过改造之后的复兴。在此意义上，中华民族复兴不是简单的“大国崛起”，中国梦不走“国强必霸”的模式。复兴中华民族，绝不是提倡狭隘的民族主义，更不构成对其他任何国家的威胁。在此意义上，中国梦与“美国梦”不是对立的：“中美两国的梦想都是关于世界和平、国家富强、人民福祉三个层面的逻辑定位，不同的只是，中国梦所要涵盖的人口更多、历史深度更强、难度更大、责任更重、所惠及的面也会更多。”[②]我们要继承和弘扬中华民族“和文化”，构建和谐世界。

（三）人民幸福：中国梦的落脚点

人民幸福，就是人民权利保障更加充分、人人得享共同发展，生活在伟大祖国和伟大时代的中国人民，共同享有人生出彩的机会，共同享有梦想成真的机会，共同享有同祖国和时代一起成长与进步的机会。中国梦

① 《邓小平文选》第 3 卷，人民出版社 1993 年版，第 255 页。

② 刘戈等：《十问中国梦——给梦想多一点时间》，北京大学出版社 2013 年版，第 222 页。

是国家的梦、民族的梦，也是每一个中国人的梦。

新中国成立初期，由于刚刚推翻“三座大山”，党领导人民在几近“一穷二白”基础上搞建设，付出了巨大努力，为共和国大厦奠定了坚实基础。当然，由于国情的特殊性，我们无法从马克思、恩格斯那里找到我国社会主义建设的全部现成答案，故社会主义道路在探索中曲折前进。“文化大革命”结束以后，我们逐渐认识到社会主义的本质：解放产力，发展生产力，消灭剥削，消除两极分化，最终达到共同富裕。在一定意义上，社会主义本质的实现，就是实现人民幸福的梦想。邓小平“三落三起”，但每一次复出都将个人利益置之度外，抱着为人民大众谋幸福的强烈的、深厚的感情。他实事求是地讲：“社会主义必须大力发展生产力，逐步消灭贫穷，不断提高人民的生活水平。否则，社会主义怎么能战胜资本主义？”①这体现出以人为本、以人民幸福为现实追求的价值理想。

人民幸福是中国梦最本质的体现。中国共产党自诞生之日起，就以为人民谋永福为己任。无数革命先烈为此前赴后继，抛头颅、洒热血。在历史新时期，继承前辈遗志，成为中国共产党人义不容辞的历史担当。人民群众是历史的创造者，是实现中国梦的主体力量。胡锦涛指出：“只要我们始终坚持以人为本，切实做到发展为了人民、发展依靠人民、发展成果由人民共享，充分发挥广大人民群众的积极性、主动性、创造性，我们就一定能够依靠人民团结起来的巨大力量和集中起来的无穷智慧，万众一心地实现中华民族伟大复兴。”②

十八大以来，以改善民生为重点的社会建设，已经成为科学发展的重中之重。“幸福”作为高频词汇，在党和国家主要领导人的讲话及报告中时常出现。例如，习近平总书记在第十二届全国人大一次会议闭幕会上发表重要讲话时指出：中国梦归根到底是人民的，必须紧紧依靠人民来实现，必须不断为人民造福。我们要随时倾听人民呼声、回应人民期待，保证人民平等参与、平等发展权利，维护社会公平正义，在学有所教、劳有所得、病有所医、老有所养、住有所居上，持续取得新进展，不断实现好、维护好、发展好最广大人民的根本利益，使发展成果更多更公平地惠及全体人

---

① 《邓小平文选》第3卷，人民出版社1993年版，第10页。

② 中共中央文献研究室编：《改革开放三十年重要文献选编》(下)，中央文献出版社2008年版，第1842页。

民，在经济社会不断发展的基础上，朝着共同富裕方向稳步前进。根据习近平总书记的讲话精神，人民幸福在当代有着更加丰富的意涵，中国梦也意味着多元目标的实现以及生存质量的全面提高。党员干部重任在肩："实现中华民族伟大复兴的中国梦，是党赋予领导干部的一个历史'大担当'，具有鲜明的时代特征。这一担当既是时代的考题，也是人民的期待。"①

值得一提的是，我们必须处理好人民幸福中个人幸福与全体人民幸福、当代人幸福和后代人幸福之间的关系：人民幸福是个人幸福和全体人民幸福的统一，是当代人幸福和后代人幸福的统一。我们也必须明确国家富强、民族振兴和人民幸福三者的关系：国家富强、民族振兴是人民幸福的基础和保障，中国近代以来的屈辱历史已经证明，民族不独立、国家不富强，人民的生存根本得不到保证，更谈不上人民幸福；人民幸福是国家富强、民族振兴的题中之意和必然要求，民为邦本、本固邦宁，国家的富强、民族的振兴要以人民的权利得到保障、利益得到实现、幸福得到满足为条件，人民幸福是国家富强、民族振兴的根本出发点和落脚点。

有人说：你的梦，我的梦，他的梦，加在一起就是中国梦这种说法是片面的："因为个人梦从来都是千差万别、各有不同，个人梦并不一定都能梦想成真，有些梦最终只是一种潜意识的一厢情愿。而中国梦是中华民族近代以来最伟大的梦，体现了中华民族和中国人民的整体利益，是中华民族的共同理想，是中国人民的伟大目标，是一个一定要实现的梦。"②

三、中国梦的时代意义

在新的历史征程中，中国梦具有不同寻常的时代意义："'中国梦'植根于中华民族五千年悠久文化传承和百余年近代悲惨遭际的历史土壤，成长于中国特色社会主义建设的巨大繁荣和贫富差距加大并存的当下现实，必将盛开在人民生活富足、国家实力强大、社会公平公正、政府廉洁高

---

① 徐月高：《论担当精神的时代内涵》，《红旗文稿》2014 年第 22 期，第 35—36 页。

② 刘戈等：《十问中国梦——给梦想多一点时间》，北京大学出版社 2013 年版，序言。

效的可以预见的未来。”[①]概括地说，中国梦是对百年中国寻梦历程的新认识，中国梦是对我国发展新阶段意蕴的新揭示，中国梦是对中国特色社会主义道路的新概括。

（一）中国梦是对百年中国寻梦历程的新认识

中国梦的道路，我们不妨概括为“两个百年”和“两重任务”。所谓“两个百年”就是实现中国梦的两个历史阶段：“第一个百年”从1840年鸦片战争，到1949年中华人民共和国成立。在这个100年里，中国人以及无数仁人志士从“无路可走”到终于找到通往“复兴之路”，揭开了民族复兴的序幕。“第二个百年”是从新中国成立到21世纪中叶，在新中国成立100年的时候，建成富强民主文明和谐的社会主义现代化国家，实现中华民族的伟大复兴。现在，我们就是处于完成“第二个百年”任务的阶段。

“两个百年”最早由第一代领导集体的核心毛泽东提出。第二代领导集体的核心邓小平进一步提出“三步走”的发展战略：第一步，在20世纪80年代实现温饱；第二步，在20世纪90年代实现小康；第三步，到21世纪中叶基本实现现代化。后来的党中央领导集体，在第一步和第二步目标完成的情况下，进一步把第三步具体化，提出了“新三步走”战略：在21世纪的第一个10年里，国民生产总值翻一番；在第二个10年里，再翻一番，全面建成小康社会；然后，向着21世纪中叶的总体目标迈进。

值得一提的是，党的十八大报告中也讲了“两个百年”：建党100年和新中国成立100年。报告中讲的“建党100年目标”，着眼于现阶段任务是在2020年全面建成小康社会。从而将实现中国梦的切近性目标放在更加突出的位置，以“干好现在的事情”为着眼点。

（二）中国梦是对我国发展新阶段意蕴的新揭示

在改革开放取得举世瞩目成就的背景下，我国发展面临新阶段、“新常态”的考验：社会必须从传统向现代社会转型，现代化发展必须从初级发展模式转向高级发展模式，国家发展必须从世界大国、人口大国向世界强国、人力资源强国转变。在此背景下，在我国新的发展阶段，中国梦揭示出如下深刻的意蕴：

中国梦具有实现“国强”“民富”以及“民福”的意蕴。我国经济总量已

---

① 李久林：《中国梦的内涵》，载刘冠军主编：《中国梦研究》，首都经济贸易大学出版社2013年版，第58页。

经跃居世界第二位，但是但人口多、底子薄、发展很不平衡的状况并未根本改变。尤其综合国力仍有待提升，文化软实力亟待增强。我们的小康社会还没有真正“建成”，人民生活离“富裕”的梦想还有一段距离。因此，党的十八大描绘出：到 2020 年的宏伟目标，经济持续健康发，国内生产总值和城乡居民收入比 2010 年翻一番……而在“国强”“民富”的基础上，人民对幸福的呼声越来越高，而提升幸福指数又无疑是项复杂的系统工程。这既表明我们所面临的挑战，也展现出中国梦的多重维度、多层光环。

中国梦具有促进人的全面发展的意蕴。中国梦虽然不是“个人梦”，也不能简单等同于“个人梦”的集合，但是却具有用“国家梦”“民族梦”成就“个人梦”的意蕴。因此，中国梦内蕴含着积极向上的、合法合理的、充满“正能量”的“个人梦”，从而有助于人的全面发展。人的全面发展是坚持远大理想与社会主义现代化建设实践相统一，是坚持物质文明建设与精神文明建设相统一，是坚持人的全面发展与社会的全面发展相统一，是坚持人的全面发展与提高国民素质的统一。毋庸讳言，我们现在还没有真正实现这样的统一，中国梦因而具有理想社会的新特征。正如马克思和恩格斯在《共产党宣言》中指出，未来理想社会是没有剥削、没有阶级差别的社会，在这样的社会里，“每个人的自由发展是一切人的自由发展的条件”。[①] 在共产主义远大理想的指引下，党的十八大把“促进人的全面发展”纳入中国特色社会主义共同理想的内涵之中，社会主义核心价值观也将“自由、平等、公正、法治”相勾连，每个中国人的全面发展与全体中国人的发展辩证相连，统一于中国梦的现实化之中。

中国梦具有勾勒中国特色社会主义总布局的意蕴。从物质文明与精神文明“两手抓”到“三位一体”到“四位一体”再到“五位一体”，中国特色社会主义总布局不断拓展出物质文明、政治文明、精神文明、社会文明和生态文明的意涵。这一方面是在社会主义文明内部的丰富和完善，同时也是中华民族复兴过程中展现的文明特质。中华文明作为世界上唯一没有间断、血脉相连的文明，将在社会主义社会形态中成就全新的梦想。

(三)中国梦是对中国特色社会主义道路的新概括

习近平指出：“党的十八大精神，说一千道一万，归结为一点，就是坚

① 《马克思恩格斯文集》第 2 卷，人民出版社 2009 年版，第 53—54 页。

持和发展中国特色社会主义。”[①]如何走出适合中国国情的现代化发展道路？如何实现国强、民富、民福？上述种种问题，一言以蔽之：如何实现中国梦？在此意义上，中国梦是对中国特色社会主义道路的新概括。

党的十八大对中国特色社会主义道路的内涵进行了精辟的论述，建设富强民主文明和谐的社会主义现代化国家是现实性与理想性的统一。回顾历史，中国特色社会主义道路是现实的，是可行的；面向未来，中国特色社会主义道路是理想的，是“有梦”的。中国梦的命题表达，高度凝练了在社会主义初级阶段，中国特色社会主义的基本道路、基本路线和基本纲领。

百年逐梦的经验教训启示我们，必须自己判断什么样的道路才符合中国国情，什么样的道路才是阳光大道。正如习近平比喻道：鞋子合不合适，只有自己的脚才知道。我们正处于并将长期处于社会主义初级阶段，必须据此制定相应的路线、方针和政策。超越社会主义初级阶段，是“幻想”，是“空想”，而不是“梦想”。因此，中国梦是正确的，也是科学的——因为是科学的，所以是正确的。因此，中国梦的逐梦之路，是科学发展之路。正如，习近平指出，“实现中国梦，坚持把发展作为第一要务，坚持以人为本，坚持改革开放，全面推进经济建设、政治建设、文化建设、社会建设、生态文明建设，促进现代化建设各个方面、各个环节相协调”[②]。

前进要有方向，走路应有路标。中国特色社会主义道路进程中有两大重要的历史节点：在中国共产党成立 100 年之际，全面建成小康社会；在中华人民共和国成立 100 年之际，建成富强、民主、文明、和谐的社会主义现代化国家。而每一个节点的达至，都意味着中国梦的璀璨绽放——绽放出十几亿中国人的美好夙愿，体现出中华民族的整体利益，凝聚了全体中华儿女的共同期盼。

总之，中国共产党带领中国人民走出的中国特色社会主义之路，在一定意义上就是中国梦的圆梦之路，其可能性、可行性和正当性已经为历史与现实实践所印证——在几代中央领导集体的带领下，在全体中国共产党人的努力下，在全国各族人民乃至全球华人的共同参与下，已经书写出

---

① 《习近平在新进中央委员会的委员、候补委员学习贯彻党的十八大精神研讨班开班式上发表重要讲话》，《人民日报》2013 年 1 月 6 日。

② 《习近平致 2013 成都〈财富〉全球论坛的贺信》，《人民日报》2013 年 6 月 5 日。

“中国故事”，创造出“中国奇迹”，开拓出“中国道路”。前途是光明的，道路是曲折的。“长风破浪会有时，直挂云帆济沧海。”实现中国梦，聚合“正能量”很重要：“实现中国梦，关键在党、关键在人、关键靠改革开放。抓住这三个关键，就能释放正能量，共圆中国梦。”[①]在未来的民族复兴征途中，我们要坚持党的领导，脚踏实地、不懈奋斗、苦干实干，拓展梦想之路，走好圆梦之路！

第二节　中国梦的实践探求

中国梦以实现中华民族伟大复兴为核心内涵，具体表现为国家富强、民族振兴和人民幸福。它既是今天中国人的理想追求，也是近代以来先烈们不懈奋斗的历史主题。中国梦的实现，需要矢志不渝的坚定信念，更需要坚持不懈的艰苦努力和实践探求。

一、中国梦的实现路径

中国梦形象生动地表达了全中国人民的共同愿望和理想追求，展现了中华民族伟大复兴的光明前景，体现了新一届中央领导集体的责任担当，为坚持和发展中国特色社会主义注入了新的内涵和时代精神。2012年11月15日，习近平总书记在十八届中央政治局常委与中外记者见面时表示：“我们的责任，就是要团结带领全党全国各族人民，接过历史的接力棒，继续为实现中华民族伟大复兴而努力奋斗，使中华民族更加坚强有力地自立于世界民族之林，为人类做出新的更大的贡献。”[②]习近平更是在多个场合坚定明确地阐述了中国梦的实现路径：“实现中国梦必须走中国道路。”“实现中国梦必须弘扬中国精神。”“实现中国梦必须凝聚中国力量。”[③]

(一)坚持中国道路

中国道路，就是中国特色社会主义道路。胡锦涛在党的十七大报告中明确指出：中国特色社会主义道路，就是在中国共产党领导下，立足基

① 袁秉达：《中国梦与中国特色社会主义》，上海人民出版社2014年版，第12页。

② 《习近平谈治国理政》，外文出版社2014年版，第4页。

③ 同上，第39—40页。

本国情，以经济建设为中心，坚持四项基本原则，坚持改革开放，解放和发展社会生产力，巩固和完善社会主义制度，建设社会主义市场经济、社会主义民主政治、社会主义先进文化、社会主义和谐社会，建设富强民主文明和谐的社会主义现代化国家。

中国特色社会主义道路，是实现中国梦的根本途径和必由之路。“中国特色社会主义道路，既坚持以经济建设为中心，又全面推进经济建设、政治建设、文化建设、社会建设、生态文明建设以及其他各方面建设；既坚持四项基本原则，又坚持改革开放；既不断解放和发展社会生产力，又逐步实现全体人民共同富裕、促进人的全面发展。”①

中国特色社会主义道路是一条符合中国国情、富民强国的正确道路。改革开放 30 多年以来，我国经济快速发展，人民生活水平快速提高，综合国力快速增强，中华民族已大踏步赶上时代前进潮流，迎来伟大复兴的光明前景，同时为世界和平与发展做出了重大贡献。

中国特色社会主义道路来之不易。中国特色社会主义道路“是在改革开放 30 多年的伟大实践中走出来的，是在中华人民共和国成立 60 多年的持续探索中走出来的，是在对近代以来 170 多年中华民族发展历程的深刻总结中走出来的，是在对中华民族 5000 多年悠久文明的传承中走出来的，具有深厚的历史渊源和广泛的现实基础”②。

坚持中国特色社会主义道路，必须继续保持对社会主义初级阶段这个基本国情的清醒认识，把社会主义初级阶段的长期性和阶段性统一起来，扎扎实实推进中国特色社会主义事业。

坚持中国特色社会主义道路，必须增强中国特色社会主义的理论自信、道路自信、制度自信。改革开放以来，我们取得一切成绩和进步的根本原因，就在于开辟了中国特色社会主义道路，形成了中国特色社会主义理论体系。因此，我们既不走封闭僵化的老路，也不走改旗易帜的邪路。

坚持中国特色社会主义道路，必须继续发展中国特色社会主义。“世界在变化，中国也在变化，中国特色社会主义也必须随着形势和条件的变化而向前发展。只有不断与时俱进，中国才能充满活力。我们愿意借鉴

---

① 中共中央文献研究室编：《十八大以来重要文献选编》（上），中央文献出版社 2014 年版，第 75 页。

② 同上，第 234 页。

人类一切文明成果,但不会照抄照搬任何国家的发展模式。中国的改革是中国特色社会主义制度的自我完善和发展。只有走中国人民自己选择的道路,走适合中国国情的道路,最终才能走得通、走得好。”①

中国特色社会主义道路,为怀揣梦想的中国人民指引了一条通往中华民族伟大复兴的光辉道路。走在这条具有无比深厚历史底蕴的道路上,中国人民具有无比强大的前进定力和动力。

(二)弘扬中国精神

中国精神,就是以爱国主义为核心的民族精神和以改革创新为核心的时代精神。“这种精神是凝心聚力的兴国之魂、强国之魂。爱国主义始终是把中华民族坚强团结在一起的精神力量,改革创新始终是鞭策我们在改革开放中与时俱进的精神力量。”②实现中国梦,一定要弘扬伟大的民族精神和时代精神,不断增强中华民族的凝聚力、创造力、文明力。

历史证明,中国共产党正是吸吮着中华民族漫长奋斗积累的文化养分,潜心学习和汲取中国传统文化中的各种思想精华,继承和发扬以爱国主义为核心的民族精神,笃信和践行以改革创新为核心的时代精神,最终带领全国各族人民走上了“国家富强、民族振兴、人民幸福”的追梦、圆梦之路。

历史证明,中国精神是中国传统文化长期发展的精髓,是中华民族不断发展前进的内在动力,是一部中国共产党人领导中国人民不断传承、不断弘扬的发展史:

井冈山精神,实事求是、敢闯新路是它的精髓,胸怀理想、坚定信念是它的灵魂,依靠群众、勇于胜利是它的本质,艰苦奋斗、百折不挠是它的根本;

长征精神,是胸怀目标、矢志不移的坚定信念,无所畏惧、勇往直前的英雄气概,实事求是、独立自主的创新胆略,顾全大局、紧密团结的革命风格,心系群众、患难与共的高尚情怀;

延安精神,是自力更生、艰苦奋斗的精神,全心全意为人民服务的精神,实事求是、开拓创新的精神;

---

① 《习近平接受金砖国家媒体联合采访》,《人民日报》2013 年 03 月 20 日。

② 中共中央文献研究室编:《十八大以来重要文献选编》(上),中央文献出版社 2014 年版第 235 页。

大庆精神，是爱国、创业、求实、奉献；

"两弹一星"精神，是热爱祖国、无私奉献，自力更生、艰苦奋斗，大力协同、勇于攀登；

载人航天精神，是特别能吃苦、特别能战斗、特别能攻关、特别能奉献；

特区精神，是敢闯、敢冒、敢试、敢为天下先的改革精神，奋发有为、只争朝夕的创业精神，自立、自强、自信的拼搏精神；

……

习近平总书记在北京大学师生座谈会上指出，"人类社会发展的历史表明，对一个民族、一个国家来说，最持久、最深层的力量是全社会共同认可的核心价值观。核心价值观，承载着一个民族、一个国家的精神追求，体现着一个社会评判是非曲直的价值标准。"①

中国精神正是"富强、民主、文明、和谐，自由、平等、公正、法治，爱国、敬业、诚信、友善"的社会主义核心价值观的具体体现，是激励我们实现民族复兴、国家富强、人民幸福的中国梦的重要力量源泉。②

弘扬中国精神，就要牢固树立中国梦的共同理想，中国特色社会主义的坚定信念。

弘扬中国精神，就要大力加强思想道德建设，充分发挥英雄模范人物的榜样作用，大力激发社会正能量，为实现中国梦提供强大精神动力。

弘扬中国精神，需要自觉践行社会主义核心价值观，不断为中国精神注入新能量。

(三)凝聚中国力量

中国力量，就是中国各族人民大团结的力量。"中国梦是民族的梦，也是每个中国人的梦。只要我们紧密团结，万众一心，为实现共同梦想而奋斗，实现梦想的力量就无比强大，我们每个人为实现自己梦想的努力就拥有广阔的空间。生活在我们伟大祖国和伟大时代的中国人民，共同享有人生出彩的机会，共同享有梦想成真的机会，共同享有同祖国和时代一起成长与进步的机会。有梦想，有机会，有奋斗，一切美好的东西都能够

---

① 习近平：《青年要自觉践行社会主义核心价值观》，《人民日报》2014 年 5 月 5 日。

② 《复兴梦寻》，《瞭望》2015 年第 1 期，第 12—14 页。

创造出来。全国各族人民一定要牢记使命，心往一处想，劲往一处使，用十三亿人的智慧和力量汇集起不可战胜的磅礴力量。”[①]

“众人拾柴火焰高。”实现中国梦，需要包括工人、农民、知识分子、公务员、军人在内的所有公民，发挥聪明才智，勤奋工作。

实现中国梦，必须全心全意依靠工人阶级。2013年4月28日，习近平在同全国劳动模范代表座谈时指出：“必须全心全意依靠工人阶级、巩固工人阶级的领导阶级地位，充分发挥工人阶级的主力军作用。”[②]这是新一届党中央对我党全心全意依靠工人阶级根本方针的强调和重申，是对我国工人阶级历史功绩和地位作用的充分肯定，也是对工人阶级在实现中国梦中的责任和担当的明确指向。工人阶级要以主人翁的姿态继续当好我国先进生产力和生产关系的代表，充分发挥伟大的创造力量，团结一心，顾全大局，成为凝聚中国力量的中流砥柱。各级党委和政府要维护好工人阶级的根本利益，落实好工人阶级的主人翁地位。

实现中国梦，离不开农业的发展，离不开农民的力量。中国要强，农业必须强；中国要美，农村必须美；中国要富，农民必须富。广大农民要自强不息，创造财富。党和国家要制定和实施强农、惠农、富农的各项政策，助力广大农民人生出彩、梦想成真。

实现中国梦，需要创新知识，需要人才和科技支撑。广大知识分子、科技工作者，要牢记立德树人、创新知识、创新科技、服务国家、造福人民的使命，把人生理想融入实现强国梦的奋斗之中，为实现中华民族伟大复兴的中国梦献智出力。[③]

实现中国梦，需要一切国家机关工作人员克己奉公、廉政勤政、为民办事、为民谋利；需要解放军全体指战员和武警部队全体官兵，聚焦强军目标，提高履行使命能力；需要社会各阶层群众，发扬创新创业精神，为国家创造更多财富；需要全国广大青少年，志存高远，增长知识，锻炼才干，让青春在圆梦进程中焕发出绚丽的光彩。

---

① 中共中央文献研究室编：《十八大以来重要文献选编》（上），中央文献出版社2014年版第235页。

② 《全心全意依靠工人阶级 凝聚实现中国梦强大合力》，《工人日报》2013年5月2日。

③ 中共中央文献研究室：《复兴梦寻》，《瞭望新闻周刊》2015年第1期。

实现中国梦，必须凝聚13亿中国人的智慧和力量，通过一代又一代的接续奋斗，努力把国家建设得更好，使中华民族发展得更好。

二、中国梦的实践选择

党的十八大以来，以习近平同志为总书记的党中央从坚持和发展中国特色社会主义全局出发，提出并形成了全面建成小康社会、全面深化改革、全面依法治国、全面从严治党的战略布局。“四个全面”的战略布局集中体现了以习近平同志为总书记的党中央治国理政、开创事业发展新局面的战略思想和战略部署，使当前和今后一个时期，党和国家各项工作关键环节、重点领域、主攻方向更加清晰，内在逻辑更加严密，也为实现中国梦指明了前进方向，做出了极其重要的实践选择。

（一）稳增长，调结构，全面建成小康社会

2014年，我国人均GDP已超过7500美元，正处于由中等收入国家向高收入国家跨越的艰难爬坡阶段。世界上有许多国家都是在这个阶段遇到了障碍，落入所谓中等收入陷阱。稳增长，调结构，既是实现经济持续健康发展的需要，也是到2020年全面建成小康社会的需要。

稳增长，是当前和今后一个时期经济工作的关键和重点。积极发现培育新增长极，加快转变农业发展方式，优化经济发展空间格局，加强保障和改善民生工作，都需要围绕服务于稳增长来部署和推进。

稳增长必须积极实施扩大内需战略。当前，必须致力于破解国内生产的大量产品和服务要靠大量出口来消化的发展方式已经难以为继的困难和压力，着力改变投资与消费比例处于失衡状态，我国经济增长机理已经由供给约束转变为需求约束，我们已经不自觉地走上了生产能力迅速扩张和广大居民有支付能力的需求相对不足的路子。必须对症下药，从扩大内需入手，破解需求不足的问题。

扩大内需的重点应当放在提高居民消费率和扩大公共服务消费上。必须调整收入分配结构，尽快增加中低收入者的收入，特别是增加农民的收入。要增加公共服务的供给，包括养老、医疗、教育、环境、交通、信息等，为解决当前经济下行、增长乏力问题，实现稳增长目标，创造条件、打开出路。

调结构是经济发展新阶段必须实现的重大战略。推动经济增长由主要依靠增加物质消耗向主要依靠技术进步、改善管理和提高劳动者素质

转变，促进产业结构优化升级，是我国经济发展新阶段必须实现的历史任务，是保持经济持续健康发展的根本途径。

一是要加快城乡结构调整。要紧紧抓住当前劳动力转移有出路、市场对优质农产品需求旺盛、农用工业能够提供充足的农用生产资料、各级财政对“三农”的年投入已达几万亿元以上等有利条件和时机，通过推进农业现代化、规模化，把农业劳动生产率提高到社会平均水平，以逐步和持续消除城乡收入差距，激发城乡建设和消费的巨大潜力，明显提高城市化率和水平。

二是加快产业结构调整。要加大创新驱动战略的实施力度，以自主创新带动产业升级，加快战略性新兴产业发展，努力使目前以资源密集型、劳动密集型产品为主转变为以技术密集型、知识密集型为主，降低单位 GDP 的能源原材料消耗，提高产品的附加值和技术含量。努力使以高能耗、牺牲环境为代价的增长模式转变为更有效利用资源、环境得到更好保护的发展模式。

三是调整区域结构。要充分发挥市场对资源配置的决定性作用，同时运用行之有效的帮扶机制、合作机制。突出抓好“一带一路”、京津冀一体化和长江经济带的发展，带动区域经济协调发展。

四是调整经济社会发展结构。要加快发展养老、医疗等社会保障和教育事业，满足广大人民的需要。强化市场和法律手段，强力治理污染，加强对污染物排放的法律监督和对违法者的惩处，通过建立谁污染、谁付费和第三方治理制度，形成吸引社会资金投资环保产业的市场机制，把治理污染变成新的经济增长点。[①]

（二）系统部署，攻坚克难，全面深化改革

党的十八届三中全会指出，全面深化改革是强国之路，是实现中华民族伟大复兴的中国梦的根本道路。

党的十八届三中全会对全面深化改革的科学内涵和战略思维，以六个“紧紧围绕”做了系统阐述。

要紧紧围绕使市场在资源配置中起决定性作用深化经济体制改革，坚持和完善基本经济制度，加快完善现代市场体系、宏观调控体系、开放

① 郑新立：《关键是保持稳增长和调结构之间平衡：学习贯彻习近平总书记在中央经济工作会议上的重要讲话精神》，《求是》2015 年第 4 期，第 35—38 页。

型经济体系，加快转变经济发展方式，加快建设创新型国家，推动经济更有效率、更加公平、更可持续发展。

要紧紧围绕坚持党的领导、人民当家做主、依法治国有机统一深化政治体制改革，加快推进社会主义民主政治制度化、规范化、程序化，建设社会主义法治国家，发展更加广泛、更加充分、更加健全的人民民主。

要紧紧围绕建设社会主义核心价值体系、社会主义文化强国深化文化体制改革，加快完善文化管理体制和文化生产经营机制，建立健全现代公共文化服务体系、现代文化市场体系，推动社会主义文化大发展大繁荣。

要紧紧围绕更好保障和改善民生、促进社会公平正义深化社会体制改革，改革收入分配制度，促进共同富裕，推进社会领域制度创新，推进基本公共服务均等化，加快形成科学有效的社会治理体制，确保社会既充满活力又和谐有序。

要紧紧围绕建设美丽中国深化生态文明体制改革，加快建立生态文明制度，健全国土空间开发、资源节约利用、生态环境保护的体制机制，推动形成人与自然和谐发展现代化建设新格局。

要紧紧围绕提高科学执政、民主执政、依法执政水平深化党的建设制度改革，加强民主集中制建设，完善党的领导体制和执政方式，保持党的先进性和纯洁性，为改革开放和社会主义现代化建设提供坚强政治保证。

实现中华民族伟大复兴的中国梦的道路不可能一帆风顺，还存在着经济发展方式粗放、收入差距过大、房价过高、贪污腐败易发高发等绊脚石、硬骨头，还有收入差距过分悬殊，城乡二元结构，社会保障双轨制，形式主义、官僚主义、享乐主义、奢靡之风等，阻隔着党和政府与人民群众的血肉联系，压抑着人民群众的创造力量。解决这些问题，需要物质力量，也需要精神力量。需要激发全党和全国人民以爱国主义为核心的民族精神和以改革创新为核心的时代精神，进而积聚实现中国梦的强大能量。

全面深化改革，重点在深化，难点也在深化。改革总是改别人易，改自己难；改农村、企业易，改机关、事业难；改经济基础易，改上层建筑难；改被领导者被管理者易，改领导者管理者难；改被改革者易，改改革者难，改改革有功且受益者更难。这就要求我们敢于担当，敢于啃硬骨头，敢于涉险滩，既勇于冲破思想观念的障碍，又勇于突破利益固化的藩篱。

当前，我国改革已经进入攻坚期、深水区，艰巨性、复杂性不言而喻，困难和阻力前所未有。在新的改革起点上要使各领域能够取得最大公约数，最终圆满实现中国梦，必须坚定全面深化改革的信心，坚持全面深化改革的正确方向，凝聚全面深化改革的共识，注重全面深化改革的统筹谋划，集中全党全社会智慧，以改革创新精神推进党的十八届三中全会确定的奋斗目标和各项工作部署的落实，推进国家治理体系和治理能力现代化；更加注重改革的系统性、整体性、协同性，为加快发展社会主义市场经济、民主政治、先进文化、和谐社会、生态文明注入强大动力，让发展成果更多更公平地惠及全体人民。[①]

（三）完善治理体系，提升治理能力，全面依法治国

法治，是我们党在治国理政上的认识突破和手段创新。今天的中国，选择法治作为全面建成小康社会、实现中华民族伟大复兴中国梦的依托，作为全面深化改革、提高党的执政能力和执政水平的抓手，这是中国近代以来百余年上下求索做出的最终抉择，也是完善国家治理体系和提升治理能力的必然路径。

党的十八届四中全会明确指出："依法治国，是坚持和发展中国特色社会主义的本质要求和重要保障，是实现国家治理体系和治理能力现代化的必然要求，事关我们党执政兴国，事关人民幸福安康，事关党和国家长治久安。""全面建成小康社会、实现中华民族伟大复兴的中国梦，全面深化改革、完善和发展中国特色社会主义制度，提高党的执政能力和执政水平，必须全面推进依法治国。"作为治国理政的基本方式，全面依法治国在实现中国梦的伟大征程中具有重要作用。

实现中国梦，需要最大限度地凝聚共识、汇聚力量，而全面依法治国是凝聚中国力量的重要方式。实现中国梦，需要正确处理改革发展稳定的关系，而全面依法治国是保持社会和谐稳定的最佳手段。

实现全面依法治国，需要正确处理改革与法治的关系。要坚持中国特色社会主义法治道路，在法治下推动改革、在改革中完善法治，实现改革决策和立法决策相统一、相衔接，做到重大改革于法有据、立法主动适

---

① 洪向华主编：《"四个全面"党员干部读本》，中共党史出版社 2015 年 2 月第 1 版，第 6—8 页。

应改革和经济社会发展需要，改革和法治相互促进、相得益彰。[①] 只有全面推进依法治国，充分发挥法治的引领和规范作用，才能使我国经济社会在深刻变革中既生机勃勃又井然有序。

要实现党的十八届四中全会提出的建设中国特色社会主义法治体系，建设社会主义法治国家的总目标，必须坚持中国共产党的领导，坚持人民主体地位，坚持法律面前人人平等，坚持依法治国和以德治国相结合。

全面推进依法治国，建设中国特色社会主义法制体系是一个庞大的系统工程，是国家治理领域一场广泛而深刻的革命。必须统筹兼顾、把握重点、整体谋划，在共同推进上着力，在一体建设上用劲。

要实现科学立法，完善以宪法为核心的中国特色社会主义法律体系：坚持党的领导；坚持人民主体地位；坚持从中国国情和实际出发；坚持改革决策和立法决策相衔接；坚持宪法的核心地位，通过完备的法律推动宪法实施。

要实现严格执法，深入推进依法行政：完善行政组织和行政程序法律制度，推进机构、职能、权限、程序、责任法定化；明确和落实重大行政决策的公众参与、专家论证、风险评估、合法性审查和集体讨论决定等基本程序；明确依事权与职能配置执法力量、严格执法人员持证上岗和资格管理制度等改革行政执法体制的具体措施；明确党内监督、人大监督、民主监督、行政监督、司法监督、审计监督、社会舆论监督等行政权力制约和监督形式；具体规定决策公开、执行公开、管理公开、服务公开和结果公开等政务公开范围。

要保证公正司法，提高司法公信力：依法独立公正审判，优化司法职权配置，坚持推进严格司法，保障群众参与司法，加强人权司法保障，加强监督司法活动。

要引导教育全民守法，推进法治社会建设：注重教育引导，增强全社会的法治观念和法治意识，持续、有效推动全民守法，形成守法光荣和守法有责的良好社会风尚，努力形成不敢违法、不能违法、不愿违法的法治

---

① 中共中央文献研究室编：《十八大以来重要文献选编》（上），中央文献出版社2014年版，第240—241页。

氛围，全面推进依法治国。[①]

全面推进依法治国是在更高程度上维护国家长治久安、促进社会公平正义、增进人民福祉的制度安排，是实现中华民族伟大复兴中国梦的内在要求，为中国梦的实现提供可靠的制度保障。

（四）坚持立党为公，执政为民，全面从严治党

党的十八大以来，以习近平同志为总书记的党中央，针对新形势下党所面临的严峻挑战、党内亟待解决的问题，尤其是一些党员干部中发生的贪污腐败、脱离群众、形式主义、官僚主义等，做了全面分析和战略思考，对党要管党、从严治党的认识不断深入，脉络逐渐清晰。在不同的场合多次强调提出，要实现两个百年奋斗目标，实现中华民族伟大复兴的中国梦，就必须加强党的建设，必须从严治党。从对新形势下党面临严峻挑战的强烈忧患意识，到发出“不管党、不抓党就有可能出问题甚至出大问题”的振聋发聩的警示提醒，无不体现我们党对从严管党、治党认识的升华。

当前，党的各级组织和领导干部必须深刻认识从严治党的极端重要性和紧迫性，勇担当、讲认真，自觉落实从严治党责任，坚决遏制腐败蔓延势头，对腐败行为零容忍；坚持思想建党和制度治党紧密结合，加强党性党纪教育、道德作风教育和案例警示教育，严肃党内政治生活，使领导干部心存敬畏，而非心存侥幸；持续强化作风建设，努力铲除腐败滋生的土壤；严明党的纪律，强化制度刚性约束，让违纪者付出代价，使纪律真正成为带电的高压线，从根本上解决干部队伍中前“腐”后继的问题；切实发挥社会监督、群众监督、舆论监督作用，畅通建言献策渠道和批评监督渠道，增强从严治党的系统性和实效性。

治国必先治党、治党务必从严。党的奋斗目标越宏伟、面临的形势越复杂、肩负的任务越艰巨，就越要严字当头、从严治党。全面从严治党必须在“全面”上狠下功夫，把“从严”落实到思想教育、组织建设、干部管理、作风要求、制度执行等各个方面，统筹推进党的建设各项任务，为全面建成小康社会、全面深化改革、全面推进依法治国、实现中华民族伟大复兴

① 苏蕾编：《立法、执法、司法、守法：绘制依法治国路线图》，《时事资料手册》2014 年第 6 期，第 34—37 页。

的中国梦提供坚强组织保证。[①]

三、中国梦的个体践行

中国梦，就是实现国家富强、民族振兴、人民幸福的梦想，它是全体中国人民的梦想，是集体的梦想。

中国梦是中华民族的集体之梦与每个中国人个体之梦的统一，蕴含着个体在肩负实现国家富强、民族振兴、人民幸福的历史使命和时代责任的同时，享有争取人生出彩与梦想成真机会这双重含义。

作为集体的一分子，每个人都有自己的梦想和追求。无数个体的梦想追求和不懈努力，汇集成实现集体梦想的磅礴合力。个人梦想的实现是集体梦想实现的前提和基础，个人梦想也只有通过集体梦想的实现才能真正得以实现。

（一）中国梦为个人梦提供宽广平台

国家、国家，有国才有家。每个人的前途命运都与国家和民族的前途命运紧密相连，国家好、民族好，个人才能好。中国梦是个人梦想坚实可靠的承载体，是个人梦存在和实现的前提。只有国家强大、中华民族屹立于世界民族之林，中国人才有尊严和安全，才能安居乐业，才有编织美好梦想的权利和可能；只有中国经济繁荣、国力昌盛，持续健康发展，中国人才有大胆追梦、勇敢圆梦的机遇和舞台。

中国梦是中华民族孜孜以求的梦想，是近代以来最伟大的梦想。反映旧中国民族工业的电视剧《大染坊》中，男主角陈寿亭“国家弱，个人强，是最大的无奈”的叹息，收购中国染厂的滕井“我身后是强大的大日本帝国”的嚣张，深深刺激着中国观众。如今，中国经济总量跃居世界第二，综合国力大幅提升，人民生活迈向小康，“中国制造”已经遍及全球，“中国创造”正快马加鞭迎头赶上，“中国声音”备受关注、影响力与日俱增。[②] 国家发展“两个百年”的宏伟目标和改革、建设的瑰丽蓝图，召唤着每个中国人积极投入筑梦的进程，有所作为，有所创造，有所成就。生活在这样一个伟大时代、伟大国度的中国公民，才真正享有人生出彩的广阔舞台和梦

---

① 洪向华主编：《“四个全面”党员干部读本》，中共党史出版社 2015 年 2 月第 1 版，第 10—12 页。

② 聂学祥：《融入中国梦》，《陕西日报》2013 年 11 月 12 日。

想成真的发展机遇。

中国梦的构建和伟大实践，为每个公民追逐梦想提供了干事创业的宽广平台。

（二）中国梦有赖于个体践行

在世界上最大的发展中国家实现国家富强、民族复兴、人民幸福的中国梦，不可能一蹴而就、一夜成真，它需要每一个中国人脚踏实地，持续付出艰辛的努力。

中国梦，既是“宏大叙事”的国家梦，也是“微而具体”的个人梦，归根结底是每个中国人的梦。每个公民都应在追梦、筑梦的进程中为最终圆梦做出努力，有所奉献。

中国梦的内涵鲜明地体现了对个体需要的尊重、个体作用发挥的重视与个体参与的激励，使每个人都能“共同享有人生出彩的机会，共同享有梦想成真的机会，共同享有同祖国和时代一起成长与进步的机会”，这是以人为本的真切体现。[①] 而“你所站立的那个地方，正是你的中国。你怎么样，中国便怎么样。你是什么，中国便是什么。你有光明，中国便不黑暗”[②]，可谓一语道出了中国梦的个体观，折射出每个个体在集体圆梦中应有的角色意识和责任担当。

实现中国梦，需要每一个中国人号准自己的脉，把自身的特长、优势和国家的需要、人民的期盼结合起来，找到适合自己的位置，为经济发展、社会建设提供正能量，贡献自己的聪明才智。

实现中国梦，需要每一个中国人“牢固树立劳动最光荣、劳动最崇高、劳动最伟大、劳动最美丽的观念……进一步焕发劳动热情、释放创造潜能”[③]，通过劳动创造幸福，开创未来。

实现中国梦，需要每一个中国人奋发学习，在知识信息快速更新的时代，跟上时代前进的脚步，增强发挥潜能的本领。

理想信念不应止于空谈，而应付诸实践。蓝图再美，没有脚踏实地的奋斗只能是墙上画饼。中国梦能否实现，就取决于如何把握当下。习近

---

① 金元浦：《中国梦的文化精神》，《求是》2013 年第 14 期，第 46—48 页。

② 崔卫平：微博简介，2010 年 10 月，http://weibo.com/p/1035051422308692/home?from=page_103505&mod=TAB#place。

③ 《习近平谈治国理政》，外文出版社 2014 年版，第 46 页。

平总书记谆谆告诫:要牢记“空谈误国,实干兴邦”[1],应立足本职,埋头苦干,从自身做起,从点滴做起,用勤劳的双手、一流的业绩成就属于自己的精彩人生。

每个中国人扎扎实实的个体践行,将为中国梦的实现添砖加瓦,注入绵延不绝的动能。

(三)个人梦助推中国梦实现

每个人都有自己的梦想。每个人的梦想很具体、很鲜活,求学梦、就业梦、创业梦、创新梦、成功梦,致富梦,住房梦、汽车梦、环境梦、健康梦、保障梦、公平梦、安全梦、幸福梦……表达的是每个人的理想和期盼。有梦想,有目标,就会有动力,有追求,有奋斗。

个人梦助推中国梦实现。每个人的梦想各有特色,它们的交汇、升华,构成伟大的中国梦。中国梦归根到底就是人民的梦,有着巨大的感召力。实现每个人梦想的涓涓细流将汇聚实现中国梦气势磅礴的洪流,成为实现中国梦的坚强基石。只要每一个人坚持梦想,积极进取,就一定能到达梦想的彼岸。只要凝聚起每一个人追逐梦想的力量,就一定能实现中华民族的伟大复兴。

国家梦引领、涵育、滋养个人梦,千万个个人梦汇聚、丰富、生动演绎国家梦,不断接力推动中国梦成为壮美的现实。

第三节　中国梦的未来图景

中国梦有“四维”,一是全面建成小康社会,二是全面深化改革,三是全面依法治国,四是全面从严治党。“四个全面”作为中国梦实现之“四维”,具有极端重要性与深远战略意义。

“四个全面”战略思想和战略布局,是中国和平崛起后更加注重发展和治理系统性、整体性、协同性的必然选择,是中国共产党不回避问题、直面问题理论勇气的表现。“四个全面”之中的四者不是简单并列关系,而是有机联系、相互贯通的“顶层设计”:全面建成小康社会是实现中国梦的内在发展要求与关键一步,全面深化改革是实现中国梦的不竭动力,全面

① 中共中央文献研究室编:《习近平关于实现中华民族伟大复兴的中国梦论述摘编》,中央文献出版社 2013 年版,第 78 页。

依法治国是实现中国梦的法治保障，全面从严治党让实现中国梦的领导核心更加坚强。全面小康社会的建成与不断升级、改革创新精神动力的永葆与不断焕发、法治观念的形成与不断完善、从严治党的新常态与不断落实，从发展、改革、法治、治党“四维”，我们可以勾绘出中华民族伟大复兴中国梦的未来图景。

党的十八大以来，全面深化改革开局良好，全面依法治国开启新征程，全面从严治党取得新进展，全面建成小康社会迈出坚实步伐，中国梦正在实现过程中。

参考文献

著作类

[1] 马克思，恩格斯. 马克思恩格斯全集：第 23—24 卷[M]. 中共中央马克思、恩格斯、列宁、斯大林著作编译局，译. 北京：人民出版社，1972.

[2] 马克思，恩格斯. 马克思恩格斯全集：第 30 卷[M]. 中共中央马克思、恩格斯、列宁、斯大林著作编译局，译. 2 版. 北京：人民出版社，1995.

[3] 马克思，恩格斯. 马克思恩格斯全集：第 44 卷[M]. 中共中央马克思、恩格斯、列宁、斯大林著作编译局，译. 2 版. 北京：人民出版社，2001.

[4] 中共中央马克思、恩格斯、列宁、斯大林著作编译局. 马克思恩格斯全集：文集[M]. 北京：人民出版社，2009.

[5] 马克思，恩格斯. 马克思恩格斯选集：第 1—4 卷[M]. 中共中央马克思、恩格斯、列宁、斯大林著作编译局，译. 北京：人民出版社，1995.

[6] 列宁. 列宁全集：第 9 卷、第 12 卷、第 43 卷[M]. 中共中央马克思、恩格斯、列宁、斯大林著作编译局，译. 北京：人民出版社，1987.

[7]列宁. 列宁全集：第 15 卷[M]. 中共中央马克思、恩格斯、列宁、斯大林著作编译局，译. 北京：人民出版社，1959.

[8] 列宁. 列宁全集：第 26 卷[M]. 中共中央马克思、恩格斯、列宁、斯大林著作编译局，译. 北京：人民出版社，1988.

[9] 列宁. 列宁全集：第 35 卷[M]. 中共中央马克思、恩格斯、列宁、斯大林著作编译局，译. 北京：人民出版社，1985.

[10] 列宁. 列宁选集：第 1—4 卷[M]. 中共中央马克思、恩格斯、列宁、斯大林著作编译局，译. 北京：人民出版社，1995.

[11] 斯大林. 斯大林选集：上、下[M]. 中共中央马克思、恩格斯、列宁、

斯大林著作编译局，译. 北京：人民出版社，1979.
[12] 斯大林. 斯大林文集：第1—4卷[M]. 中共中央马克思、恩格斯、列宁、斯大林著作编译局，译. 北京：人民出版社，1985.
[13] 毛泽东. 毛泽东文集：第1—8卷[M]. 北京：人民出版社，1999.
[14] 毛泽东. 毛泽东选集：第1—4卷[M]. 北京：人民出版社，1991.
[15] 毛泽东. 毛泽东文集：第6卷[M]. 北京：人民出版社，1993.
[16] 毛泽东. 毛泽东军事文集[M]. 北京：军事科学出版社，2003.
[17] 毛泽东. 毛泽东农村调查文集[M]. 北京：人民出版社，1982.
[18] 毛泽东. 毛泽东同志论教育工作[M]. 北京：人民教育出版社，1992.
[19] 逄先知、金冲及、中共中央文献研究室. 毛泽东传：1949—1976[M]. 北京：中央文献出版社，2003.
[20] 中共中央文献研究室. 毛泽东著作专题摘编[M]. 北京：中央文献出版社，2003.
[21] 毛泽东. 毛泽东著作选读：下册[M]. 北京：人民出版社，1986.
[22] 中共中央文献研究室. 建国以来毛泽东文稿：第1—11册[M]. 北京：中央文献出版社，1992.
[23] 中华人民共和国外交部中共中央文献研究室. 毛泽东外交文选[M]. 北京：中央文献出版社，1994.
[24] 中共中央文献研究室. 毛泽东著作专题摘编[M]. 北京：中央文献出版社，2003.
[25] 周恩来. 周恩来选集：上、下卷[M]. 北京：人民出版社，1980.
[26] 中共中央文献研究室. 周恩来经济文选[M]. 北京：中央文献出版社，1993.
[27] 赵春生，中共中央文献研究室. 周恩来文化文选[M]. 北京：中央文献出版社，1998.
[28] 力平，马芷荪. 周恩来年谱[M]. 北京：中央文献出版社，1997.
[29] 周恩来. 周恩来外交文选[M]. 北京：中央文献出版社，1990.
[30] 刘少奇. 刘少奇选集：上[M]. 北京：人民出版社，1981.
[31] 刘少奇. 刘少奇选集：下[M]. 北京：人民出版社，1985.
[32] 刘崇文，陈绍畴. 刘少奇年谱[M]. 北京：中央文献出版社，1996.
[33] 中共中央党校编室.《刘少奇选集》下卷学习研究文集[M]. 北京：中共中央党校出版社，1985.

[34] 中共中央文献研究室,中央档案馆. 建国以来刘少奇文稿:第1—4册[M]. 北京:中央文献出版社,2005.
[35] 陈云. 陈云文选:第1—3卷[M]. 北京:人民出版社,1986.
[36] 中共中央文献研究室. 陈云文集:第1—3卷[M]. 北京:中央文献出版社,2005.
[37] 邓小平. 邓小平文选:第1—2卷[M]. 北京:人民出版社,1994.
[38] 邓小平. 邓小平文选:第3卷[M]. 北京:人民出版社,1993.
[39] 江泽民. 论"三个代表"[M]. 北京:中央文献出版社,2001.
[40] 中共中央文献研究室. 江泽民论有中国特色社会主义:专题摘编[M]. 北京:中央文献出版社,2002.
[41] 习近平. 习近平谈治国理政[M]. 北京:外文出版社,2014.
[42] 中共中央文献研究室. 习近平关于实现中华民族伟大复兴的中国梦论述摘编[M]. 北京:中央文献出版社,2013.
[43] 中共中央宣传部. 习近平总书记系列重要讲话读本[M]. 北京:学习出版社,2014.
[44] 薄一波. 若干重大决策与事件的回顾:上卷[M]. 北京:中共中央党校出版社,1991.
[45] 中共中央党史研究室. 中国共产党历史:第二卷(1949—1978)上册[M]. 北京:中共党史出版社,2011.
[46] 房维中,金冲及. 李富春传[M]. 北京:中央文献出版社,2001.
[47] 中共中央文献研究室. 三中全会以来重要文献选编:上、下[M]. 北京:人民出版社,1982.
[48] 中共中央文献研究室. 十三大以来重要文献选编[M]. 北京:人民出版社,1993.
[49] 中共中央文献研究室. 十四大以来重要文献选编:上[M]. 北京:中央文献出版社,2000.
[50] 中共中央文献研究室. 十六大以来重要文献选编:上[M]. 北京:中央文献出版社,2005.
[51] 中共中央文献研究室. 十六大以来重要文献选编:中[M]. 北京:中央文献出版社,2006.
[52] 中共中央文献研究室. 十六大以来重要文献选编:下[M]. 北京:中央文献出版社,2008.

[53] 中共中央文献研究室. 十七大以来重要文献选编:上[M]. 北京:中央文献出版社, 2009.
[54] 中共中央文献研究室. 十七大以来重要文献选编:中[M]. 北京:中央文献出版社, 2011.
[55] 中共中央文献研究室. 十七大以来重要文献选编:下[M]. 北京:中央文献出版社, 2013.
[56] 中共中央文献研究室. 十八大以来重要文献选编:上[M]. 北京:中央文献出版社, 2014.
[57] 中共中央文献研究室. 改革开放三十年重要文献选编[M]. 北京:中央文献出版社,2008.
[58] 肖枫. 两个主义一百年[M]. 北京:当代世界出版社,2000.
[59] 中国大百科全书总编辑委员会《政治学》编辑委员会,中国大百科全书出版社编辑部. 中国大百科全书:政治学卷[M]. 北京:中国大百科全书出版社,1992.
[60] 俞可平,黄平,谢曙光,等. 中国模式与"北京共识":超越"华盛顿共识"[M]. 北京:社会科学文献出版社,2006.
[61] 马丁·雅克. 当中国统治世界[M]. 张莉,刘曲,译. 北京:中信出版社,2010.
[62] 郑永年. 中国模式:经验与困局[M]. 杭州:浙江人民出版社,2010.
[63] 何迪,鲁利玲. 反思"中国模式"[M]. 北京:社会科学文献出版社,2012.
[64] 黄亚生."中国模式"到底有多独特? [M]. 北京:中信出版社,2011.
[65] 刘卫民. 中国模式研究[M]. 北京:人民日报出版社,2012.
[66] 赵启正,约翰·奈斯比特,多丽丝·奈斯比特. 对话中国模式[M]. 北京:新世界出版社,2010.
[67] 谢平,管涛,黄益平,等. 反思中国模式[M]. 北京:中国经济出版社,2011.
[68] 孔祥云,刘敬东. 中国特色社会主义新编[M]. 北京:清华大学出版社,2009.
[69] 高放. 马克思主义与社会主义新论[M]. 哈尔滨:黑龙江人民出版社,2012.
[70] R.麦克法夸尔,费正清. 剑桥中华人民共和国史:上卷[M]. 谢亮生

等,译. 北京:中国社会科学出版社,1990.
[71] 吴冷西. 忆毛主席[M]. 北京:新华出版社,1995.
[72] 王爱丽. 中国道路与社会发展[M]. 北京:社会科学文献出版社,2011.
[73] 辛鸣. 道理:中国道路中国说[M]. 北京:中共中央党校出版社,2011.
[74] 姚洋. 中国道路的世界意义[M]. 北京:北京大学出版社,2011.
[75] 邹东. 中国道路与中国模式(1949—2009)[M]. 北京:社会科学文献出版社,2009.
[76] 胡伟. 现代化的模式选择:中国道路与经验[M]. 上海:上海人民出版社,2008.
[77] 田应奎. 中国道路:从科学发展观解读中国发展[M]. 北京:外文出版社,2008.
[78] 张希贤. 中国道路的四次飞跃:中国共产党历次代表大会分析[M]. 北京:中共中央党校出版社,2007.
[79] 刘卫民. 中国模式研究[M]. 北京:人民日报出版社,2012.
[80] 卜工. 中国模式解读早期[M]. 北京:中国科学出版社,2011.
[81] 李建中. 中国模式:一个文明大国的复兴与崛起[M]. 西安:西北工业大学出版社,2010.
[82] 王辉耀. 中国模式:海外看中国崛起[M]. 南京:凤凰出版社,2010.
[83] 徐牧. 大变局:中国模式的崛起与西方模式的衰落[M]. 北京:九州出版社,2010.
[84] 潘维. 中国模式:解读人民共和国的60年[M]. 北京:中央编译出版社,2009.
[85] 张宇. 中国模式:改革开放三十年以来的中国经济[M]. 北京:中国经济出版社,2008.
[86] 中共中央宣传部理论局. 六个"为什么"——对几个重大问题的回答[M]. 北京:学习出版社,2009.
[87] 中共中央宣传部理论局. 划清"四个重大界限"学习读本[M]. 北京:学习出版社,2010.
[88]《习近平总书记系列重要讲话精神学习解读》编写组. 习近平总书记系列讲话精神学习读本[M]. 北京:中共中央党校出版社,2013.

[89] 徐贵相.大国策:通向大国之路的中国模式[M]. 北京:人民日报出版社,2009.
[90] 赵剑英,吴波.论中国模式[M]. 北京:中国社会科学出版社,2010.
[91] 陆学艺.社会建设论[M]. 北京:社会科学文献出版社,2012.
[92] 郑杭生.社会建设:理论与实践创新[M]. 上海:上海人民出版社,2007.
[93] 张静,关信平.中国社会建设与发展研究[M]. 北京:中国人民大学出版社,2009.
[94] 邓大松.中国特色社会主义社会建设研究[M]. 武汉:武汉大学出版社,2008.
[95] 陆晓文.社会建设:世界经验与中国道路[M]. 上海:上海人民出版社,2007.
[96] 王绍兴,詹真荣,臧秀玲. 邓小平理论:结构·体系·特色[M]. 济南:山东人民出版社, 2005.
[97] 卢汉龙,吴书松.社会转型与社会建设[M]. 上海:上海社会科学院出版社,2009.
[98] 詹真荣,熊乐兰.马克思主义社会建设理论与实践[M]. 昆明:云南教育出版社,2011.
[99] 陆学艺.中国社会建设与社会管理:探索·发现[M]. 北京:社会科学文献出版社,2011.
[100] 陆学艺.中国社会建设与社会管理:对话·争鸣[M]. 北京:社会科学文献出版社,2011.
[101] 陆学艺.北京社会建设六十年[M]. 北京:科学出版社,2008.
[102]龚维斌.社会管理与社会建设[M]. 北京:国家行政学院出版社,2011.
[103] 王瑾,丁开杰.社会建设与和谐社会[M]. 杭州:浙江人民出版社,2007.
[104] 丁元竹.中国社会建设:战略思路与基本对策[M]. 北京:北京大学出版社,2008.
[105] 魏礼群.社会建设与社会管理[M]. 北京:人民出版社,2011.
[106] 郑永年.保卫社会[M]. 杭州:浙江人民出版社,2011.
[107] 刘上洋.发展理念的新飞跃——科学发展观漫谈[M]. 南昌:江西

人民出版社,2004.

[108] 王正平.环境哲学[M].上海:上海人民出版社,2004.

[109] 丹尼斯·皮拉杰斯.与地球重新签约:迈向生态可持续的社会进步[M].吴小英等,译.北京:人民文学出版社,2003.

[110] 约翰·贝拉米·福斯特.生态危机与资本主义[M].耿建新,译.上海:上海译文出版社,2006.

[111]《中国梦是什么》编写组.中国梦是什么[M].广州:广东人民出版社,2013.

[112] 许海清.中国梦不遥远——新盛世论[M].北京:中共中央党校出版社 2013 年版.

[113] 刘戈,舒泰峰,王文,等.十问中国梦——给梦想多一点时间[M].北京:北京大学出版社 2013 年版.

[114] 刘冠军.中国梦研究[M].北京:首都经济贸易大学出版社,2013.

[115] 袁秉达.中国梦与中国特色社会主义[M].上海:上海人民出版社,2014.

[116] 洪向华."四个全面"党员干部读本[M].北京:中共党史出版社,2015.

[117] 戴维·弗里斯比.现代性的碎片[M].卢晖临,周怡,李林艳,译.北京:商务印书馆,2003.

[118] 罗森邦.政治文化[M].陈鸿瑜,译.台北:桂冠图书有限公司,1984.

[119] 萧功秦.中国的大转型:从发展政治学看中国变革[M].北京:新星出版社,2009.

[120] 王新颖.奇迹的建构——外国学者论中国模式[M].北京:中央编译出版社,2011.

[121] 曹天予.现代化、全球化与"中国道路"[M].北京:社会科学出版社,2003.

[122] TONG Y. Transitions from State Socialism : Economic and Political Change in Hungary and China[M]. New York : Rowman & Littlefield, 1997.

[123] ROSKIN M. Countries and Concepts: Politics, Geography, Culture[M]. New York: Pearson Longman, 2009.

[124] YANG D L. Remaking the Chinese Leviathan : Market Transition and the Politics of Governance in China[M]. Palo Alto: Stanford University Press, 2004.

论文类

[1] 高尚全,胡舒立. 中国模式的反思与新改革的路径[EB/OL]. (2014-11-01). http://finance.ifeng.com/news/special/caizhidao78/.

[2] 郭盛. 中国模式研究综述[EB/OL]. (2011-01-25) http://news.xinhuanet.com/theory/2011—01/25/c_121021077.htm.

[3] 詹得雄. "中国模式"彰显世界意义[EB/OL]. (2005-01-01). http://news.xinhuanet.com/world/2005—01/01/content_2404507.htm.

[4] 论道中国. BBC 网站:欢迎了解新的中国模式[EB/OL]. (2012-11-05). http://column.cankaoxiaoxi.com/g/2012/1105/114502.shtml.

[5] 张维为. 一个奇迹的剖析——中国模式及其意义[EB/OL]. (2011-03-26). http://news.xinhuanet.com/politics/2011—03/26/c_121233603.htm.

[6]论道中国. "中国模式"在国外赢得拥护者[EB/OL]. (2012-01-04). http://column.cankaoxiaoxi.com/g/2012/0104/10042.shtml.

[7] 论道中国. 北京共识:中国模式的普遍性与独特性[EB/OL]. (2011-10-25). http://column.cankaoxiaoxi.com/g/2011/1025/4401.shtml.

[8] 袁子林. 忠言逆耳[EB/OL]. (2011-10-22). http://blog.ifeng.com/article/14228529.html.

[9] 傅高义. 邓小平开辟的道路[EB/OL]. (2014-11-14). http://finance.ifeng.com/news/special/caizhidao81/.

[10] 贺雪峰. 城乡二元结构具有合理性[EB/OL]. (2011-03-18). http://blog.ifeng.com/article/18591267.html.

[11] 周有光. 中国模式不是真的 太乐观不行[EB/OL]. (2010-08-04). http://finance.sina.com.cn/review/20100804/10228419851.shtml.

[12] 童之伟. 空谈中国模式会掉进左倾极端主义陷阱[EB/OL].（2012-10-12）. http://news. ifeng. com/exclusive/lecture/special/tongzhiwei/ # pageTop.

[13] 许小年. 中国模式其实是不存在的[EB/OL].（2012-12-07）. http://news. ifeng. com/opinion/sixiangpinglun/detail _ 2012 _ 12/07/19937476_0. shtml.

[14] 福山. 中国模式的优越性有待时间检验[EB/OL].（2011-09-28）. http://column. cankaoxiaoxi. com/g/2011/0928/2958. shtml.

[15] 论道中国. 美媒：中国模式出不了本土“苹果”公司[EB/OL].（2012-05-28）. http://column. cankaoxiaoxi. com/g/2012/0528/42299. shtml.

[16] 朱嘉明. 中国改革的道路[EB/OL].（2012-11-03）. http://www. 21ccom. net/articles/zgyj/ggcx/article_2012110370279. html.

[17] 李剑芒. 中国模式还能走多远[EB/OL].（2009-12-01）. http://blog. tianya. cn/post－1895492－20524276－1. shtml.

[18] 论道中国. 美刊：十面“霾”伏为中国敲警钟[EB/OL].（2013-01-30）. http://column. cankaoxiaoxi. com/g/2013/0130/158968. shtml.

[19] 荣剑. 国家主义还能走多远[EB/OL].（2012-02-16）. http://www. 21ccom. net/articles/sxwh/shsc/article_2012021653775_2. html.

[20] 网易财经. 众专家谈民富：政府需转变角色 应废除国企特权[EB/OL].（2012-12-14）. http://money. 163. com/12/1214/14/8IMKURV100254SQE. html? from＝money.

[21] 欧洲时报. 改革是“中国道路”的精髓[EB/OL].（2012-11-12）. http://oversea. huanqiu. com/political/2012—11/3269339. html.

[22] 阿拉姆. 中国走出独特发展道路[EB/OL].（2012-10-16）. http://column. cankaoxiaoxi. com/g/2012/1016/105218. shtml.

[23] 郭忠华. 气候变化与政治重建：安东尼·吉登斯专访[EB/OL].（2010-12-08）. http://theory. gmw. cn/2010—12/08/content _ 1449987. htm，2010—12—08.

[24] 央广网. 习近平会见德国社会民主党主席加布里尔[EB/OL].（2015-07-16）. http://china. cnr. cn/news/20150716/t20150716_519223311. shtml.

[25] 聂学祥. 融入中国梦[EB/OL].(2013-11-12). http://www.sxdaily.com.cn/n/2013/1112/c266－5267254.html.
[26] 李慎明,何成,宋维强. “中国道路”的六个内涵[N]. 中国教育报,2010-12-23.
[27] 萧功秦. 中国模式的形成和前景[J]. 社会观察,2010(12):97-98.
[28] 岳健勇. 中国模式的神话——市场列宁主义与全球资本主义的联姻[J]. 领导者,2011(40):11-26.
[29] 田培炎. 管党治党的新要求:学习习近平同志关于党的建设的重要论述[J]. 求是,2013(14):11-13.
[30] 丁志刚,刘瑞兰. “中国模式说”值得商榷[J]. 学术界,2010(143):22-33.
[31] 季塔连科. 中国现代化经验的国际意义[J]. 远东问题,2004 (5):298-306.
[32] 朱炳元,史春燕. 中国道路的理论价值、基本内涵和实践特色[J]. 当代世界与社会主义,2011(6):177-181.
[33] 周弘. 全球化背景下“中国道路”的世界意义[J]. 中国社会科学,2009(5)37-45.
[34] 严书瀚. 中国发展道路的世界影响[J]. 克拉玛依学刊,2011(1):4-7.
[35] 欧阳雪梅. 毛泽东对中国特色社会主义文化发展道路的探索与贡献[J]. 湖南社会科学,2012(2):5-10
[36] 李宗贵. 当代中国文化发展道路简论[J]. 吉林大学社会科学学报,1992(6):54-64.
[37] 席捷,赵华朋. 浅论当代文化发展“中国道路”的科学内涵[J]. 经济研究导刊,2012(30):240-242.
[38] 胡建. 中国特色社会主义文化发展道路的拓展与创新[J]. 重庆社会科学,2012(11):11-16.
[39] 任仲平. 文化强国的“中国道路”[J]. 决策与信息,2011(11):8-10.
[40] 张洪江. 刍议社会主义核心价值体系是建设和谐文化的根本[J]. 理论经纬,2009(12):146-152.
[41] 娄海波,王红英,王艳品. 以社会主义核心价值观引领石家庄市城市精神建设[J]. 经济研究导刊,2015(1):140-141.

[42] 秦慧杰. 毛泽东生态文明建设思想的历史贡献[J]. 世纪桥，2014(3)：39-41.

[43]《国外理论动态》记者. 世界聚焦中国特色社会主义——徐觉哉研究员访谈[J]. 国外理论动态，2008(10).

[44] 叶险明. 驾驭“资本逻辑”的中国特色社会主义初论[J]. 天津社会科学，2014(3)：19-26.

[45] 徐崇温. 国外有关中国模式的评论[J]. 红旗文稿，2009(8)：27-30.

[46] 郑永年. 大历史大视野下的中国道路[J]. 人民论坛，2012(S2)：5.

[47] 孔根红. 全球视野中的中国道路[J]. 求是，2012(21)：50-53.

[48] 宋鲁郑. 中国的政治制度何以优于西方[J]. 马克思主义文摘，2010(6)：44-48.

[49] 张维为. 在国际比较中解读中国道路[J]. 求是，2012(21)：42-46.

[50] 韩毓海. 超越中国传统——中国道路与中国共产党(之一)[J]. 毛泽东邓小平理论研究，2011(6)：11-17.

[51] 韩毓海. 超越西方现代经验——中国道路与中国共产党(之三)[J]. 毛泽东邓小平理论研究，2011(8)：46-53.

[52] 韩毓海. 百年中国道路与中国共产党——写在中国共产党成立九十周年之际[J]. 国外理论动态，2011(7)：7-14.

[53] 闫志民. 中国共产党与中国道路的选择[J]. 红旗文稿，2011(13)：8-12.

[54] 金元浦. 中国梦的文化精神[J]. 求是，2013(14)：46-48.

[55] 郑新立. 关键是保持稳增长和调结构之间平衡：学习贯彻习近平总书记在中央经济工作会议上的重要讲话精神[J]. 求是，2015(4)35-38.

[56] 孙来斌. 为实现中国梦凝聚青春力量[J]. 中国高等教育，2014 年(13)：15.

[57] 周菲，李艳春. 社会主义核心价值观与中国梦[J]. 新华文摘，2015(2).

[58] 詹真荣，熊乐兰. 斯大林的国际关系理论述评[J]. 社会科学战线，2008(4)：202-208.

[59] 詹真荣. 毛泽东论述时代问题的两大特点[J]. 当代世界，2004(7)：33-35.

[60] 詹真荣.邓小平对列宁时代学说的新贡献[J].当代世界与社会主义,2004(4):44-48.

[61] 詹真荣,周志万."中国模式"还是"中国道路[J].观察与思考,2013(3):32-38.

[62] 熊乐兰.论江泽民的对外战略与策略思想[J].江西师范大学学报,2003(4):32-35.

[63] 熊乐兰.1956 年至 1966 年毛泽东对中国特色社会主义建设道路的探索[J].社会科学战线,2006(5):47-19.

[64] 宋军.中国共产党文化发展战略思想研究[D].广州:华南理工大学,2011:53-60.

[65] JOSEPH E. Stiglitz. China: Towards a New Model of Development[J]. China Economic Journal, 2008, 1(1):33-52.

[66] HALPER S. The Beijing Consensus : How China's Authoritarian Model Will Dominate the Twenty-First Century[J]. Journal of Third World Studies, 2010, (728):267-268.

[67] DICKSON B J. Updating the China Model[J]. The Washington Quarterly, 2011,34(4):39-58.

[68] SHEVCHENKO A. Bringing the Party Back in: The CCP and the Trajectory of Market Transition in China[J]. Communist and Post-Communist Studies, 2004,37(2):161-185.

[69] DIRLIK A. Post-Socialism? Reflections on "Socialism with Chinese Characteristics"[J]. Critical Asian Studies, 1989, 21(1):33-44.

[70] DIRLIK A. The Idea of a "Chinese Model": A Critical Discussion [J]. China Information, 2012, 26(2):129-137.

[71] DICKSON B J. Populist Authoritarianism: The Future of the Chinese Communist Party[J]. Occasional Papers, 2005.

[72] HOLBIG H, GILLEY B. Reclaiming Legitimacy in China[J]. Politics & Policy, 2010,38(3):395-422.

[73] GILLEY B,HOLBIG H. In Search of Legitimacy in Post-Revolutionary China: Bringing Ideology and Governance Back in[J]. General Information, 2010.

[74] GILLEY B, HOLBIG H. The Debate on Party Legitimacy in Chi-

na: A Mixed Quantitative Aanalysis[J]. Journal of Contemporary China, 2009,18(59):339-358.

[75] HOLBIG H. Ideological Reform and Political Legitimacy in China: Challenges in the Post-Jiang Era[J]. Social Science Electronic Publishing, 2006.

[76] SHAMBAUGH D L. China's Communist Party : Atrophy and Adaptation[J]. Chinas Communist Party Atrophy & Adaptation, 2008.

[77] ETIENNE G. Exploding the Myth of the Beijing Consensus[J]. Business Standard, 2011(19).

[78] VOGEL E F. Deng Xiaoping and the Transformation of China[J]. Europe Asia Studies, 2011, 41(1):1085-1093.

[79] HEILMAN S. Policy Experimentation in China's Economic Rise [J]. Studies in Comparative International Development, 2008, 43 (1):1-26.

[80] NATHAN A J. Authoritarian Resilience[J]. Journal of Democracy, 2003,14(1):6-17.

[81] MEYER P F. Remaking the Chinese Leviathan: Market Transition and the Politics of Governance in China[J]. Canadian Journal of Political Science 2006,39(02):452-454.

[82] PEI M. Is CCP Rule Fragile or Resilient? [J]. Journal of Democracy, 2012,23(1):27-41.

[83] WHYTE M. Myth of the Social Volcano: Perceptions of Inequality and Distributive Injustice in Contemporary China[J]. Contemporary Sociology a Journal of Reviews, 2011, 40(1):245-247.

[84] CHEN X. The Rising Cost of Stability[J]. Journal of Democracy, 2013, 24(1):57-64.

[85] YAO Y. The End of the Beijing Consensus: Can China's Model of Authoritarian Growth Survive? [J]. Foreign Affairs Report, 2010, 2010: 26-30.

[86] DICKSON B J, RUBLEE M R. Membership has its Privileges the Socioeconomic Characteristics of Communist Party Members in Urban China[J]. Comparative Political Studies, 2000, 33(4):87-112.

后　记

本书是浙江工商大学优秀教学团队——“当代中国马克思主义教学与科研”团队和浙江工商大学科研创新团队——“中国道路与浙江经验”团队集体创作成果。

本书由团队负责人詹真荣总负责。各章作者分别是：绪论：詹真荣、周志万，第一章：张万杰，第二章：张鑫，第三章：于希勇、凌志，第四章：吕义凯，第五章：李梦云，第六章：夏金梅，第七章：詹真荣、熊乐兰，第八章：吴太贵，第九章：于希勇、杜利平。

本书策划于2012年9月，近三年来，团队全体成员克服困难，为完成本书的写作付出了辛勤的汗水，几易其稿。许新三教授、朱团钦教授、王淑贤教授参与了本书的策划、论证，朱团钦、吴玉龙提供了第7章初稿。本书形成过程中，审稿多次，有四位成员先后协助负责人审核书稿并提出修改意见，他们是李梦云副教授（参与第1次审稿），张万杰副教授（参与第1次、第2次审稿），张鑫教授（参与第2次审稿、短期协调），熊乐兰教授（参与第3次审稿），詹真荣对全书统审、统稿。

需要指出的是，在研究过程中，我们团队得到了浙江工商大学科研处的支持，得到了浙江省社会科学院《观察与思考》编辑部的支持，得到了浙江工商大学马克思主义学院王来法院长的鼓励和引导。在写作过程中，我们还吸收和借鉴了许多学者的研究成果。在此向他们表示衷心的感谢。

我们对于中国道路问题的研究还在进行中。由于水平所限，书中疏漏和不足在所难免，恳请各位同仁与读者赐教。

作　者

2015年8月